超高性能混凝土在桥梁领域中的应用实践

刘岳燕　著

江西科学技术出版社

图书在版编目（CIP）数据

超高性能混凝土在桥梁领域中的应用实践 / 刘岳燕著. -- 南昌 ：江西科学技术出版社, 2023.9

ISBN 978-7-5390-8622-4

Ⅰ. ①超… Ⅱ. ①刘… Ⅲ. ①超高强混凝土－应用－桥梁施工 Ⅳ. ①U445

中国国家版本馆 CIP 数据核字(2023)第 118651 号

国际互联网（Internet）地址：

http://www.jxkjcbs.com

选题序号：ZK2023055

超高性能混凝土在桥梁领域中的应用实践 刘岳燕 著

CHAOGAO XINGNENG HUNNINGTU ZAI QIAOLIANG LINGYUZHONG DE YINGYONG SHIJIAN

出版发行	江西科学技术出版社
社址	南昌市蓼洲街 2 号附 1 号 邮编：330009 电话：（0791）86624275 86610326（传真）
印刷	济南文达印务有限公司
经销	各地新华书店
开本	710mm×1000mm 1/16
字数	200 千字
印张	12.75
版次	2024 年 5 月第 1 版
印次	2024 年 5 月第 1 次印刷
书号	ISBN 978-7-5390-8622-4
定价	48.00 元

赣版权登字-03-2023-137

前　言

自 20 世纪 90 年代以来，超高性能混凝土的应用在国内得到了较大的发展，如桥梁、水利、核工业、建筑幕墙与外立面领域等，最早的规模化应用是客运专线的电缆沟盖板（RPC 盖板）。在中国知网上，与超高性能混凝土相关的论文年度发表篇数逐年增加，相关科研团队对超高性能混凝土的研究为工程应用、创新和产业发展提供了有力的支撑。

根据交通运输部相关统计资料显示，到 2022 年底，全国公路桥梁超 90 万座，目前，传统桥型结构已经趋于成熟，未来桥型结构的发展需要依赖于材料的创新，新材料与新结构的深度融合是提升桥梁结构核心竞争力的有效途径。

超高性能混凝土是目前国际上先进的水泥基工程材料之一，基于超高性能混凝土新材料的桥梁结构将具有高强度、自重轻、连接部位可靠、施工性能优越、耐久性高等优点，可有效克服传统桥梁结构强度低、自重大，连接节点部位薄弱、生产运输及装配不便、质量稳定性较差等缺点，相对于传统混凝土桥梁结构，采用超高性能混凝土的桥梁结构具备更长的使用年限、更低的养护成本和更低的生命周期成本。

目前，我国正处在城市化进程迅速发展阶段，以传统混凝土为主要材料的建设项目规模日渐增长，混凝土需求量急剧增加，水泥、砂、石、矿物集料等原材料用量持续提升，对自然资源的破坏日益加大，CO_2、烟尘等有害物的排放对自然环境的影响也逐渐提高，根据相关研究得知，混凝土生产造成的 CO_2 排放量，约占全球人为 CO_2 总排放量的 5%，减少混凝土用量是混凝土和混凝土工业生产节能降耗的关键方式之一。超高性能混凝土是绿色建筑材料，对推动节能降耗、节约建筑原材料、提升工程品质等具有积极的意义，有助于建筑行业的可持续发展。

已建成超高性能混凝土桥梁结构充分证明了超高性能混凝土应用于桥梁

领域的可行性和实用性。在不久的将来，随着超高性能混凝土桥梁结构的进一步研究与改进，其优异的力学性能、更便捷的施工方式、显著的经济效益、优越的环保性能等优点必将使超高性能混凝土新型桥梁结构成为我国交通建设中的重要结构形式，成为一种经济、实用的中小跨径传统钢筋混凝土或圬工桥梁的替代品，并在大跨度桥梁结构上得到较大发展。

本书收集了超高性能混凝土在国内外桥梁领域应用的部分案例，编写过程中借鉴和参考了国内外相关研究成果，在此表示谢意。由于编者水平所限，编写时间较仓促，本书难免存在不足和疏漏之处，敬请读者批评指正。

目　录

第1章　绪论

1.1 超高性能混凝土概述

1.1.1 超高性能混凝土的由来

20 世纪 90 年代，法国是 UHPC 研究发展最活跃的国家，Ultra-high Performance Concrete（高性能混凝土）的名称是 1994 年法国学者建议的，是一种具有超高强度及良好耐久性的水泥基材料。UHPC 发明的标志是丹麦 Hans Henrik Bache 先生 1979 年申请的第一个专利，在 20 世纪 80 年代丹麦开展了 UHPC 材料的应用研究，当时的 UHPC 被称作 Ny Beton（新型混凝土）、CRC（Compact Reinforced Composite 密实配筋混凝土，即 R-UHPC 或纤维和钢筋增强水泥基复合材料）[9]。对于这类材料，命名种类较多，如细料致密（Densified with Small Particles，简称 DSP）混凝土、无宏观缺陷（Macro Defect Free，简称 MDF）混凝土，密实配筋混凝土（Compact Reinforced Composite，简称 CRC）、活性粉末混凝土（Reactive Powder Concrete，简称 RPC）、超高性能纤维增强混凝土（Ultra-high Performance Fiber Reinforced　Concrete）等，目前对于活性粉末混凝土（RPC）及超高性能纤维增强混凝土（UHPFRC）的研究及应用相对较多，相对而言，UHPC 概念的包括范围更大些[12]，在法国采用法语 BFUP 作为简称，在国际交流中，UHPC 为通用名称。

1.1.2 已颁布的超高性能混凝土技术规范及标准

国内外 UHPC 相关的技术指南、标准、规范在过去二十年取得了长足的进展，法国 2002 年颁布了第一部 UHPC 结构设计指南，该指南在 2013 年的修订后，于2016年提升为UHPC设计规范。日本、韩国、瑞士、澳大利亚、美国等国家也编制了相应的指南、规程及规范，可见表1-1。近年来东南亚及我国正处于基础建设大规模建设期，UHPC在亚洲地区得到了较广泛的推广与应用。

表1-1　世界各国已制定的UHPC相关技术规范及标准[5]

国家	规范名称	时间	状态
法国	超高性能纤维增强混凝土：规范、性能、生产和合格评定（NF P 18-470）	2016	正式出版
	超高性能纤维增强混凝土结构设计规范（NF P 18-710）	2016	正式出版
瑞士	UHPFRC：建筑材料、设计与应用（SIA 2052）	2014	正式出版
美国	超高性能混凝土试件的制造与试验的标准实施规程（ASTMC 1856/1856M-17）	2017	正式出版
加拿大	材料和施工方法（CSA A23.1 附件 U）	2015	正式出版
	钢纤维混凝土桥梁的结构设计（CSAS6 A8.1 附件）	2015	正式出版
澳大利亚	RPC预应力混凝土梁设计指南（新南威尔士大学）	2000	正式出版
	混凝土结构（DR AS 3600）	2018	正式出版
日本	超高性能纤维增强混凝土（UHPFRC）结构设计与施工指南（草案）	2004	正式出版
韩国	超高性能混凝土（K-UHPC）的设计指南	2012	正式出版
中国	活性粉末混凝土（GB/T31387-2015）	2015	正式出版
	超高性能轻型组合桥面结构技术规程（GDJTG/T A01-2015）（广东省地标）	2015	正式出版
	活性粉末混凝土结构技术规程（DBJ43/T325-2017）（湖南省地标）	2017	正式出版
	超高性能混凝土：基本性能及试验方法（中国混凝土与水泥制品协会）	2018	正式出版
	无腹筋预应力超高性能混凝土梁桥技术规范（T/GDHS-003-2021）（团体标准）	2021	正式出版
	超高性能混凝土梁式桥技术规程（T/CCES 27-2021）	2021	正式出版

1.1.3 超高性能混凝土与普通混凝土的区别

由中国土木工程学会发布的《超高性能混凝土梁式桥技术规程》（T/CCES 27-2021）及《公路桥涵超高性能混凝土应用技术规范》（总校稿）中给出了超高性能混凝土的定义，规定：由水泥、矿物掺合料、集料、钢纤维和外加剂等材料或由上述材料制成的干混料加水拌和，经凝结硬化后形成的一种具有超高强度、超高韧性和超高耐久性的水泥基复合材料，简称 UHPC。

UHPC 与普通混凝土或高性能混凝土不同的方面包括：不使用粗骨料，必须使用硅灰和纤维（钢纤维或复合有机纤维），水泥用量较大，水胶比很低，小于 0.25，通过提高组分的细度与活性，使材料内部的缺陷（孔隙与微裂缝）减至最少，以获得由其组分材料所决定的最大强度及优异的耐久性，钢纤维阻碍了混凝土内部微裂缝的扩展，能使混凝土表现出良好的塑性特征。超高性能混凝土（UHPC）的配制原理是基于最大堆积密度理论，其组成材料不同粒径颗粒以最佳比例形成最紧密堆积（见图 1-1），同时掺加微细的钢纤维提高其韧性和延性。在施工性能方面，UHPC 具有优异的和易性（见图 1-2），易于施工操作和保证均匀密实。

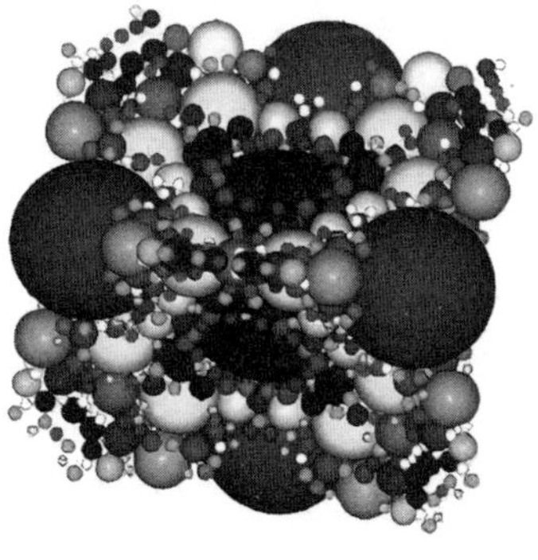

图 1-1　最大密实度理论级配

图 1-2　和易性

1.1.4 超高性能混凝土集料探究

天然河砂具有性质稳定、形貌良好等特征，常被用作混凝土的主要原材料，UHPC 集料通常采用石英砂或级别良好的河砂，但其成本较高，且对环境造成破坏，国内部分学者对采用机制砂替代石英砂开展了相关研究，如：

（1）褚洪岩等[94]用环保型细集料（再生砂、机制砂、风积沙）代替河砂，制备绿色超高性能混凝土，并按标准试验方法研究了 UHPC 的力学性能，还探究了 UHPC 的工作性能和微观结构。研究结果表明：用环保型细集料制备的绿色 UHPC 具有良好的工作性能，其力学性能与采用河砂制备的普通 UHPC 的力学性能基本相当甚至更加优良。采用机制砂制备的绿色 UHPC 具有较高的力学性能，与河砂制备的普通 UHPC 相比，其抗压强度、抗折强度、弹性模量分别提高了 5.20%、15.34%、5.75%。此外，机制砂和风积沙还可以在一定程度上优化绿色 UHPC 的孔径结构。

（2）刘慈军等[95]为降低 UHPC 成本，利用机制砂配制 UHPC，研究机制砂的级配对 UHPC 力学性能及微观形貌的影响。结果表明：①采用机制砂可配制出工作性能良好，28d 抗折、抗压分别大于 25、135MPa 的试样；②机制砂与水泥石基体结合紧密，钢纤维在水泥石基体中分布均匀，致密均匀的结构使试样的力学性能得到较大的提高。

机制砂是岩石破碎过程中的副产品，其成本较低且对环境的影响较小，利用机制砂配制超高强混凝土是减少水泥混凝土行业自然资源消耗和环境影响的有效途径之一。

1.2 国外超高性能混凝土在桥梁领域发展

1.2.1 国外超高性能混凝土发展现状

超高性能混凝土具有优异的力学和耐久性能，在桥梁工程需求轻质高强、快速架设、经久耐用的背景下，在桥梁领域具有广泛的应用前景。在过去的二十年中，UHPC 在桥梁工程中的应用范围非常广泛，从小型现场浇筑构件到大跨度桥梁的预制节段，再到上长达千米斜拉、悬索桥等标志性建筑的桥面铺装层等方面均有应用。法国人是早期使用者和开拓者，为在各种桥梁应用中使用 UHPC 奠定了坚实的基础。

自 2000 年以来，世界上建成的 UHPFRC 桥梁超过 200 座，其中包括澳大利亚、加拿大、法国、德国、日本、马来西亚、荷兰、西班牙、韩国、美国等，2001 年，世界上第一座全长 44m、宽 12 m 的 UHPFRC 公路桥梁在法国建成[8]。

1.2.2 欧洲典型应用国-瑞士

在瑞士，UHPFRC 主要应用于桥梁维修及加固，目前正在推动 UHPFRC 桥梁主体受力构件中的应用，2004 年瑞士采用 UHPFRC 加固了一座 10m 跨径的公路桥梁，2017 年建成了 1～6m 的铁路桥（见图 1-3），在之后十五年内，UHPFRC 在桥梁工程中的应力案例达 150 多例，目前有超过二十五个项目处于设计或招标阶段，根据瑞士的面积和人口， UHPFRC 应用密度可能是世界上最高的。

图 1-3　1～6m 的铁路桥[1]

1.2.3 亚洲典型应用国-韩国

在韩国，UHPC 从 2002 年开始发展，到 2020 年为止，应用于桥梁工程中的项目超过了 16 个，2002 年建成了世界上第一座 UHPC 拱桥（和平拱桥），该桥主拱跨径为 120m，采用法国 Ductal 公司的 UHPC 技术。2009 年建成了世界上第一座斜拉式 UHPC 人行天桥（Super Bridge I），桥梁宽度 2.5m，跨径 18m（见图 1-4），于 2015 年开工建设。2017 年建成位于乐高主题公园的春川大桥，主桥为独塔双跨斜拉桥，跨径为 100m，圆环形主塔高 35m，主梁采用 UHPC 双肋梁，梁高从普通混凝土的 2.7m 减少到 1.85m，板厚从 25cm 减薄到 15cm，自重减轻约 30%，是世界上第一座公路斜拉桥（见图 1-5）。韩国十分重视创新，提出了一个超级桥梁 200（SUPER Bridge 200）的计划，希望通过

UHPC 建造桥梁，减少 20%的工程造价，在 10 年内节省 20 亿美元的投资，减少 44%二氧化碳的排放量和节约 20%的养护费用[4]。

图 1-4　韩国 Super Bridge I[1]

图 1-5　韩国春川大桥[1]

1.2.4 亚洲典型应用国-马来西亚

到 2020 年为止，在亚洲地区马来西亚可能是世界上 UHPC 桥梁应用最多的国家。自 2010 年开始建造以来，目前已建成的 UHPC 桥梁累计达到 187 座，绝大多数为主梁结构采用 UHPC 材料，见表 1-2，本小节重点介绍主体结构形式的类型、部分主体结构参数指标和典型桥梁介绍。

表 1-2　马来西亚历年 UHPC 桥梁数量[3]

年份	2010	2011	2012	2013	2014	2015	2016	2017	2018	2019	2020
桥梁数量	1	3	8	22	38	74	93	104	119	141	187

（1）主体结构形式分类

其结构形式主要包括四类 UHPC 主梁结构，如图 1-6 所示，即全 UHPC-T 梁（type1）、UHPC-RC 组合梁（包括闭口截面和开截面两类 UHPC-RC 组合梁，分别对应 type 2a 和 type 2b）、全 UHPC 箱梁（type3）、全 UHPC 下承式槽形梁（type4），这四类 UHPC 主梁结构在马来西亚 UHPC 桥梁中各自所占的比例如图 1-7 所示，可以看出 UHPC-RC 组合梁所占的比例最高（高达 83%），其次为全 UHPC-T 梁，比例为 13%。

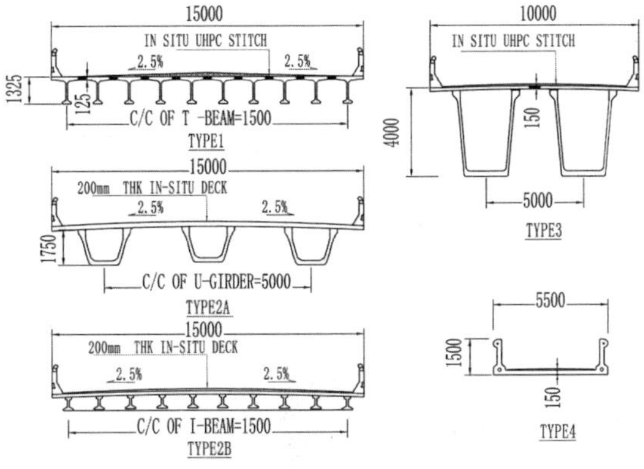

图 1-6　（单位：mm）[1]

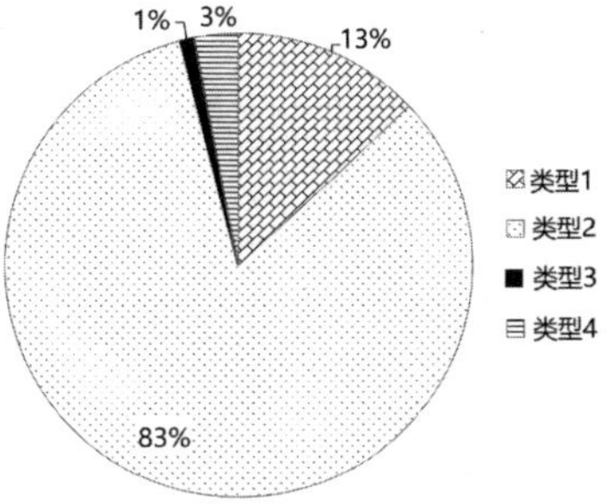

图 1-7[1]

（2）部分 UHPC 桥梁主要技术参数指标

UHPC-RC 组合梁下缘受拉区采用 UHPC-U 形或 I 形梁，上缘受压区采用现浇普通钢筋混凝土桥面板，可以充分发挥材料受压性能，节省上部结构造价。UHPC-RC 组合梁在马来西亚 UHPC 桥梁中的应用比例最高，跨径主要应用范围在 30～100m 之间。全 UHPC-T 梁由于上部结构自重大大减轻，方便运输和吊装，也得到了较为广泛的应用，跨径主要应用范围在 10～35m 之间。在表 1-3 中列出了马来西亚近年来建设的部分 UHPC 桥梁的部分参数指标。

表 1-3　马来西亚部分 UHPC 桥梁部分技术指标表[2]

序号	主梁类型	年份	桥名	跨径布置/m	桥长 m	桥宽 m	高跨比	腹板厚度 mm	顶板厚度 mm
1	TYPE 1	2011	Ulu Geroh	1×25	25	3.5	18.9	100	125～150
2	TYPE 1	2012	Ulu Kinta	1×32	32	3.5	24.2	100	125～150
3	TYPE 1	2012	Ulu Chemor	1×30	30	3.5	22.6	100	125～150
4	TYPE 1	2013	Kg.Banjar	1×12	12	11.9	13.7	100	100～125
5	TYPE 1	2013	Sungai Nerok	3×30	90	15	22.6	100	125～150
6	TYPE 1	2014	Sg Bukit Berapit	1×16	16	14	18.3	100	100～125
7	TYPE 2A	2010	Kg.Linsum	1×50	50	4.8	25.6	150	200（RC）
8	TYPE 2A	2013	Titi	1×50	50	11.9	25.6	150	200（RC）

续表

序号	主梁类型	年份	桥名	跨径布置/m	桥长 m	桥宽 m	高跨比	腹板厚度 mm	顶板厚度 mm
9	TYPE 2A	2013	Kg.Bermin	1×42	42	3.5	21.5	150	200（RC）
10	TYPE 2A	2013	Rantau-Siliau	1×52	52	18.3	26.7	150	200（RC）
11	TYPE 2A	2014	Kg.Baharu-Kg.Teluk	10×42	420	13.9	18.3	125	300（RC）
12	TYPE 2A	2014	Kg.Merdeka	1×58	58	5	26.4	125	200（RC）
13	TYPE 2A	2015	Sungai Bertam MDCH1	1×30	30	10.5	20.7	100	200（RC）
14	TYPE 2A	2017	Manong	45+3×70+45	308	11.5	21.88	125	200（RC）
15	TYPE 2B	2012	Westport	6×13	78	22.5&42	10	175	250～350（RC）
16	TYPE 2B	2014	Sungai Ranting	1×22	22	11.5	25.9	100	200（RC）
17	TYPE 2B	2014	Bukit Merah Dam	6×9	54	9.5	10.6	100	200（RC）
18	TYPE 2B	2015	Parit Sadang	1×18	18	6	21.2	100	200（RC）
19	TYPE 2B	2015	Parit Senin	1×15	15	6	17.6	100	200（RC）
20	TYPE 3	2015	Batu 6	1×100	100	5	25	150	150
21	TYPE 4	2014	Sungai Bertam JK1	1×30	30	5.5	20	200	150

（3）典型 UHPC 桥梁介绍

因 UHPC-RC 组合梁应用范围最广，在本章节介绍两座典型的 UHPC-RC 组合桥梁：Manong 桥和 KT-Bypass ST3 桥。

①Manong 桥[6]

Manong 桥采用 UHPFRC -RC 组合梁（type2a），图 1-8 为其桥型立面布置示意图，桥梁全长为 307.8m，第一跨和第五跨跨径为 45m，第二～第四跨跨径为 70m，桥梁为先简支后桥面连续体系，该桥于 2017 年开始建设，2019 年完工，图 1-9 为建成后实景。

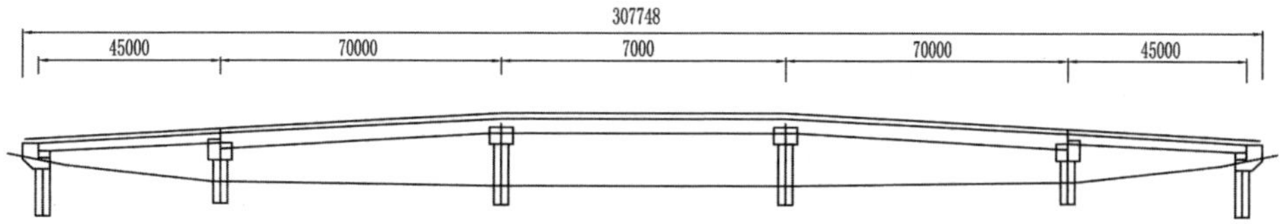

图 1-8　Manong 桥立面布置示意图（单位：mm）[6]

图 1-9　Manong 桥实景[1]

图 1-10、图 1-11 为桥梁典型横断面布置示意图和 U 型梁典型细部构造图，上部桥面全宽为 11.5m，桥梁横向由 3 片 U 型梁+RC 桥面板组成，桥面板顶部浇筑 50mm 的沥青铺装。U 型梁高为 3.0m，RC 桥面板厚度为 200mm，腹板厚度为 125mm，底板厚度为 100mm。70m 跨径主梁纵桥向分为 12 个节段，最大节段长度为 6m，最大节段重量为 18.2t。

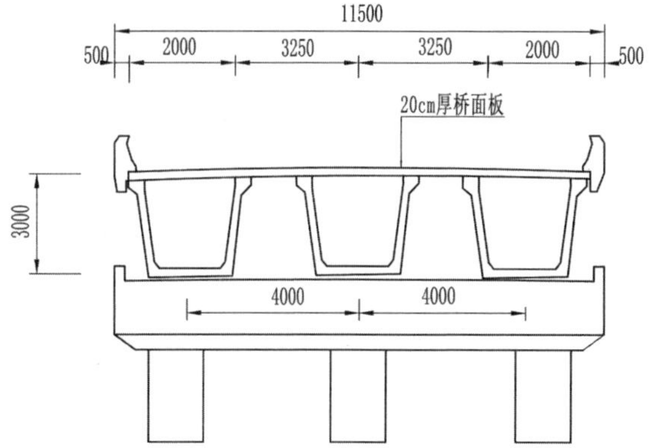

图 1-10　Manong 桥横断面图（单位：mm）[6]

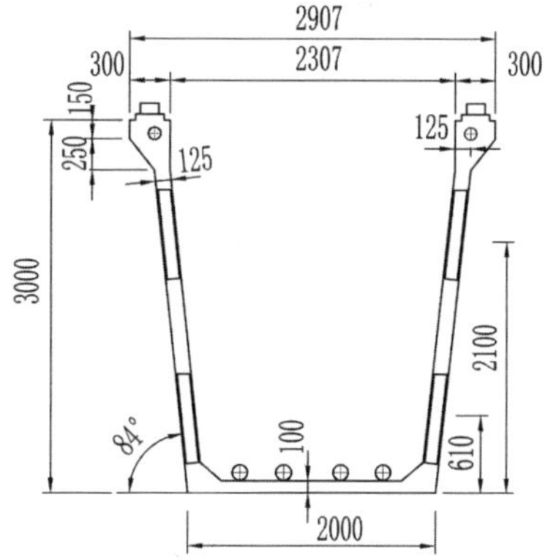

图 1-11　Manong 桥 U 型梁典型细部构造图（单位：mm）[6]

U 型梁主要材料技术参数：轴心抗压强度 f_{ck} 为 140Mpa，轴心抗拉强度 f_{tk} 为 8Mpa。预应力钢束采用 1×7 直径为 15.24mm 的低松弛钢绞线，全桥钢束布置为 6 束体外预应力，单束 27 根，2 束体内预应力，单束为 7 根，预应力张拉控制应力为 0.75 倍预应力钢筋抗拉强度标准值，结合［文献 6］中计算结果得知，接缝处均为受压状态，未见拉应力，全截面受压。

②KT-Bypass ST3 桥[8]

KT-Bypass ST3 桥采用 UHPFRC -RC 组合梁（type2a），图 1-12、1-13 为其桥型立面布置示意图和典型横断面布置示意图，全桥跨径组成为 38.3m+3×38.5m+38.3m，全桥长为 191.6m，桥梁为先简支体后桥面连续体系。图 13 其典型横断面布置示意图，桥梁单幅宽为 11.5m，桥梁横断面由 2 片 U 型梁+ RC 桥面板组成，桥面板顶部浇筑 50mm 的沥青铺装。

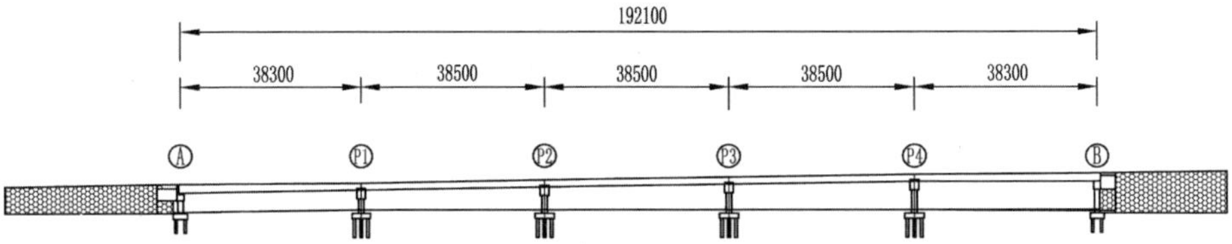

图 1-12　KT-Bypass ST3 桥立面布置示意图（单位：mm）[8]

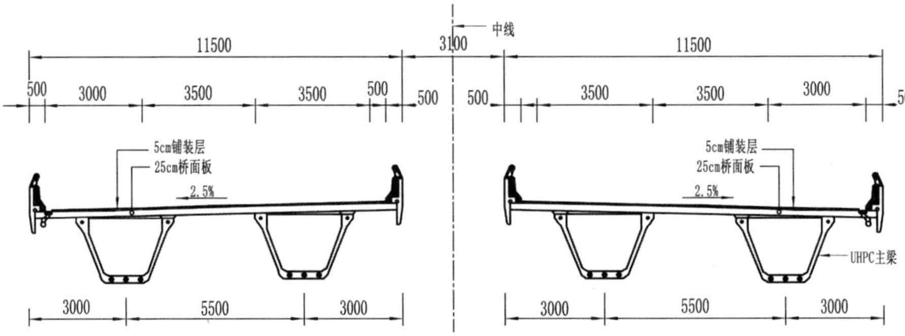

图 1-13　KT-Bypass ST3 桥横断面布置示意图（单位：mm）[8]

图 1-14～图 1-17 为预应力纵向预应力钢束布置立面和横断面示意图，U 型梁高为 2.0m，RC 桥面板厚度为 250mm，腹板水平厚度为 150mm，底板厚度为 200mm，单片主梁纵向分为 5 个节段，节段 1、节段 2 为锚固端节段，长度均为 7m，单个节段重为 16.6t，节段 3～5 为中部节段，长度均为 8m，单个节段重为 19t，与传统混凝土梁不同之处，U 型梁仅在锚固端锚下设置普通钢筋，腹板内未设置抗剪箍筋，顶部翼缘处设置与桥面板相连接的水平剪力钉，节段拼接后，采用预应力钢束连接成整梁，预应力钢束采用 1×7 直径为

15.24mm 的钢绞线，顶部翼缘左右侧各布置 1 束钢束，单束 7 根钢绞线，底板布置 4 束钢束，2 束 22 根（单束）和 2 束 27 根（单束）钢绞线，单片梁一共采用 112 根直径为 15.24mm 钢绞线。

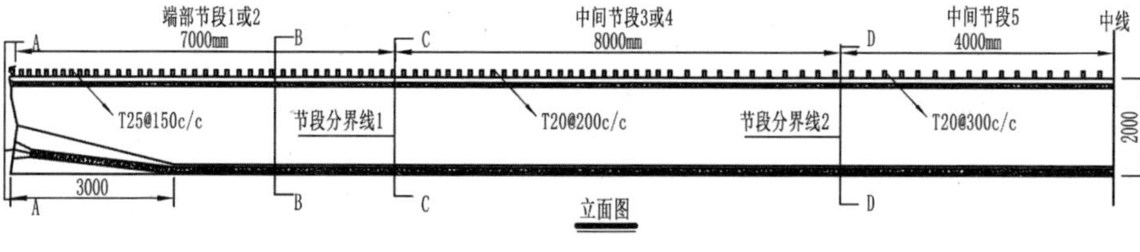

图 1-14　KT-Bypass ST3 桥纵向钢束布置立面图（单位：mm）[8]

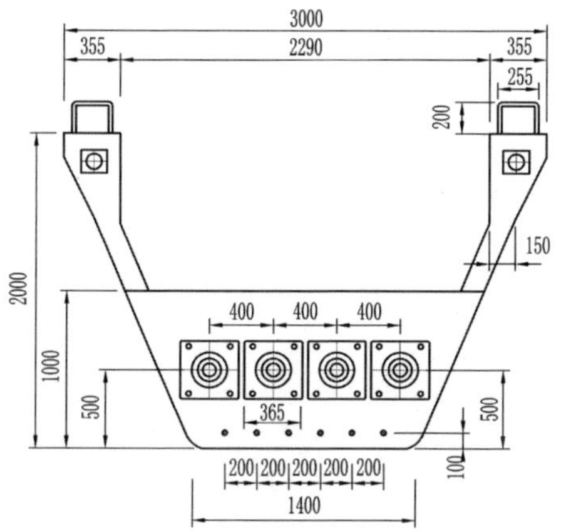

图 1-15　KT-Bypass ST3 桥纵向钢束端部断面（A-A）（单位：mm）[8]

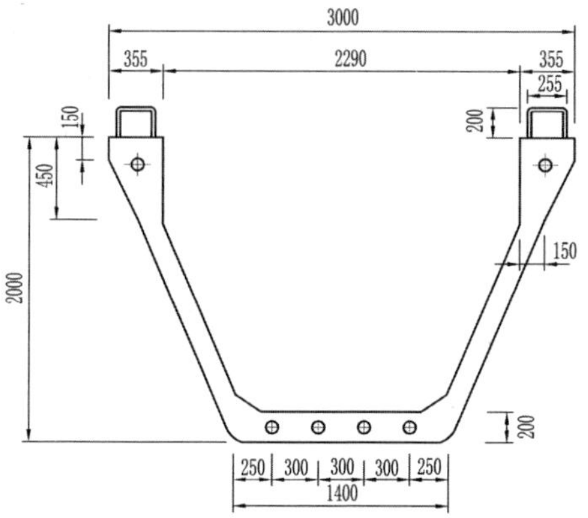

图 1-16　KT-Bypass ST3 桥纵向钢束标准断面（B-B）（单位：mm）[8]

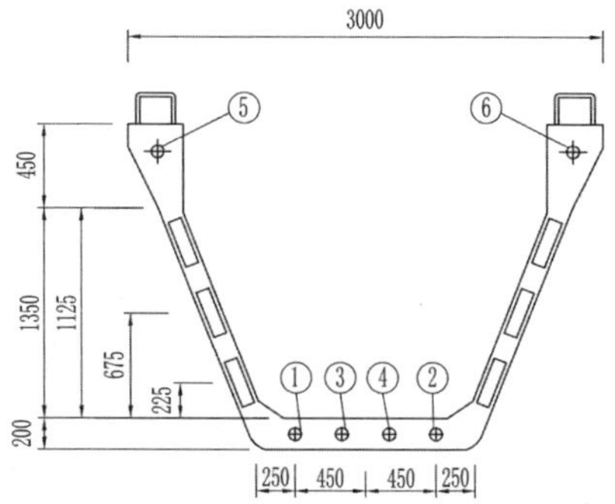

图 1-17　KT-Bypass ST3 桥纵向钢束接缝处断面（C-C）（单位：mm）[8]

本桥施工采用吊装施工，其主要施工顺序为在加工厂预制 UHPC“U 型梁”节段→通过运梁车将预制好的 UHPC“U 型梁”节段运送的施工现场→现场台座胶拼 UHPC“U 型梁”节段→张拉纵向预应力钢束→汽车吊装主梁→浇筑桥面板→安装护栏→浇筑沥青铺装及附属设施→成桥，图 1-18～图 1-24 为部分施工流程场景实况。

图 1-18　KT-Bypass ST3 桥 U 型梁工厂预制[8]

图 1-19　KT-Bypass ST3 桥　拖车运输 U 型梁[8]

图 1-20　KT-Bypass ST3 桥 U 型梁卸车与组装[8]

图 1-21　KT-Bypass ST3 桥 U 型梁钢束穿束与张拉[8]

图 1-22　KT-Bypass ST3 桥运梁车运输单片 U 型梁[8]

图 1-23　KT-Bypass ST3 桥两台 160t 吊机吊装单片 U 型梁[8]

图 1-24　KT-Bypass ST3 桥主梁就位，浇筑桥面板[8]

③Batu6 桥[96]

Batu6 桥位于马拉西亚霹雳州，桥型布置立面如图 1-25 所示。上部主梁采用全截面 UHPC 组合梁（type3），其为单跨简支梁桥，跨径为 100m，桥面宽为 5m，单箱单室等高箱梁，梁高 4m，高跨比为 1/25，顶板厚为 15cm，底板厚为 25cm，腹板厚为 15cm，腹板与顶板连接处加宽为 35.5cm。全桥分为 40 个节段，标准节段长 2.5m，主梁采用短线工厂预制，长线拼装施工方法施工，全桥 UHPC 主梁重 670t，其中标准节段重 16.5t，纵向节段之间通过剪力键连接。

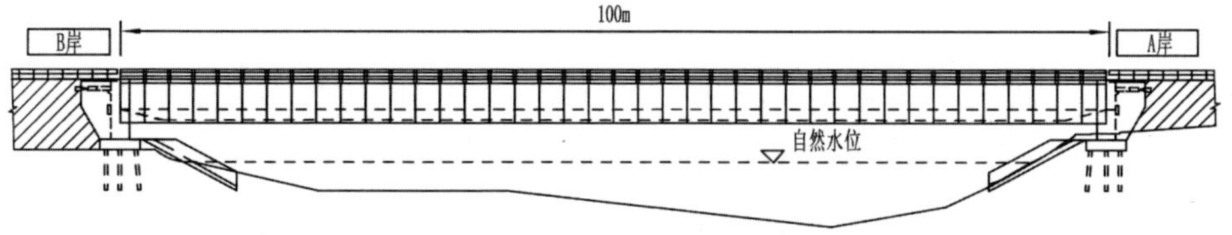

图 1-25　Batu6 桥立面示意图[96]

Batu6 桥全桥除在桥面板、预应力钢束锚固区和顶板与腹板连接部位布置了普通钢筋外，其余部不布置钢筋。全桥仅布置纵向体外和体内预应力钢束，钢束分两阶段张拉，第一段张拉顶板束，顶板束由 2 束 7 根Φ^s15.24mm 体内束，底板 6 束 37 根Φ^s15.24mm 体内束，为确保上翼缘不出现拉应力，在梁端部 S1～S4 和 S37～S40 节段布置 4 束 4 根Φ^s15.24mm 体内束，第二阶段张拉 3 束 19 根Φ^s15.24mm 体外束，钢束布置典型截面如图 1-26 所示。

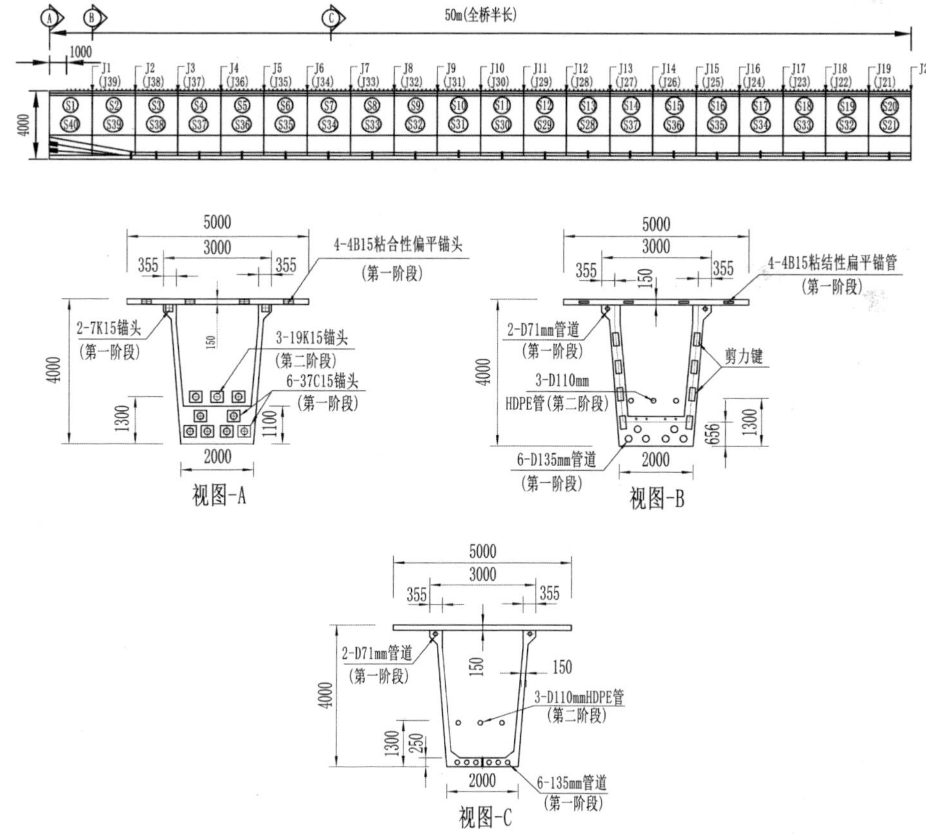

图 1-26　Batu6 桥上部箱梁节段划分和关键截面图（单位：mm）[96]

石方楠[96]对Batu6桥上部箱梁承载力极限状态和正常使用极限状态进行了验算，结合其计算分析结果得知，基本组合下Batu6桥跨中正弯矩承载力安全系数1.27，支点处斜截面抗剪承载力安全系数1.49；正常使用极限状态下最大应力为43.6MPa，小于限值90MPa，最小压应力为2.44MPa，未见拉应力，为全截面受压构件；挠度为39.6mm，远小于规范限值L/600=167mm，综上所述，Batu6桥上部箱梁结构受力安全可靠。

1.3 国内超高性能混凝土在桥梁领域的发展

1.3.1 国内UHPC启蒙

国内开展UHPC研究开始于20世纪90年代，1993年湖南大学黄政宇、沈蒲生、蔡松柏在《混凝土》杂志上发表了“200Mpa超高强钢纤维混凝土试验研究”一文，论文中试验采用的原材料为水泥、砂（粒径：0.25～0.65mm）、硅灰、减水剂及钢纤维（直径0.175mm，长度为6mm），在掺入20%的硅灰、6%的钢纤维及高温养护条件下，水灰比从0.28减少到0.18时，混凝土抗压强度从114Mpa增大到215Mpa，为国内首篇介绍UHPC的论文。

其后俞瑞堂编译文章“活性粉末混凝土的理论与实践”（发表在《国外桥梁》杂志1998年第1期）及覃维祖、曹峰的文章“一种超高性能混凝土—活性粉末混凝土”[14]，对超高性能混凝土进一步做了较为详细的介绍，为国内超高性能混凝土技术的发展提供了很好的启蒙作用，早期国内相关研究应用也多采用文章使用的RPC名称。

1.3.2 国内UHPC相关研究团队

UHPC自开始研究至今，在部分高校及企业中造就了一批专注于UHPC研究的研发团队，成为中国UHPC技术推广应用的主力军，如湖南大学黄政宇、邵旭东和方志教授等的团队，在中国较早开展了UHPC材料和结构性能研究、桥梁设计与应用研究，同时将相应研究成果应用到了实际工程项目中。邵旭东教授团队开发的钢-UHPC组合桥面结构很好地解决了钢桥的两大难题

—桥面铺装寿命短和钢结构易疲劳损伤，在中国已进入规模化应用。长安大学王春生教授团队对钢—混凝土组合加固技术进行了比较系统的试验、理论与应用研究，形成了完整的组合加固技术体系，在混凝土结构裂缝控制、原结构与加固结构共同工作与承载、减少加固结构自重等方面具有较大优势，在多座混凝土桥梁中得到了应用，取得了良好的技术与经济效果[9]。

1.3.3 UHPC 在国内建筑领域用量与占比情况

中国混凝土与水泥制品协会在 2018 年 12 月成立了超高性能水泥基材料与工程技术分会（简称 CCPA-UHPC 分会），自 2019 年起每年撰写了“中国超高性能混凝土（UHPC）技术与应用发展报告”，到目前为止，已出刊 3 期，主要是回顾、记录和总结 UHPC 在国内的发展情况，对国内 UHPC 研究应用与发展、中国 UHPC 的标准化的制定、国 UHPC 市场规模与产业发展现状及项目的应用情况进行了较详细的阐述，文中指出 2021 年中国 UHPC 用量超过 7 万 m^3，其中大部分使用 UHPC 预混料，约为 10 万吨，与 2020 年相比，2021 年中国 UHPC 用量增加了 3 万立方米，增幅比例较高，但以 2020 年中国水泥产量 23.77 亿吨计算，2021 年 UHPC 的水泥用量不到中国水泥产量的 0.003%，从 UHPC 总用量及在水泥基材料中的占比来看，中国的 UHPC 产业仍处于初期的或起步的发展阶段，还有很大的应用提升空间。

1.3.4 UHPC 在国内桥梁领域中的主要应用方向

目前，UHPC 的材料成本费用是制约 UHPC 发展的关键，结合［文献 92］洪辉调研了上海市 UHPC 原材料价格，文中指出 UHPC 的材料成本均价约 4300 元/m^3，市场销售均价约 8500 元/m^3，在实际工程中，因单项工程体量较小，合同额较低，总体利润较少，单价会一定的增幅。随着 UHPC 应用领域扩大，未来价格会会有较大降低，有望降低至 7000 元/m^3以下。

国内从事 UHPC 产品研发的厂家有数十家，如广东冠生土木工程技术股份有限公司、湖南中路华程桥梁科技股份有限公司、浙江宏日泰耐克新材料科技有限公司、上海史瑞坦环保科技有限公司、中交二航局技术中心和武汉港湾研究院等。以中路华程为例，从其《关于中路华程 UHPC 技术业绩的说明》宣传资料得知，2015年～2022年期间，中路华程参与的UHPC桥梁建设约47座，其UHPC材料主要应用在桥面组合结构中，其中大跨径斜拉桥和悬索桥约14座，中小跨径钢箱梁、钢混组合梁约22座，其它结构桥梁约11座。

结合上述国内部分厂家涉及工程案例分析，超高性能混凝土在国内桥梁领域的应用主要包括：（1）公路和铁路上部主梁承重结构；（2）人行天桥上部主体结构；（3）钢-UHPC/STC轻型组合桥面结构；（4）上部预制梁纵横湿接缝连接；（5）桥梁维修加固和防护；（6）高速公路上承式拱桥、刚架拱桥；（7）下部预制拼装结构现浇接缝连接； 在后续章节中对具体工程应用案例进行阐述。

第 2 章　国内外 UHPC 标准化进展与材料性能分析

2.1 国外 UHPC 标准化工作进展

过去 10 多年中，法国、瑞士、德国、美国、加拿大、澳大利亚、日本、韩国等相继制定并颁布了 UHPC 材料及结构设计的技术文件、指南或标准。陈宝春[86]，赵筠[87]-[89]等对上述国家超高性能混凝土相关指南、标准等进展进行了阐述。

2.1.1 法国

法国在超高性能混凝土标准制定方面起步最早，法国标准以具有纤维增强的 UHPC 为主。2002 年法国土木工程协会（AFGC）和土木结构设计管理局（SERTA）发布了第一个 UHPC 暂行设计指南，经过 10 年的应用，根据新研究进行和工程应用经验进行修订和完善，于 2013 年颁布了指南的修订版。修订版指南分为四个部分：第一部分介绍 UHPC 材料性能、力学性能和试验方法；第二部分为 UHPC 结构设计方法；第三部分描述了 UHPC 材料的耐久性，如高温耐火行为、耐磨性等；第四部分为修订版新增内容，简要叙述了使用 UHPC 对可持续发展的分析结果。此外，该指南中还介绍了 1997～2011 年建造的部分 UHPC 结构工程案例。

2016 年，法国标准协会（AFNOR）正式颁布了《对欧洲规范 2 的补充—混凝土结构设计： 超高性能纤维增强混凝土（UHPFRC）的具体规则》（NF P 18-710）和《超高性能纤维增强混凝土：规格、性能、生产和一致性》（NF P 18-470）。NF P 18-710 作为欧洲混凝土结构设计规范的补充规范，NF P 18-710 规范规定了无筋、加筋和预应力 UHPFRC 结构设计规则，给出了 UHPFRC 压缩、拉伸、剪切性能分析和设计规则与模型，对可靠性管理、承载能力极限状态、正常使用极限状态、和耐久性设计等提供了具体规定。NF P 18-470 为 UHPFRC 材料标准，包括原材料选择、材料性能、测试方法、质量控制要求的原则；包括生产（配料、运输、浇筑、固结和养护）和确认现场硬化性能等方法；其根据耐久性和抗压、直拉强度性能，对不同 UHPC 类别进行了分类，规定了 130MPa～250MPa 范围内的 6 种抗压强度和 3 种直拉强度。

2.1.2 瑞士

2016 年，瑞士工程师及建筑师协会（SIA）制定并颁布了 SIA 2052 标准，即《超高性能纤维混凝土指南—建筑材料、设计及应用》，该标准为欧洲继法国标准后第 2 个正式的 UHPC 标准，如同法国标准一样，主要对象也是具有纤维增强的 UHPC。该标准适用于抗压强度≥120MPa 且直拉强度≥7MPa 的 UHPFRC。该标准中提供了无筋、加筋和预应力 UHPFRC 结构设计的相关规定；给出了 UHPC 压缩、拉伸和剪切性能的设计规则和模型，以及纤维定向作用的可靠性系数。对火灾和偏劳方面的内容也进行简短的注释。其不仅可为 UHPFRC 新结构提供设计依据，还可为采用 UHPFRC 进行结构加固提供设计及计算方法的参考。

2.1.3 德国

由德国钢筋混凝土学会（DAfStb）组织制定的 UHPC 材料、设计与施工指南还在编制中，2016 年 3 月在德国卡塞尔大学举办的 UHPC 国际研讨会上，负责 UHPC 指南材料部分编制的 M.Schmidt 教授介绍了制定德国指南材料性能要求的理念和主要内容。虽为指南，但一经批准，将成为德国现有混凝土标准体系的补充与扩展。该指南基于欧洲规范（EN）和德国的研究成果，共包含两部分：第 1 部分为结构设计，包含具有纤维增强的 UHPC、钢筋或预应力 UHPC 预制和现浇结构；第 2 部分为混凝土技术和质量控制，对原材料、配合比、质量控制、新拌和硬化性能的研究方法，以及生产和结构设计等提出要求。

2.1.4 美国

美国涉及 UHPC 标准的组织有 3 个，有美国材料与测试协会、美国混凝土协会和美国联邦公路署。其中以美国混凝土协会和美国联邦公路署最早涉及 UHPC 材料的相关研究，其发布了如《超高性能混凝土的材料性能研究》（FHWA-HRT-06-103）、《超高性能混凝土预应力 I 梁的结构性能》（FHWA-HRT-06-115）、《预制 UHPC 井字肋板结构桥面板（包括连接）系统设计指南》（FHWA-HRT-13-032）、《超高性能混凝土研究综述》（FHWA-HRT-13-060）、《现浇 UHPC 的连接设计和施工》（FHWA-HRT-14-084）等一系列研究报告。

美国混凝土协会（ACI）于 2012 年成立了“ACI239-UHPC”分委员会，分会编写了一份关于 UHPC 结构设计的报告。2017 年美国材料与试验协会（ASTM）发布了《超高性能混凝土试件的制造和试验的标准实施规程》（ASTM C1856/1856M-17），规程中为确定材料的性能，提供了在现场和实验室中的 UHPC 样品制造和测试的方法，此外，对抗压强度、抗弯强度、静态弹性模量、收缩徐变、耐磨性、抗冻性能和氯离子渗透等的测试方法也进行了阐述。

2.1.5 加拿大

加拿大编写了两个独立的标准：CSA A23.1 附件 U《材料和施工方法》和 CSAS6 附件 A8.1《钢纤维混凝土桥梁的结构设计》，虽然作为非强制性附件出版，但标准在编写时都是使用强制性语言。标准 CSA A23.1 附件 U《材料和施工方法》中阐述了有关 UHPC 材料两类抗压强度（120～150MPa 和大于 150MPa）、三类抗拉强度（应变硬化、应变软化、无纤维有钢筋网）及三类耐久性等方面的内容，给出了 UHPC 三类混合（预混合、部分预混合、非预混合）方式的供应和配料规定，提供了描述材料性能、质量控制、配料、运输、浇筑、养护和脱模的试验方法。

2.1.6 澳大利亚

2000 年，新南威尔士大学发表了《RPC 预应力混凝土设计指南》，该指南指导和建议的设计原则与 2001 年法国出版的指南相近，其内还包含了预应力 UHPC 梁的设计实例。

澳大利亚标准有限公司在 2018 年出版了《混凝土结构》（DR AS3600）标准，在该标准第 16 节“钢纤维混凝土”中编写了 UHPC 的相关内容。该章节中提供了确定 FRC（包含 UHPC）压缩和拉伸性能的方法，给出了无筋、加筋、预应力 FRC 的设计模型，对耐用性、适用性和施工前质量测试也进行了相应的阐述。

2.1.7 日本与韩国

日本是亚洲最早制定 UHPC 指南的国家。2004 年，日本土木工程学会（JSCE）颁布了日语版《超高强纤维增强混凝土（UHPFRC）结构设计与施工指南（草案）》，该指南在方法上与 2001 年法国出版的指南相似，该指南在 2006 年发行了英语版。随后日本 UHPC 相关标准的制订工作未见新的进展，该指南也一直未修订成正式的指南或标准。

2012 年，韩国混凝土协会（KSCE）颁布了韩语版《超高性能混凝土（K-UHPC）的设计指南》，该指南以日本指南为基础，采用其本土相关研究成果对部分计算公式进行了修正。

2.2 国内 UHPC 标准化工作进展

中国 UHPC 标准化编制起步较晚，2006 年，铁道部出版的《客运专线活性粉末混凝土（RPC）材料人行道挡板、盖板暂行技术条件》为国内标准化的开端。2015 年，发布了由清华大学、北京交通大学等研究结构编制的 GB/T 31387《活性粉末混凝土》，该标准成为我国 UHPC/RPC 领域首部国家标准。从 2016 年开始，中国电力、幕墙、铁路、公路、装饰等领域正在密集开展 UHPC 相关团体标准、地方标准、行业标准的编制工作，中国 UHPC 标准体系制订进入了快速发展阶段。

2.2.1 CBMF/CCPA 团体标准

中国建材联合会和中国混凝土与水泥制品协会（CBMF/CCPA）制定了一系列 UHPC 团体标准，2018 年 11 月发布了《超高性能混凝土基本性能与试验方法》T/CCPA 7-2018（T/CBMF 37），该标准定义了 UHPC 的材料属性，规定了 UHPC 抗压、抗拉和抗渗三项性能的指标要求和相应的试验方法；2020 年 12 月发布了《超高性能混凝土预混料》T/CCPA 20—2020（T/CBMF 96），该标准为 UHPC 的产业标准，填补了产业标准的空白，为企业生产 UHPC 产品提供了依据；2021 年 9 月发布了《超高性能混凝土预制构件生产技术规程》T/CCPA 22—2021（T/CBMF 127）和《超高性能混凝土现场浇筑施工技术规程》T/CCPA 23—2021（T/CBMF 128），对 UHPC 预制和现浇施工的各个生产环节进行了规范指导，以保证 UHPC 结构的质量；2022 年中国建材联合会发布了关于批准发布《超高性能混凝土结构设计技术规程》的公告，该规程包括 UHPC 结构设计的基本规定、基本构件设计方法，以及制品应用设计的一般规定，为设计与应用单位提供了技术支撑，突破了 UHPC 结构设计的瓶颈。至此，CBMF/CCPA 系列 UHPC 团体标准、规程的基础性技术体系基本建立完成。

2.2.2 其他组织团体标准

2021 年 4 月广东省公路学会发布了《无腹筋预应力超高性能混凝土梁桥技术规范》（T/GDHS 003-2021），2021 年 5 月中国公路学会发布了《高韧性混凝土组合桥面结构技术指南》（T/CHTS10036-2021），2021 年 5 月中国工程建设标准化协会发布了《超高性能混凝土试验方法标准》（T/CECS 864-2021），2021 年 10 月中国土木工程学会发布了《超高性能混凝土梁式桥技术规程》（T/CCES 27-2021），此外，中国工程建设标准化协会《超高性能混凝土结构技术规程》团体标准和交通运输部《公路桥涵超高性能混凝土应用规范》已完成编制和审查工作。

2.2.3 地方标准

2015年6月广东省交通厅发布了《超高性能轻型组合桥面结构技术规程》（GDJTG/T A01-2015），2016年6月湖南省质量技术监督局发布了《钢-超高韧性混凝土轻型组合结构桥面技术规范》（DB43/T 1173-2016），2017年11月湖南省住建厅发布了《活性粉末混凝土结构技术规程》（DBJ 43/T 325-2017），2019年3月河北省交通厅发布了《超高性能混凝土制备与工程应用技术规程》（DB13/T 2946-2019），2020年1月四川省住建厅发布了《四川省城镇节段预制超高性能混凝土梁桥技术标准》（DBJ51/T138-2020），此外，福建、陕西、海南、浙江等省相关地方标准及规程也将陆续推出。

2.3 国外标准 UHPC 部分性能要求

上节对国外UHPC标准化制订进行了阐述，国外各个标准关于UHPC定义及材料性能要求各有所不同，赵筠[89]等对法国、瑞士、日本及德国标准及指南进行了专门研究，笔者摘录了其汉译的法国、瑞士、日本及德国标准及指南中关于UHPC部分性能要求。

2.3.1 法国标准

（1）UHPC的定义

法国NF P-710和NF P18-470标准体系中UHPC定义：超高性能纤维增强混凝土（法语简称：BFUP）—圆柱试件130MPa（100mm立方体强度为145MPa）、开裂后仍能维持较高的抗拉强度因而具备韧性性质的混凝土，允许用于设计和建造不配筋结构。

（2）抗压性能

抗压强度等级：按圆柱试件抗压强度 $f_{ck,cyl}$，见表2-1，结构类：$f_{ck}\geq 150MPa$，金属纤维，非结构类：$130MPa\leq f_{ck}<150MPa$。

表 2-1　UHPC 抗压强度等级（NF P18-470 表 5）[89]

抗压强度等级	圆柱试件最低抗压强度特征值	立方体试件最低抗压强度特征值（参考值）
	$f_{ck,cyl}$（MPa）	$f_{ck,cube}$（MPa）
UHPFRC130/145	130	145
UHPFRC150/165	150	165
UHPFRC175/190	175	190
UHPFRC200/215	200	245
UHPFRC225/240	225	240
UHPFRC250/265	250	265

（3）抗拉性能

特征弹性抗拉强度（标准值）$f_{ctk,el} \geq 6$MPa；开裂后至 0.3mm 裂缝开度的平均抗拉能力高于弹性极限抗拉强度的 0.4 倍且高于 3MPa；三个应变硬化等级：T1～T3，见表 2-2。

表 2-2　应力硬化等级[89]

等级	判别条件
T1（拉伸软化型）	$f_{ctfm}/1.25 < f_{ctm,el}$ 和 $f_{ctfk}/1.25 < f_{ctk,el}$
T2（低韧型）	$f_{ctfm}/1.25 \geq f_{ctm,el}$ 和 $f_{ctfk}/1.25 < f_{ctfk,el}$
T3（高韧型）	$f_{ctfm}/1.25 \geq f_{ctm,el}$ 和 $f_{ctfk}/1.25 \geq f_{ctfk,el}$
$f_{ctm,el}$ 和 $f_{ctk,el}$ 分别是弹性极限抗拉强度平均值和标准值，f_{ctfm} 和 f_{ctfk} 分别是开裂后抗拉强度平均值和标准值。	

（4）抗渗性能

抗渗性代表耐久性，该标准中抗渗性分为基本和高级 2 个等级，用孔隙率、抗气体渗透和氯离子扩散 3 个 90d 指标表征。

基本：孔隙率 $D_{p90} \leq 9.0\%$；氯离子扩散系数 $D_{Cl\text{-}90j} \leq 50\times10^{-14}m^2/s$；气体渗透系数 $K_{gaz\ 90j} \leq 9\times10^{-19}m^2$。

高级：孔隙率 $D_{p90} \leq 6.0\%$；氯离子扩散系数 $D_{Cl\text{-}90j} \leq 10\times10^{-14}m^2/s$；气体渗透系数 $K_{gaz\ 90j} \leq 1\times10^{-19}m^2$。

2.3.2 瑞士标准

（1）UHPC 的定义

瑞士 SIA 2052 标准中 UHPC 定义：超高性能纤维增强水泥基复合材料是用水泥、掺合料、细骨料、水、外加剂和短纤维制备的复合材料。

（2）抗压与抗拉性能

通常，其 28d 的立方体特征抗压强度高于 120MPa。弹性极限抗拉强度≥7MPa，UHPC 类型与等级见表 2-3。

表 2-3　UHPC 类型与等级（SIA 2052 中表 1）[89]

UHPC 类型	单位	U0	UA	UB
f_{Utek}（弹性极限抗拉强度）	MPa	≥7.0	≥7.0	≥10.0
f_{Utuk}（抗拉强度）/f_{Utek}（弹性极限抗拉强度比，应变硬化特征）		＞0.7	＞1.1	＞1.2
ε_{Utu}（抗拉强度对应的应变）	‰	—	＞1.5	＞2.0
fUck（抗压强度）	MPa	≥120	≥120	≥120
抗压强度等级：U120、U160 和 U200（数值指立方试件抗压强度特征值）				

（3）抗渗性能

用吸水率评估 UHPC 层的抗渗性（EN 13057，1925），要求平均毛孔细孔系数≤100g/ $m^2h^{0.5}$。

2.3.3 日本指南（草案）

（1）UHPC 的定义

日本土木工程学会（JSCE）《超高强度纤维增强混凝土结构设计与施工指南（草案）》中 UHPC 定义：超高强度纤维增强混凝土（简称 UFC）是一种纤维增强的水泥基复合材料，特征抗压强度不低于 150MPa，抗拉强度大于 5MPa，初始开裂强度大于 4MPa。其基体由最大粒径小于 2.5mm 的骨料、水泥、火山灰质材料组成，水灰比小于 0.24；含有不小于 2%体积的增强纤维；纤维的抗拉强度大于 2000MPa，长度为 10～20mm，直径为 0.1～0.25mm。热养护作为其标准养护方法。

（2）部分试验结果

JSCE 指南中，未对 UHPC 材料进行分类分级，只是规定“应通过适当试验确定”。在日语版指南的后面，附了 10 个 UHPC 试验研究报告，涉及 UHPC 力学性能、耐久性、抗疲劳性能，如解说图 C3.2.2 提出了Φ100mm×200mm 圆柱试件的抗压试验结果分布，该试验共采用了 213 个试件，最小抗压强度约为 175MPa，最大抗压强度约为 215MPa，平均抗压强度为 194MPa，标准偏差为 7.7MPa；解说图 C3.2.5 提出了Φ100mm×200mm 圆柱试件劈裂试验初裂强度分布，该试验共采用了 23 个试件，最小初裂强度约为 9MPa，最大初裂强度约为 15MPa，平均初裂强度为 11.7MPa，标准偏差为 1.3MPa。

（3）抗渗性能

指南中抗渗性衡量指标与 T/CCPA 7-2018 类似，其要求：孔隙率约 4%体积；氯离子扩散系数 0.0019cm^2/a；空气渗透系数不超过 $1\times10^{-19}m^2$；水渗透系数 $4\times10^{-19}m^2/s$。

2.3.4 德国指南（未正式发布）

DAfStb 指南 UHPC 定义：超高性能混凝土—必须同时具备改善颗粒堆积体密实度和最低水平的水灰比（ω/c），才能获得提高强度和改善耐久性的混凝土。最低水平的水灰比（ω/c）指低于 0.25～0.35（相对于水胶比ω/b 低于 0.2～0.24），当ω/c≤0.25（和热养护）可以获得最大耐久性。抗压强度等级分为 3 个等级，见表 2-4，指南内对未给出 UHPC 拉伸性能要求。

表 2-4 德国指南中 UHPC 抗压强度等级划分[89]

抗压强度等级	最小特征抗压强度（MPa）	
	Φ150mm×300mm 圆柱试件 $f_{ck\text{-}cyl}$	100mm 立方试件 $f_{ck\text{-}cube}$
UHPC130	130	140
UHPC150	150	160
UHPC175	175	185

2.4 国内标准 UHPC 部分性能要求

结合上述对国内 UHPC 标准化制订的情况可知，UHPC 标准主要以团体标准和地方标准为主，行业标准还未正式发布。本节结合部分正式发布的标准介绍其关于 UHPC 的相关性能。

2.4.1 T/CCPA 7-2018《超高性能混凝土基本性能与试验方法》

T/CCPA7-2018 标准中定义了 UHPC 的材料属性，即超高性能混凝土是指兼具超高抗渗性能和力学性能的纤维增强水泥基复合材料，与瑞士 SIA 2052 标准中有相似之处。该标准将抗渗性能、抗拉性能、抗压性能作为三项基本性能，并分等级规定了三项性能的指标要求和相应试验方法，明确了 UHPC 的界限。该标准以其先进性入选工业和信息化部 2019 年团体标准应用示范项目。如下对 T/CCPA7-2018 标准基本性能作简要介绍。

（1）抗压性能

该标准中对抗压性能分为了 3 级，对应每级给出了立方体抗压强度 f_{cu} 范围，见表 2-5。

表 2-5 抗压性能分级[89]

参数	要求		
	UC120	UC150	UC180
f_{cu}/MPa	$120 \le f_{cu} < 150$	$150 \le f_{cu} < 180$	$180 \le f_{cu} < 210$

（2）抗拉性能

该标准中对抗拉性能分为了 3 级，见表 2-6。

同一等级中所列出的指标应同时满足；否则，应降级，如 f_{te}=8.5MPa，但 f_{tu}/f_{te}=1.0，或ε_{tu}=0.1%，则等级应为 UT05，不应为 UT07。

表 2-6　抗拉性能分级[89]

参数	要求		
	UT05	UT07	UT10
f_{te}/MPa	≥5.0	≥7.0	≥10.0
f_{tr}/MPa	≥3.5	—	—
f_{tu}/f_{te}	—	≥1.1	≥1.2
ε_{tu}/%	—	≥0.15	≥0.2
f_{te}-弹性极限抗拉强度，f_{tr}-变形达到 0.15%时对应的拉伸强度；f_{tu}-抗拉强度；ε_{tu}-峰值拉应变。			

（3）抗渗性能

抗渗性能为混凝土抵抗流体或离子在其中传输的能力，代表耐久性，该标准中采用氯离子扩散系数（D_{CI}）表征，其分为 2 级，见表 2-7。

表 2-7　抗渗性能分级[89]

参数	要求	
	UD20	UD02
D_{CI}（$\times10^{-14}m^2/s$）	$2.0 < D_{CI} \leq 20$	≤2.0

综合上述三种基本性能得知，须同时满足抗压强度≥120MPa、抗拉强度≥5MPa 且拉伸变形达到 0.15%时的残余抗拉强度≥3.5MPa、氯离子扩散系数应≤$20\times10^{-14}m^2/s$ 三项技术指标才能称之为超高性能混凝土（UHPC）。

2.4.2 T/CCES 27-2021《超高性能混凝土梁式桥技术规程》

该规程的发布为公路和市政工程 UHPC 桥梁结构设计提供了技术支撑，其内 UHPC 材料规定与 T/CCPA7-2018 标准有一定的差异，相关技术指标更具体，如下介绍该规程中 UHPC 部分性能要求。

（1）UHPC 的定义

其对超高性能混凝土定义为：由水泥、矿物掺合料、集料、钢纤维（体积率不低于 1.5%）和外加剂等材料或由上述材料制成的干混料加水拌和，经凝结硬化后形成的一种具有超高强度、超高韧性和超高耐久性的水泥基复合材料，该定义明确了纤维掺合料采用钢纤维，且钢纤维体积率不小于1.5%。另外也表述了UHPC具有超高强、超高韧性、超高耐久性的“三高”特性。

（2）抗压性能

超高性能混凝土的抗压强度等级应根据100mm立方体抗压强度标准值$f_{cu,k}$确定，强度等级划分为UC120、UC140、UC160、UC180、UC200。表2-8根据强度等级列出了轴心抗压强度标准值f_{ck}、轴心抗压强度设计值f_{cd}及弹性模量。

表2-8　超高性能混凝土轴心抗压强度及弹性模量（T/CCES 27-2021 表3.1.7-1、表3.1.8）

强度等级/弹性模量	UC120	UC140	UC160	UC180	UC200
$f_{cu,k}$（MPa）	120	140	160	180	200
f_{ck}（MPa）	84	98	112	126	140
f_{cd}（MPa）	58	68	77	87	97
E_c（$\times10^3$N/mm^2）	41.9	44.3	46.2	47.9	49.2
超高性能混凝土剪切变形模量G_c可按0.4倍E_c取值。					

（3）抗拉性能

超高性能混凝土的轴心抗拉强度等级划分为UT6、UT7、UT8、UT9，其采用哑铃形轴拉试验测试弹性极限抗拉强度标准值确定，见表2-9。

表2-9　超高性能混凝土轴心抗拉强度（T/CCES 27-2021 表3.1.7-2）

强度等级	UT6	UT7	UT8	UT9
f_{tk}（MPa）	6	7	8	9
f_{td}（MPa）	4.1/K	4.8/K	5.5/K	6.2/K
超高性能混凝土纤维取向系数K宜通过该规程附录B的方法进行测定，无实测数据时，整体纤维取向系数Kglobal可取1.25，局部纤维取向系数Klobal可取1.75				

轴拉性能分为应变软化型、低应变硬化型和高应变硬化型，其分类见表2-10。

表 2-10　超高性能混凝土轴拉性能分类表（T/CCES 27-2021 表 3.1.4）

轴拉性能分类	f_{te}/f_{tk}	f_{tu}/f_{te}	f_{tu}/f_{tk}	ε_{tu}
应变软化型	≥1.0	—	≥0.7*	—
低应变硬化型	≥1.0	≥1.0	≥1.1	≥1500με
高应变硬化型	≥1.0	≥1.0	≥1.2	≥2000με
f_{tu}-超高性能混凝土极限抗拉强度；f_{te}-超高性能混凝土弹性极限抗拉强度；f_{tk}-超高性能混凝土轴心抗拉强度标准值；ε_{tu} -超高性能混凝土极限拉应变；*指根据哑铃形轴拉试验方法，拉伸变形达到 0.3mm 时，拉应力不应小于 $0.7f_{tk}$。				

（4）耐久性

该规程中未对 UHPC 耐久性提出具体要求，在 4.0.4 条中给出了耐久性设计应包含的内容：确定结构所处的环境类别；提出对超高性能混凝土材料的耐久性基本要求；确定构件中钢筋的超高性能混凝土保护层厚度；不同环境条件下的耐久性技术措施；提出结构使用阶段的检测和维护要求。

（5）其它

钢筋超高性能混凝土取值不宜小于 26KN/m³，大致介于 26KN/m³～29KN/m³之间；超高性能混凝土泊松比μ_c可取 0.2，温度线膨胀系数α_c可取 1.1×10^{-5}/℃；超高性能混凝土坍落扩展度不宜小于 550mm。

2.4.3 DBJ 43/T 325-2017《活性粉末混凝土结构技术规程》

该规程由湖南大学方志教授主持编写，湖南省住建厅发布的地方标准，其明确了活性粉末混凝土（RPC）依其特性可归于超高性能混凝土（UHPC）范畴。在 1.0.4 条中明确了该规程适用于抗震设防烈度低于 8 度的建筑工程、桥梁工程钢筋活性粉末混凝土、预应力活性粉末结构的设计、施工和质量验收。

（1）RPC 的定义

其对 RPC 的定义为：以水泥、矿物掺合料等活性粉末材料以及细骨料、外加剂、高强度微细钢纤维或有机合成纤维和水等原料生产的纤维增强细骨料混凝土。其中高强度微细钢纤维直径为 0.12～0.22mm，长度为 8～20mm，长径比不应小于 60，不宜大于 100，钢纤维体积掺合量在 1.5%～4.0%之间。

（2）RPC 的抗压性能

该规程中规定抗压强度等级 5 个等级，即为 RPC100、RPC120、RPC140、RPC160、RPC180，其等级划分与《活性粉末混凝土》（GB/31387-2015）相同，强度等级以边长为 100mm 的立方体抗压强度标准值确定，其轴心抗压强度标准值和设计值，见表 2-11。

表 2-11　活性粉末混凝土轴心抗压强度标准、设计值和弹性模量

（DBJ 43/T 325-2017 表 3.3.1、3.3.4）

强度/弹性模量	强度等级				
	RPC100	RPC120	RPC140	RPC160	RPC180
f_{ck}	70	84	98	112	126
f_c	48	58	68	77	87
E_c（$\times10^4$MPa）	4.0	4.29	4.52	4.71	4.86
f_{ck}-活性粉末混凝土轴心抗压强度标准值；f_c-活性粉末混凝土轴心抗压强度设计值，剪切变形模量 Gc 按相应弹性模量的 0.4 倍取值。					

（3）RPC 的抗拉性能

活性粉末混凝土轴心抗拉初裂强度标准值宜由试验确定，当无试验数据时，可按表 2-12 采用。

表 2-12　活性粉末混凝土轴心抗拉初裂强度标准、设计值

（DBJ 43/T 325-2017 表 3.3.2、3.3.5）

强度	强度等级				
	RPC100	RPC120	RPC140	RPC160	RPC180
$f_{t0,k}$	4.7	5.6	6.6	7.5	8.5
f_{t0}	3.2	3.9	4.5	5.2	5.8
$f_{t0,k}$ -活性粉末混凝土轴心抗拉初裂强度标准值；f_{t0}-活性粉末混凝土轴心抗拉初裂强度设计值。					

在该规程中，列出了轴心抗拉强度标准值 f_{tk} 与轴心抗拉初裂强度标准值 $f_{t0,k}$ 换算关系：

$$f_{tk}=f_{t0,k}\left(1+0.15\frac{\rho_f l_f}{d_f}\right)$$ （DBJ 43/T 325-2017　3.3.3-1、3.3.3-2 公式）

ρ_f -钢纤维体积率；l_f-钢纤维体长度；d_f -钢纤维体直径。

结合上述公式可知，RPC 轴心抗拉强度标准值与钢纤维体积掺量和钢纤维长径比相关，在同一钢纤维体积掺量的条件下，随着强度等级的提高，抗拉强度标准值也相应提高，每提高一个等级，抗拉强度标准值相应增加约 1MPa；在同一强度等级下，钢纤维体积掺量越高，抗拉强度标准值也相应增加，但增加幅度不明显，表 2-13 为钢纤维长径比为 100 的轴心抗拉强度标准与设计参数值。

表 2-13　活性粉末混凝土轴心抗拉强度标准、设计值（DBJ 43/T 325-2017 表 3.3.3-2、3.3.6.2）

强度等级 / 钢纤维体积掺量（%）	RPC100	RPC120	RPC140	RPC160	RPC180
1.5	5.8（4.0）	6.9（4.8）	8.1（5.6）	9.2（6.3）	10.4（7.2）
2.0	6.1（4.2）	7.3（5.0）	8.6（5.9）	9.8（6.8）	11.1（7.7）
3.0	6.8（4.7）	8.1（5.6）	9.6（6.6）	10.9（7.5）	12.3（8.5）
4.0	7.5（5.2）	9.0（6.2）	10.6（7.3）	12.0（8.3）	13.6（9.4）
注：括号外数值为活性粉末混凝土轴心抗拉强度标准值；括号内数值为活性粉末混凝土轴心抗拉强度设计值，单位：MPa。					

（4）耐久性

该规程中未涉及活性粉末混凝土耐久性问题，在《活性粉末混凝土》（GB/31387-2015）4.2.2 表 2 中给出了活性粉末混凝土抗冻性、抗氯离子渗透性和抗硫酸盐侵蚀性三项耐久性能指标。

2.4.4 DBJ51/T138-2020《四川省城镇节段预制超高性能混凝土梁桥技术标准》

该标准为四川省地方标准，由四川省住建厅发布，其适用于四川境内新建的城镇节段预制超高性能混凝土梁桥的设计、施工、验收与管养。

（1）UHPC 的定义

其 UHPC 定义：由水泥、细集料、矿物掺合料、短纤维、外加剂和水等材料组成的超高强增韧的水泥基复合材料。该定义与瑞士 SIA 2052 标准定义相似。其规定 UHPC 水胶比不宜大于 0.27，短纤维宜采用由平直钢纤维和端钩钢纤维组成的混合纤维，钢纤维宜采用镀铜微细高强度钢纤维，长度在 12～14mm 之间，直径在 0.18～0.22mm，且钢纤维体积率不应小于 2.0%。

（2）抗压性能

该标准中 UHPC 抗压强度等级分为 2 级，具体等级划分为 UHPC R120 和 UHPC R150，与本章中其他规程、规范强度分级有较大区别，其抗压性能指标不应小于表 2-14 的规定。

表 2-14　UHPC 轴心抗压强度取值（DBJ 51/T 138-2020 表 4.1.4）

强度等级	抗压强度（MPa）		
	立方体抗压强度标准值 $f_{cu,k}$	轴心抗压强度标准值 f_{ck}	设计值 f_{cd}
UHPC R120	120	85	60
UHPC R150	150	105	75

（3）抗拉性能

UHPC 具有轴拉应变硬化特性，极限拉伸应变ε_{Utu}=0.0015 时，强度等级 UHPC R120 和 UHPC R150 分别对应的轴心抗拉强度值 f_{tk}（f'_{td}）为 6.0（3.31）MPa 和 7.5（4.13）MPa，其抗拉强度设计值根据 $f'_{td}=f_{tk}/$（1.45K）计算，K 为纤维取向系数，整体纤维取向系数取 1.25，局部纤维取向系数取 1.75，与本章其他规范取值一致。结合该标准图 4.1.6 得知，上述公式为承载能力极限状态时采用，在正常使用极限状态情况下，$f'_{td}=f_{tk}/K$ 计算，抗拉强度取值见表 2-15。

表 2-15　UHPC 轴心抗拉强度取值（参考 DBJ 51/T 138-2020 表 4.1.4）

强度等级	轴心抗拉强度/MPa			极限拉伸应变 ε_{Utu}
	标准值 f_{tk}	K=1.25		
		$f'_{td}=f_{tk}/(1.45K)$	$f'_{td}=f_{tk}/(K)$	
UHPC R120	6.0	3.31	4.8	0.15%
UHPC R150	7.5	4.13	6.0	0.15%

（4）耐久性

该标准中未列出 UHPC 耐久性的具体技术指标，其要求满足《普通混凝土长期性能和耐久性能试验方法标准》（GB/T 50082）的规定。对于节段预制拼装桥梁耐久性设计内容与《超高性能混凝土梁式桥技术规程》（T/CCES 27-2021）要求一致。

（5）其它

UHPC 的弹性模量宜采用 100mm×100mm×300mm 的试件测定；当无试验资料时，UHPC R120 弹性模量 E_c 可取为 4.0×10^4MPa，剪切模量取 $0.4E_c$，泊松比μ_c取 0.2，温度线膨胀系数α_c取 1.1×10^{-5}/℃。

配筋 UHPC 的容重取 27KN/m³，未给出不配筋 UHPC 容重取值，同时规定了超高性能混凝土坍落扩展度不宜小于 600mm。

2.4.5 T/GDHS 003-2021《无腹筋预应力超高性能混凝土梁桥技术规范》

该规范为广东省公路学会发布的团体标准，主要研究对象为配置预应力钢筋但无箍筋和普通弯起钢筋的超高性能混凝土梁式桥。

（1）UHPC 的定义

其对 UHPC 的定义为：兼具超高抗渗性能和力学性能的纤维增强水泥基复合材料。该规范对 UHPC 材料抗压、抗拉、弹性模量、耐久性能等提出了技术指标，其中立方体抗压强度标准值及轴心抗拉强度标准值按《超高性能混凝土基本性能与试验方法》T/CCPA 7-2018（T/CBMF 37）试验方法进行测定。

（2）抗压、抗拉性能

该规范内规定该种类型的梁桥强度等级分为 8 个等级，最低不应小于 UC130，范围为 UC130～UC200，轴心抗拉强度标准值＞6.0MPa，抗压强度及抗拉强度相关取值，见表 2-16。

表 2-16　超高性能混凝土强度标准值、设计值和弹性模量（T/GDHS 003-2021 表 1、表 2）

强度种类	UC130	UC140	UC150	UC160	UC170	UC180	UC190	UC200
f_{cuk}	130	140	150	160	170	180	190	200
f_{ck}	91.0	98.0	105.0	112.0	120.0	125.0	134.0	140.0
f_{cd}	62.5	67.5	72.5	77.2	82.5	86.2	92.2	95.5
f_{tk}	6.2	6.7	7.2	7.7	8.3	8.8	9.3	9.8
f_{td}	4.2	4.6	5.0	5.3	5.6	6.0	6.4	6.7
E_c（$\times10^3$N/mm^2）	41.5	42.0	43.5	45.0	45.0	45.0	45.0	45.0
f_{cuk}-立方体抗压强度标准值；f_{ck}-轴心抗压强度标准值；f_{tk}-轴心抗拉强度标准值；f_{cd}-轴心抗压强度设计值；f_{td}-轴心抗拉强度设计值。超高性能混凝土剪切变形模量 G_c 可按 0.4 倍 E_c 取值。								

混凝土抗拉性能分级与法国 NF P-710 和 NF P18-470 标准体系相似，分为应变软化型（T1 类）、低应变硬化型（T2 类）和高应变硬化型（T3 类）3 类，见表 2-17。

表 2-17　超高性能混凝土抗拉性能分级（T/GDHS 003-2021 表 4）

类别	指标
应变软化型（T1 类）	$f_{tfm}/K_{global}<f_{tme}$ 且 $f_{tfk}/K_{global}<f_{tke}$
低应变硬化型（T2 类）	$f_{tfm}/K_{global}\geq f_{tme}$ 和 $f_{tfk}/K_{global}<f_{tke}$
高应变硬化型（T3 类）	$f_{ctfm}/K_{global}\geq f_{tme}$ 和 $f_{tfk}/K_{global}\geq f_{tke}$
f_{tme} 和 f_{tke} 分别是超高性能混凝土弹性极限抗拉强度平均值和标准值，f_{tfm} 和 f_{tfk} 分别是超高性能混凝土产生裂缝后的抗拉强度平均值和标准值。K_{global}-整体纤维取向系数，其宜通过该规范的附录 C 的方法进行计算，无实测数据时取 1.25。	

（3）耐久性

其耐久性指标采用氯离子扩散系数（D_{Cl}）表征，其检测方法参照《超高性能混凝土基本性能与试验方法》（T/CCPA 7-2018）描述的方法执行，其等级仅采用 1 级，即 $DCI \leq 20\times10^{-14}m^2/s$。

（4）其它

无腹筋预应力超高性能混凝土的容重取 25KN/m³，与普通混凝土取值一致，较配筋超高性能混凝土容重小；超高性能混凝土的工作性能，按照水泥净浆流动度试验，流动度不宜小于 180mm。

2.4.6 《公路桥涵超高性能混凝土应用技术规范》（总校稿）

该规范由湖南大学组织编写，在 2021 年 7 月对送审稿进行了审查，至 2022 年 12 月为止该规范还未正式发布，目前为总校稿。总校稿中对公路桥涵 UHPC 原材料、物理和力学性能、结构设计、施工及质量验收等进行了详细的论述，该规范适用于新建或改扩建公路超高性能混凝土桥涵。

（1）UHPC 的定义

该规范总校稿中关于 UHPC 的定义与《超高性能混凝土梁式桥技术规程》（T/CCES 27-2021）中一致，其建议水胶比不宜大于 0.20，钢纤维体积率宜控制在 1.5%～3.5%之间，如为轴拉应变硬化型超高性能混凝土，则钢纤维体积率不应低于 2.0%。

（2）抗压性能

总校稿与《超高性能混凝土梁式桥技术规程》（T/CCES 27-2021）相对比，两者抗压强度等级分级一致；轴心抗压强度标准值 f_{ck}、轴心抗压强度设计值 f_{cd} 数值相同。弹性模量数值比 T/CCES 27-2021 中弹性模量数值略大，具体数值见表 2-18。

表 2-18　超高性能混凝土轴心抗压强度及弹性模量（总校稿表 5.2.6-1、表 5.2.7）

强度等级/弹性模量	UC120	UC140	UC160	UC180	UC200
$f_{cu,k}$（MPa）	120	140	160	180	200
f_{ck}（MPa）	84	98	112	126	140
f_{cd}（MPa）	58	68	77	87	97
E_c（$\times10^3N/mm^2$）	43.4	45.7	47.5	49.1	50.4
超高性能混凝土剪切变形模量 G_c 可按 0.4 倍 E_c 取值。					

（3）抗拉性能

总校稿与《超高性能混凝土梁式桥技术规程》（T/CCES 27-2021）相对比，

两者抗拉强度等级分级一致，轴心抗拉强度标准值 f_{tk}、轴心抗拉强度设计值 f_{td} 数值相同。轴拉性能分为应变软化型和应变硬化型两类，与（T/CCES 27-2021）相比未再细分应变硬化型，其分类见表 2-19。

表 2-19 超高性能混凝土轴拉性能（总校稿 表 5.2.4）

轴拉性能分类	f_{te}/f_{tk}	f_{tu}/f_{te}	f_{tu}/f_{tk}	ε_{tu}
应变软化型	≥1.0	—	≥0.7*	—
应变硬化型	≥1.0	≥1.0	≥1.1	≥2000με

f_{tu}-超高性能混凝土极限抗拉强度；f_{te}-超高性能混凝土弹性极限抗拉强度；f_{tk}-超高性能混凝土轴心抗拉强度标准值；ε_{tu} -超高性能混凝土极限拉应变；*指根据哑铃形轴拉试验方法，拉伸变形达到 0.3mm 时，拉应力不应小于 $0.7f_{tk}$。

（4）耐久性能

总校稿中规定超高性能混凝土耐久性能设计指标包括氯离子扩散系数和耐磨性能，按氯离子扩散系数的不同超高性能混凝土抗渗性能分为两级，见表 2-20，耐磨性能只在磨蚀环境（Ⅶ类）中考虑，该规范中未给出具体分级参数，建议通过专门的试验研究确定。

表 2-20 超高性混凝土抗渗性能分级（总校稿 表 5.3.3）

参数	要求	
	UD1	UD2
D_{Cl}（$\times10^{-13}m^2/s$）	≤2.0	2.0＜D_{Cl}≤5.0

环境作用等级按照 A～F 进行分级，在不同环境类别下环境作用等级不一致，一般环境（Ⅰ类）下，耐久性能指标不作要求，冻融环境（Ⅱ类）、近海或海洋氯化物环境（Ⅲ类）、除冰盐等其他氯化物环境（Ⅳ类）、盐结晶环境（Ⅴ类）、化学腐蚀环境（Ⅵ类）根据其环境作用等级采用不同的抗渗等级，具体指标见表 2-21。

表 2-21　超高性混凝土耐久性能设计指标（总校稿 表 5.3.5）

环境名称	环境作用等级	要求
Ⅰ类-一般环境	A；B；C	—
Ⅱ类-冻融环境	C；D	UD2
	E	UD1
Ⅲ类-近海或海洋氯化物环境	C；D	UD2
	E；F	UD1
Ⅳ类-除冰盐等其他氯化物环境	C；D	UD2
	E	UD1
Ⅴ类-盐结晶环境	D	UD2
	E；F	UD1
Ⅵ类-化学腐蚀环境	C	UD2
	D；E；F	UD1
Ⅶ类-磨蚀环境	C；D；E；F	试验确定

（5）其它

总校稿中超高性能混凝土泊松比μ_c宜取 0.2，温度线膨胀系数α_c宜取 1.1×10^{-5}/℃，配筋超高性能混凝土因掺入了钢纤维，其重度比常规的配筋混凝土结构略高，一般在 26～30KN/m³之间，在总校稿 6.1 中给出了重度计算公式，如下所示，其中ρ_f和ρ_s分别为钢纤维体积率和普通钢筋体积率。

$$\gamma=24\left(1-\rho_{\mathrm{f}}-\rho_{\mathrm{s}}\right)+78.5\left(\rho_{\mathrm{f}}+\rho_{\mathrm{s}}\right)$$（总校稿 6.1.2 公式）

超高性能混凝土的拌合物工作性采用坍落扩展度（USF）表征，扩展度分级分为 USF1、USF2、USF3、USF4 四级，对应的扩展度为 SF＜550mm、550mm≤SF＜650mm、650mm≤SF＜750mm、750mm≤SF＜850mm。

2.5 国内部分 UHPC 桥梁规程、标准及规范构造规定

本章结合《无腹筋预应力超高性能混凝土梁桥技术规范》（T/GDHS

003-2021）、《超高性能混凝土梁式桥技术规程》（T/CCES 27-2021）和《公路桥涵超高性能混凝土应用技术规范》（总校稿）等现有标准，介绍 UHPC 桥梁的部分构造规定。

2.5.1 T/GDHS 003-2021《无腹筋预应力超高性能混凝土梁桥技术规范》

（1）主梁构造规定

①无腹筋预应力 UHPC 梁桥宜采用标准化结构形式和跨径，不同跨径宜按表 2-22 选用上部结构横断面形式。

表 2-22　无腹筋 UHPC 梁桥跨径与断面选型对照表

跨径范围	上部结构断面选型
L≤10m	π型梁
10＜L≤20m	I 型梁
20＜L≤30m	T 型梁
L＞30m	U 型梁（箱梁）

②预制 UHPC 桥梁的上部结构构件的连接接缝可采用干接缝、环氧胶接缝或现浇 UHPC 接缝，现浇 UHPC 接缝宽度不应大于 100mm，接缝处应均匀设置匹配的剪力键，剪力键的构造应满足短暂状况截面抗剪验算。

③无腹筋预应力超高性能混凝土梁桥顶板、底板厚度及构造应满足纵向受力、横向受力及预应力钢筋布置要求，且厚度不宜小于 100mm；预制 UHPC 箱梁（U 型梁）、I 型梁、T 型梁腹板厚度当腹板内未布置体内纵向和竖向预应力钢筋时，腹板厚度不宜小于 100mm，当腹板内布置体内纵向钢筋时，腹板厚度不宜小于 150mm。

（2）钢筋保护层厚度

T/GDHS003-2021 中关于钢筋保护层厚度的要求与《公路钢筋混凝土及预应力混凝土桥涵设计规范》（JTG 3362-2018）（简称：公预规）9.1.1 规定有一定的区别，区别主要包括：

①T/GDHS 003-2021 中后张法构件中预应力钢筋的保护层厚度不应小于为 0.4 倍预应力管道直径，JTG 3362-2018 中要求不应小于其管道直径的

0.5 倍。

②T/GDHS 003-2021 新增了普通钢筋和预应力钢筋的保护层厚度不应小于 1.5 倍钢纤维长度；

③在同一环境类别的条件下，因 UHPC 具有致密的微观结构，因而具有良好的耐久性，T/GDHS 003-2021 中 UHPC 最小保护层厚度取值比普通钢筋混凝土最小保护层厚度取值小 5～10mm。表 2-23 列出了 T/GDHS 003-2021 与 JTG 3362-2018 中梁、板最小保护层厚度取值参数。

表 2-23　梁、板 UHPC 与普通钢筋混凝土保护层厚度对照表（设计使用年限 100 年）

规范名称 / 环境类别	JTG 3362-2018	T/GDHS 003-2021
Ⅰ类-一般环境	20	15
Ⅱ类-冻融环境	30	20
Ⅲ类-近海或海洋氯化物环境	35	25
Ⅳ类-除冰盐等其他氯化物环境	30	20
Ⅴ类-盐结晶环境	30	20
Ⅵ类-化学腐蚀环境	35	25
Ⅶ类-腐蚀环境	35	25

当钢筋和超高性能混凝土有特殊防腐措施处理的，保护层最小厚度可在表 2 相应数值基础上减小 5mm，但不得小于 15mm；对于设计使用年限少于 25 年的临时构件或易于更换的结构构件，保护层厚度可以适当减小，但不宜小于 10mm。

（3）预应力钢筋净距

①T/GDHS 003-2021 中 6.5.1.2 规定：先张法构件中预应力钢筋的钢筋净距不应小于 1.5 倍钢筋公称直径和 1.5 倍纤维长度，且不应小于 30mm；JTG 3362-2018 中 9.4.4 条规定：在先张法预应力混凝土构件中，预应力钢绞线之间的净距不应小于其公称直径的 1.5 倍，对于 1×7 钢绞线并不应小于 25mm。

②T/GDHS 003-2021 中 6.5.1.2 规定：后张法构件中预应力钢筋管道的管道净距不应小于 0.5 倍管道直径和 1.5 倍纤维长度，且不应小于 40mm，不宜

采用管道叠置。JTG 3362-2018 中 9.4.9 条规定：直线管道的净距不应小于 40mm，且不宜小于管道直径的 0.6 倍；对于预埋的金属或塑料波纹管和铁皮管，在直线管道的竖直方向可将两管道叠置。

结合 T/GDHS 003-2021 和 JTG 3362-2018 对比得知，T/GDHS 003-2021 中对于先张法净距值的规定比 JTG 3362-2018 净距值的规定大；T/GDHS 003-2021 中对后张法管道净距值的规定比 JTG 3362-2018 管道净距值的规定小，且规定波纹管不宜叠置。

（4）钢筋锚固长度

该规范中列出了 UC130、UC140、UC150 及≥UC150 受拉、受压光圆钢筋和带肋钢筋的最小锚固长度，光圆钢筋最不利最小锚固长度为 16d（钢筋直径），带肋钢筋最不利最小锚固长度为 12d（钢筋直径），锚固长度范围在 6d～16d 之间，JTG3362-2018 表 9.1.4 规定普通钢筋混凝土的锚固长度范围在 30d～45d 之间，超高性能混凝土锚固长度相对于普通钢筋锚固长度相比大幅减小。当钢筋同为受压（直端）或受拉（直端、弯钩端）时，带肋钢筋锚固长度小于光圆钢筋锚固长度，HRB/HRBF/RRB400 钢筋锚固长度比 HRB500 钢筋锚固长度短，最小锚固长度参数见表 2-24。

表 2-24　钢筋最小锚固长度（参考：T/GDHS 003-2021　表 8）

项目		钢筋种类											
		HPB300				HRB400、HRBF400、RRB400				HRB500			
		强度等级											
		UC130	UC140	UC150	≥UC150	UC130	UC140	UC150	≥UC150	UC130	UC140	UC150	≥UC150
受压钢筋	直端	14d	12d	11d	10d	8d	7d	6d	6d	10d	9d	8d	7d
受拉钢筋	直端	16d	14d	13d	12d	10d	9d	8d	7d	12d	11d	10d	9d
	弯钩端	14d	12d	11d	10d	8d	7d	6d	6d	11d	9d	8d	7d
注：d 为钢筋公称直径（mm）；采用环氧涂层钢筋时，受拉钢筋最小锚固长度应增加 25%；当超高性能混凝土在凝固过程中易受扰动时，锚固长度应增加 25%；当带肋钢筋的公称直径大于 25mm 时，锚固长度应增加 25%；当受拉钢筋末端采用弯钩时，锚固长度为包括弯钩在内的投影长度。													

2.5.2 T/CCES 27-2021《超高性能混凝土梁式桥技术规程》

（1）超高性能混凝土板、梁构造规定

①UHPC 梁桥一般分为钢筋超高性能混凝土梁桥和预应力超高性能混凝土梁桥。钢筋超高性能混凝土梁桥的跨径不宜大于 30m，当桥梁跨径 L＜20m 时，可采用 T 形截面，当桥梁跨径≥20m 时，可采用 T 形、箱形截面。预应力超高性能混凝土梁桥的跨径不宜小于 30m，当桥梁跨径 L＜50m 时，可采用 T 形、箱形截面，当桥梁跨径≥50m 时，宜采用箱形截面。

②跨径 L＜60m 时，梁式桥宜采用整孔预制或大节段预制拼装方法，跨径 L≥60m 时，梁式桥宜采用小节段预制拼装方法。

③不配置钢筋的超高性能混凝土板的最小厚度不应小于 50mm，配筋超高性能混凝土板的最小厚度不宜小于 80mm。

④T 形、I 形、箱形截面超高性能混凝土梁的腹板宽度，未配置箍筋时不应小于 75mm，配置箍筋时不应小于 100mm，同时配置箍筋和纵向钢筋时不应小于 120mm。当腹板厚度有变化时，其过渡段长度不宜小于 12 倍腹板宽度差。

⑤节段预制拼装的超高性能混凝土主梁接缝应采用胶接缝，胶接缝可采用环氧树脂胶。环氧树脂接缝的涂层厚度应均匀。胶接缝拼接后接缝截面应保持约 0.3MPa 的临时压力，直至环氧树脂胶体固化。预制节段设计时应考虑临时预应力筋的锚固方式。

⑥预制节段接缝处应设置剪力键，宜设置腹板剪力键、顶板剪力键、底板剪力键和加腋区剪力键。腹板内的剪力键宜靠箱内侧设置，顶板和底板内的剪力键宜设置在板厚的中间，胶体从板顶面由出胶槽挤出。

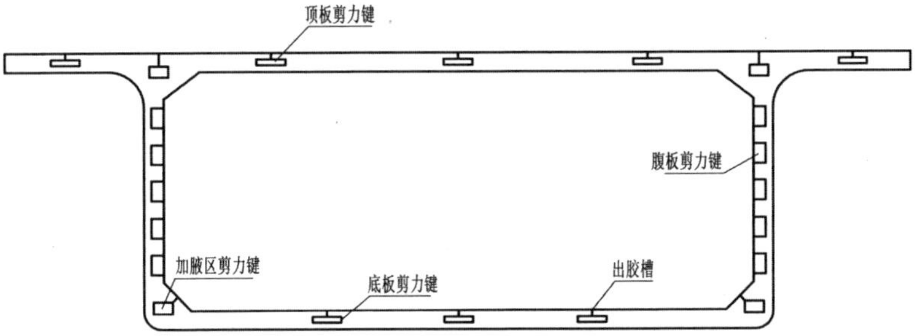

图 2-1　剪力键布置示意（参考 T/CCES 27-2021 图 8.2.3-1）

⑦剪力键尺寸规定

腹板内的剪力键宜在腹板全高度布置，布置范围不宜小于梁高的 75%；剪力键横向宽度宜为腹板宽度的 75%。

剪力键应采用倾角接近 45°的梯形或圆角梯形截面；剪力键的高度应大于 1.5 倍的钢纤维长度，不应小于 35mm；剪力键的高度与其宽度比可取为 1：2。

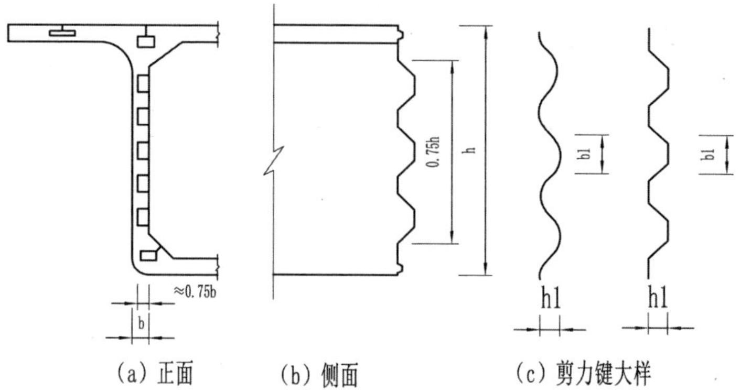

图 2-2　剪力键尺寸示意（参考 T/CCES 27-2021 图 8.2.3-2）

⑧现浇湿接缝构造规定

超高性能混凝土板、梁现浇湿接缝的构造应进行必要的强化处理，可根据结构特点、受力需要选用局部加高的 T 形接缝、带加强钢板的 T 形接缝等构造。

采用局部加高的 T 形接缝构造时，超高性能混凝土板宜通过倒角过渡形成局部加高构造。其中加高区高度 $h_g \geq 0.5h_b$，加高过渡区宽度 $b_g \geq 2h_g$，加高区底部宽度 $b_l \geq 100$mm；槽口深度 h_c：$0.5h_b \geq h_c \geq 50$mm；接缝顶部宽度 $b_f \geq 500$mm，槽口宽度 $b_c \geq 150$mm，接缝宽度 $b_j \geq 200$mm。

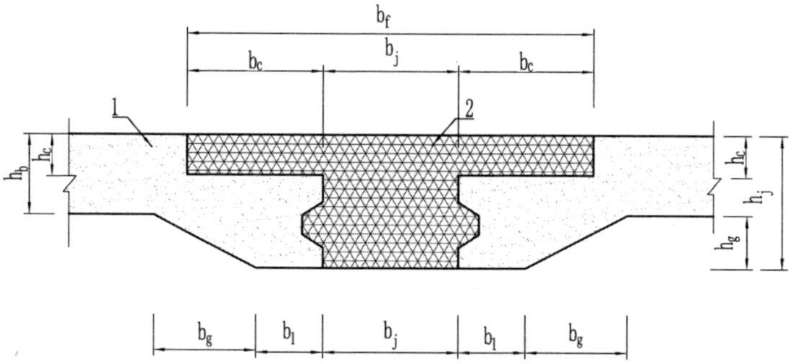

图 2-3　局部加高的 T 形接缝〔参考 T/CCES 27-2021 图 8.2.5（a)〕

采用加强钢板的 T 形接缝构造时，槽口深度 h_c：120mm≥h_c≥50mm；接缝顶部宽度 b_f≥500mm，槽口宽度 b_c≥150mm，接缝宽度 b_j≥200mm；预制加强钢板布置范围 L≥2h_b，预制加强钢板厚度≥8mm，栓钉连接件的间距≤200mm；相邻预制梁板间的预埋钢板间可填充止水条。

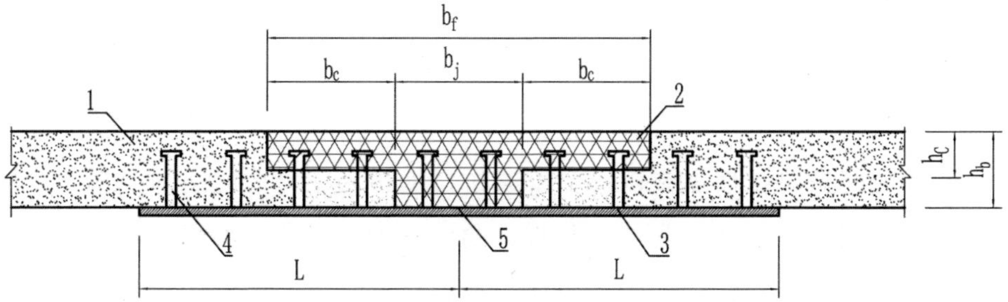

图 2-4　超高性能混凝土板、梁接缝构造〔参考 T/CCES 27-2021 图 8.2.5（b)〕

1-预制超高性能混凝土梁或板；2-超高性能混凝土现浇接缝；3-预埋加强钢板；4-栓钉连接件；5-止水条

（2）钢筋保护层厚度

《超高性能混凝土梁式桥技术规程》（T/CCES 27-2021）中除后张法构件中预应力钢筋的保护层厚度不应小于 0.5 倍管道直径规定外，钢筋保护层厚度其余规定与《无腹筋预应力超高性能混凝土梁桥技术规范》（T/GDHS 003-2021）基本一致。

第 3 章　公路桥梁

国内公路桥梁目前主要以混凝土梁桥、板桥为主，占比达 90%以上，因普通混凝土材料性能有局限性，从设计角度考虑，桥梁几何尺寸较大，结构较厚重，缺乏美感，结构恒载占桥梁总荷载比例过大，运营多年后，混凝土桥梁不同程度地存在损伤，如混凝土白化、剥落、开裂、保护层厚度不足、钢筋锈蚀等。UHPC 具有良好抗压、抗拉和耐久性能，在同等跨径条件下，几何构造尺寸能大大减小，在一些主体结构中，可取消普通钢筋布置，仅按构造配筋，大大地减少了材料的用量。

结合第一章介绍得知，UHPC 在国外得到了广泛的应用，如美国第一座公路 U HPC 桥梁 Mars Hill 桥[93]，其跨径为 33.5m，桥面宽约为 8.28m，由 3 片预应力 T 梁和厚度为 230mm 的现浇混凝土桥面板组成；日本第一座 UHPC 铁路桥 Kayogawa 桥[93]，其桥长为 15.86m，桥宽为 4m，梁高为 1.5m，断面结构形式为 U 形，材料用量仅为普通混凝土 U 梁的 1/2，该桥与 2010 年建成通车；法国的 PS34 桥[93]，其桥长为 47.4m，桥宽为 4.4m，净宽为 3m，梁高为 1.63m，采用单箱单室等高箱梁设计，全桥 UHPC 用量约为 80m^3，仅为普通混凝土箱梁材料用量的 40%。

近年，随着国内专家团队的 UHPC 的深入研究，在公路领域也开展了相关的结构设计，本章列出了部分案例进行阐述说明。

3.1 河北石磁高速跨线桥

3.1.1 工程概况

石磁高速跨线桥[35]位于京珠国道主干线河北省石家庄至磁县高速公路（简称石磁高速）K34+690 处，上跨石磁高速主线，桥梁荷载等级为公路-Ⅱ级，桥梁跨径为 4×30m，桥梁全长为 127m，上部主梁结构采用先简支后结构连续体系，斜交 45°布置。桥梁宽度为 8m=0.5m（护栏）+7m（行车道）+0.5m（护栏），上部主梁由 3 片 UHPC 小箱梁构成，其上铺设 8cm 厚 C50 混凝土+5cm 沥青混凝土，桥面横坡为 1.5%人字坡，下部墩台及基础采用普通钢筋混凝土结构，桥型布置立面示意见图 3-1，为中国第一座公路 UHPC 桥梁。

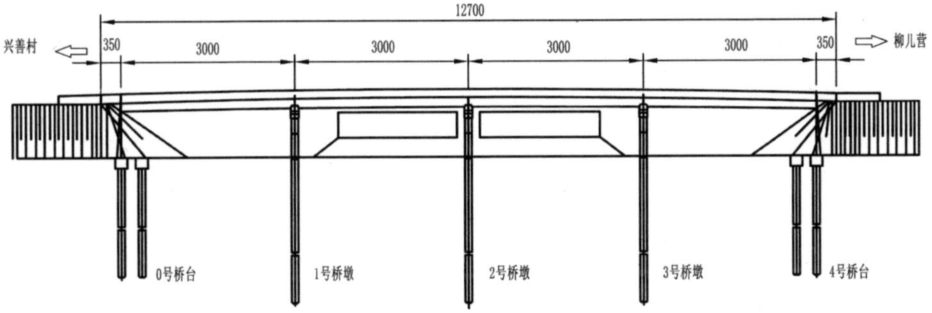

图 3-1　石磁高速 K34+690 跨线桥桥型布置示意图（单位：cm）[35]

3.1.2 上部主梁结构设计

石磁高速 K34+690 跨线桥[35]作为国内首座 UHPC 公路箱梁桥，设计时采用相对保守设计，上部箱梁之间中心距为 2.8m，中、边梁预制宽度均为 2.3m，主梁通过 0.5m 宽，0.12～0.15m 厚的纵向湿接缝连接成整体，箱梁中心梁高 1.6m，顶板厚 0.18m，跨中底板厚 0.18m，腹板厚 0.15m，支点处底板厚 0.24m，腹板厚 0.2m，箱梁跨中及支点横断面示意见图 3-2。仅对截面板厚进行了适当优化，钢筋与预应力钢束基本和原预应力普通混凝土箱梁结构相当，没有充分发挥 UHPC 材料的优势，具备优化空间。

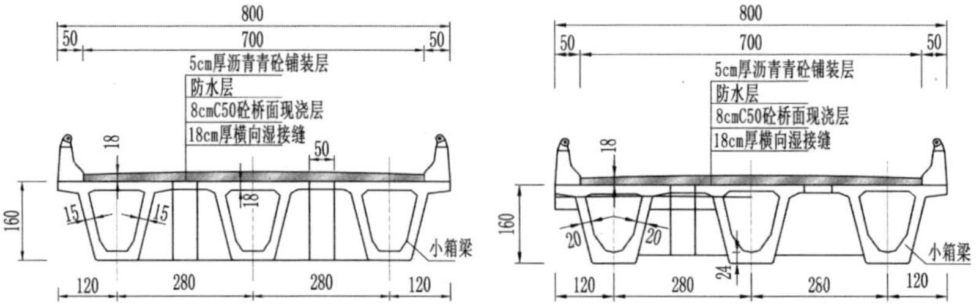

图 3-2 石磁高速 K34+690 跨线桥上部跨中（左）和支点（右）横断面示意图（单位：cm）[35]

3.1.3 上部主梁结构优化分析

［文献 35］结合当时的技术条件，对原上部箱梁结构进行了优化设计，截面外轮廓尺寸与原设计一致，原设计与优化设计构造尺寸相关参数对比见表 3-1，预应力钢绞线减小为 5 束Φ^s15.2mm，该桥自 2015 年 5 月建成通车［文献 35］见刊期间，该桥梁运营状态良好。

表 3-1 上部箱梁原设计与优化设计构造尺寸对比表[35]

截面位置	顶板厚度/cm	底板厚度/cm	腹板厚度/cm
支点截面	18（12）	24（24）	20（12）
跨中截面	18（8）	18（15）	15（8）

注：括号外是原设计构造尺寸，括号内为优化后设计构造尺寸。

3.2 广州北环高速沙贝立交 F 匝道桥

3.2.1 上部结构优化设计

广州北环高速沙贝立交 F 匝道桥[37],[38]为北环西行路段扩建工程项目，匝 F 桥原设桥设计方案为 1 跨 13m 预应力混凝土（后张）空心板桥，桥下净空仅为 3.7m，因横坡影响，扩建桥如采用原桥结构构造，桥下净空将小于 3.5m，且桥台施工对桥下通行影响大，在此基础上提出了 1 跨 16m 的无筋预应力体系的 UHPC 工字型梁，UHPC 工字型梁梁高 62cm，梁间距为 145cm，桥面板采用 15cm 厚的现浇 C50 混凝土，通过 U 形剪力键钢筋与预制 T 梁连接，底膜采用 3cm 厚的 UHPC 预制板，横桥向宽度为 114cm，顺桥向宽度为 100cm，桥梁上部主梁跨中断面及支点断面分别如图 3-3、3-4 所示。建筑高度相对于原桥降低了 20cm，能满足净空要求，是国内首座无筋预应力体系 UHPC 桥梁，上部结构梁体为全预应力构件，在最不利荷载组合情况下，其截面仍存在压应力，减少开裂风险。

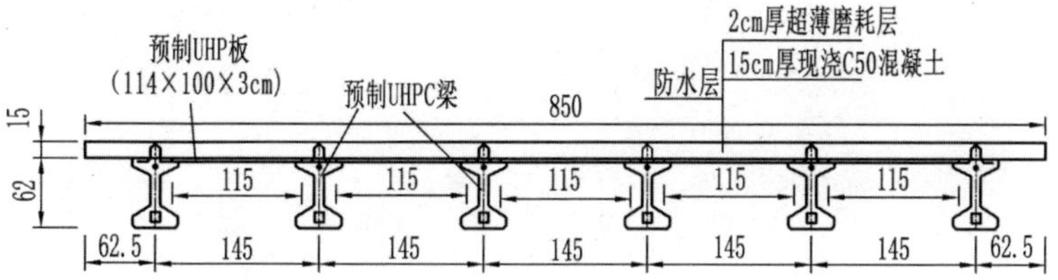

图 3-3　F 匝道桥跨中断面（单位：cm）[37]

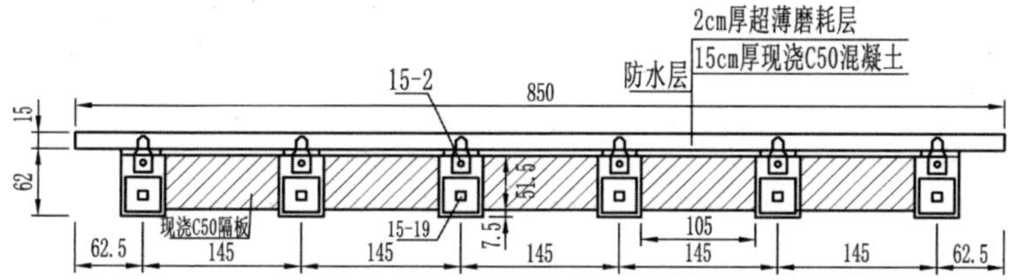

图 3-4　F 匝道桥支点断面（单位：cm）[37]

3.2.2 上部主梁施工

该桥工期为 30d，包含 UHPC 梁的预制场建设时间。UHPC 梁的施工相对于常规混凝土预制梁而言多了蒸汽养护环节，该桥采用高温蒸养，养护温度为 90℃，养护升温阶段温升 15℃/h 控制，达到指定温度 90℃后蒸养 2d，降温阶段可采用自然降温或 12℃/h 降温控制，1d 的强度可以达到 90Mpa。单片方梁混凝土方梁仅为 2.7m³，重量约 8t，梁场不需要设置龙门吊，采用 1 台 25t 汽车吊配合起重作业，通过运梁车运输至现场后，采用 1 台 80t 汽车吊完成主梁吊装，吊点设置在距离梁端 3m 处，因早起强度较高，在没有配置钢筋及施加预应力的条件下，1d 强度的 UHPC 梁也能满足起吊工况下的结构受力及抗裂要求，图 3-5 为成桥后实景。

图 3-5　F 匝道桥实景照片[37]

3.2.3 获奖成绩

以该桥及其他同类梁桥为项目背景的《预应力（无腹筋）超高性能混凝土梁式桥》和《中小跨径预应力无腹筋超高性能混凝土梁桥在旧桥改造中的应用研究》分别获得了 2020 年中国混凝土与水泥制品协会混凝土科学技术奖（技术革新类）二等奖和 2021 年度中国混凝土与水泥制品协会混凝土科学技术奖（科技进步类）二等奖，图 3-6～3-8 为其同类桥梁的部分实景[38],[39]。

图 3-6　UHPC 预应力预制梁截面[38]

图 3-7　潮州市下铺径口桥应用 10 米+15 米+10 米预应力无腹筋超高性能混凝土梁桥[39]

图 3-8　潮州市溪东桥应用 3×16 米预应力无腹筋超高性能混凝土梁桥[39]

3.3 云南保山八丘田车行天桥

3.3.1 总体概况

八丘田车行天桥[40],[41]是 M01 县道上跨云南省昌宁至保山高速公路主线的一座分离式桥梁，为上承式无铰拱桥，拱肋采用超高性能混凝土（UHPC），拱上建筑采用普通混凝土结构，是国内首座 UHPC 箱形拱桥。

桥面宽度 8m，主桥拱肋拱轴线为悬链线，计算跨径 L=34m，计算矢高

f=7m，计算矢跨比 f/L=1/4.86，拱轴系数 m=1.543，桥型布置立面图如图 3-9 所示。该桥于 2021 年 3 月通车，桥梁实景如图 3-10 所示。

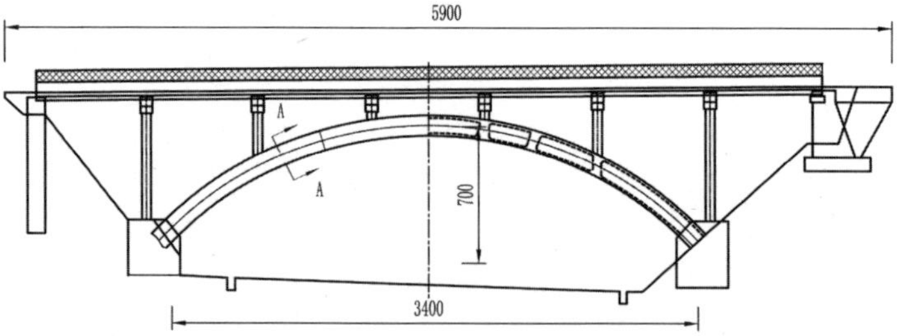

图 3-9　八丘田车行天桥桥型布置立面示意图（单位：cm）[40]

图 3-10　八丘田车行天桥实景（来自桥梁视界公众号：发布于 2021 年 12 月 29 日）

3.3.2 主拱圈材料创新

在 UHPC 原材料中采用机制砂和石灰石粉替代了石英砂，机制砂就地取材，选用云南保山本地品质稳定的母矿，加工后最大粒径小于 2.36mm，实现了 UHPC 基材本土化的工程应用先例。试验中试块的抗压强度最高达约 192MPa，抗弯拉强度约 32MPa，弹性模量为 46.8GPa，说明机制砂配制的 UHPC 能满足工程结构应用要求，拱肋预制前通过等比例模型试验，试验构件不同位置的实际破坏形态与理论受力特性基本吻合[40]。

3.3.3 拱肋结构设计与受力分析

八丘田车行天桥主拱肋为分离双箱单室截面，单箱截面高度和宽度分别为 1.3m 和 1.5m，腹板厚仅为 8cm，顶板厚仅为 15cm，相比普通混凝土而言，大幅降低了拱肋自重，节约了工程造价，拱肋横断面如图 3-11 所示。

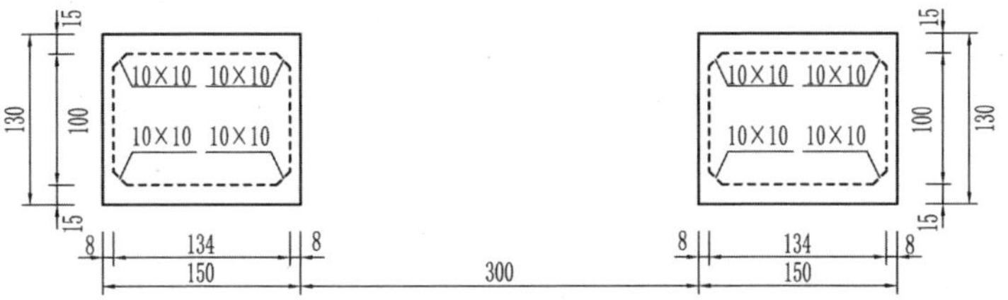

图 3-11　A-A 横断面示意图（单位：cm）[40]

拱肋采用预制装配式设计，单根拱肋分为 3 段预制，跨边节段长度 12.99m，节段重 25.33t，跨中节段长度 14.23m，节段重 30.58t，全桥共需预制 6 片拱肋，4 片连系梁，拱肋节段采用“干式”连接，在节段拱肋端部设置 35cm 厚端横梁，端横梁上设置预应力管道，拱肋通过端横梁上的 16 根预应力高强螺纹钢棒张拉连接，图 3-12 为接头照片，为保证接触面紧密贴合，在接头处涂抹结构胶加强构件整体连接。拱肋与拱座通过分别设置在拱肋底部的钢板与拱座上的钢板连接，两钢板之间通过地脚螺栓固定[40]。

图 3-12　拱肋节段“干式”连接照片（图片来源同图 10）

3.3.4 成桥状态受力分析

[文献 40] 采用有限元软件建立全桥模型对结构进行了受力分析，计算得知全桥第一类稳定系数达 88，远大于 4，稳定性安全系数很高，主拱肋为大偏心受压构件，在标准组合作用下，最大拉应力 3.8MPa，发生在拱脚上缘，远小于抗拉强度标准值 9MPa，依靠材料自身满足抗裂要求，因此，主拱肋按不配筋设计，在最不利工况下，拼接截面存在 2.73MPa 的压应力，全截面受压。

3.3.5 拱肋施工

拱肋施工是该桥重点控制工程，其施工主要施工顺序：拱肋预制→支架搭设→拱肋吊点确定→拱肋运输→拱肋转体→拱肋起吊与安装。

3.3.6 成桥状态荷载试验结果

桥梁建成后开展了静荷载和动荷载试验，结果表明在设计荷载作用下桥梁结构的各项指标表现优良，具有较大的安全系数[40],[41]。

3.4 广东惠清高速麻埔停车区车行天桥

3.4.1 总体概况

麻埔停车区车行天桥[42],[43]为跨越汕（头）（湛）江高速公路主线的一座分离式桥，实桥如图 3-13 所示。该桥跨径为 4×25m，桥梁设计荷载等级为公路-Ⅰ级，设计安全等级为一级，桥面宽为 8.5m，上部标准横断面布置为 0.5m（防撞护栏）+7.5m（行车道）+0.5m（防撞护栏）。上部结构采用先简支后结构连续装配式钢-UHPC 轻型组合梁设计，下部结构为普通钢筋混凝土结构，为国内首座装配式钢-UHPC 轻型组合梁。

图 3-13　麻埔停车区车行天桥建成后实桥[10]

3.4.2 上部标准横断面设计

上部主梁横断面横向又 3 片π型组合梁构成，全桥共 12 片π型组合梁，π型组合梁纵横向通过“T”形湿接缝连接，间距 2.8m，组合梁高 100cm，桥面板采用 UHPC 结构，主梁采用钢结构，上部标准横断面如图 3-14、3-15 所示。UHPC 桥面板与工字型钢梁通过剪力钉焊接连接，剪力钉规格为Φ22×80（高）mm，单个工字钢上翼缘横向布置 2 列，纵桥向布置间距为 150mm[42]—[43]。

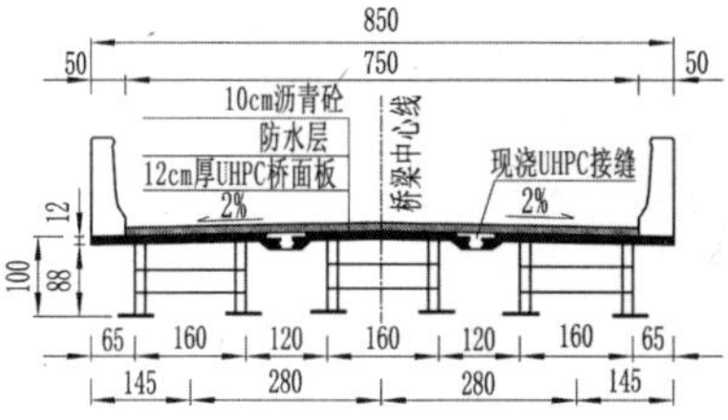

图 3-14　上部标准横断面示意图（单位：cm）[42]　图 3-15　上部标准横断面三维示意图

（来自湖大 UHPC 桥梁研发团队公众号：发布于 2020 年 9 月 27 日）

3.4.3 UHPC 桥面板设计

该桥 UHPC 桥面板材料设计指标：立方体抗压强度标准值 $f_{cu,k}$=150MPa，轴心抗拉强度标准值 f_{tk}=8MPa，弹性模量 E_c=42.1GPa。桥面板全为预制结构，预制板一次成型，横向划分为两种类型板，宽度分别为 275cm 和 260cm，预制板标准厚度为 12cm。接缝处采用局部加高的 T 形接缝构造，厚度加厚至 20cm，如图 3-16、3-17 所示，为简化施工，桥面板上部不设置调平层，直接铺设沥青铺装层。

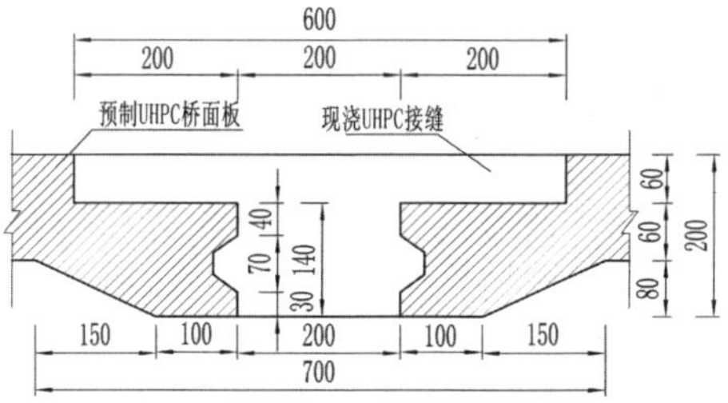

图 3-16　π型组合梁横向“T”形湿接缝构造图（单位：mm）[42]　图 3-17　横向“T”形湿接缝实景图片

3.4.4 工字钢主梁设计

工字型钢梁由上翼缘板、腹板、下翼缘板焊接而成，钢材型号为 Q345D，钢梁梁高 88cm，上翼缘宽 280mm，厚 12mm；腹板高 840～848mm，厚 16mm；下翼缘宽 500mm，厚 20mm，在跨中π型组合梁内，设置 H 形断面小横梁，高 300mm，翼缘宽 280mm，腹板、翼缘板厚 12mm，钢腹板不设置竖向及水平加劲肋，图 3-18 为横梁连接实景。

图 3-18　钢主梁横向连接实景图片（图片来源同图 15）

3.4.5 墩顶负弯矩区设计

该桥采用先简支后结构连续结构设计，墩顶负弯矩区承担很大弯矩和剪力，易造成负弯矩处桥面板开裂，影响结构安全和耐久性。控制开裂的传统方式主要有：墩顶布置预应力钢束施加预应力、预加荷载法施加预应力及支点位移法施加预应力三种方式。

该桥墩顶纵向接缝采用了“T”形接缝设计，如图 3-19、3-20 所示，依靠 UHPC 具有优异的抗拉性能抵抗墩顶负弯矩区拉应力，墩顶不布置预应力钢绞线，实现快速化施工。［文献 43］对上部组合梁进行了有限元受力分析，从其计算结果得知，基本组合作用下支点负弯矩区接缝断面承载能力安全系数约为 1.3（T 型翼板 UHPC 的抗拉作用偏安全的按 0.5 的折减系数考虑，考虑桥面板内纵向钢筋的抗拉作用），频遇组合作用下 UHPC 桥面板纵桥向最大拉应力约为 9Mpa，墩顶截面裂缝宽度为 0.029mm，小于规范要求的 0.05mm 且有较大的安全系数。

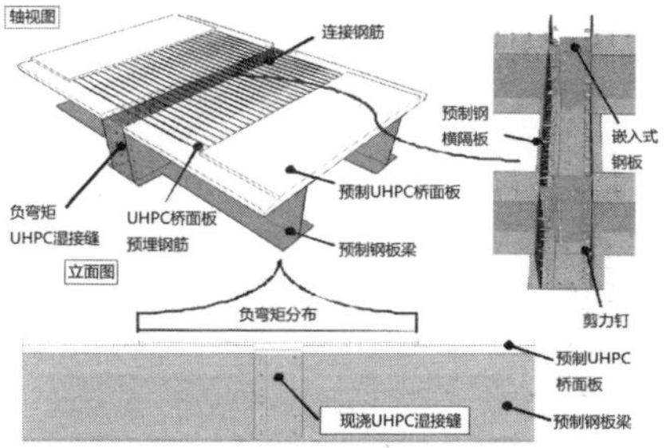

图 3-19 π型组合梁墩顶负弯矩区构造示意图[43] 图 3-20 π型组合梁纵湿接缝钢筋布设[43]

3.4.6 中小跨径钢-UHPC 组合梁优势

[文献 42]对钢-UHPC 组合梁与预应力混凝土小箱梁及常规钢-混凝土组合梁进行了对比，全预制π型组合梁吊装重量约为 36t，分别是预制小箱梁和常规钢-混凝土组合梁吊装重量的 45%和 80%，由此可见全预制钢-UHPC 轻型组合梁吊装重量轻，现场施工作业量少，具有良好的施工性能，满足快速施工要求。

[文献 43] 对相同跨径、技术标准、安全储备的预应力混凝土小箱梁和钢-UHPC 轻型组合梁方案进行了经济比选，比选结果为预应力混凝土小箱梁上下部结构合计 3500 元/㎡，钢-UHPC 轻型组合梁上下部结构合计 3800 元/㎡，从比选结果看出两者单价相当，采钢-UHPC 组合梁更符合节能减排的建筑设计理念。

3.5 广东英德北江四桥大站镇跨堤引桥

3.5.1 总体概况

北江四桥[51]是广东省英德市省道 S292 线延长线一级公路上的一座特大桥，为主跨 2×120m 的四跨预应力混凝土连续梁桥，大站镇岸跨堤引桥距离主桥 100m，为单跨 102mUHPC 箱梁桥，桥型立面布置及现场施工实景照片如图 3-21、3-22 所示。UHPC 强度等级采用 R120，抗压强度设计值 60MPa，汽车荷载按公路-Ⅰ级标准设计，桥面宽度为 37m。

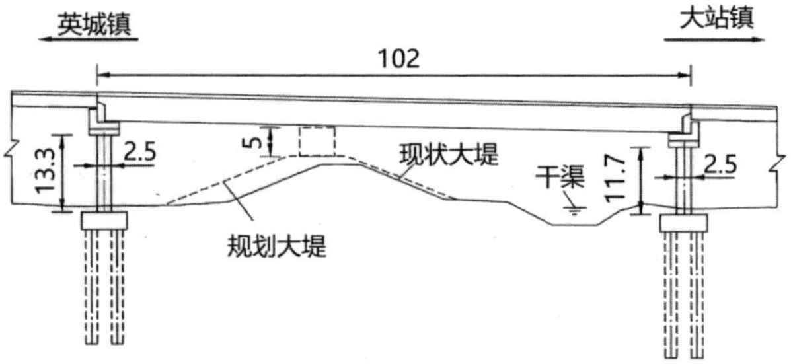

图 3-21　桥型立面布置示意图（单位：m）[51]

图 3-22　102mUHPC 简支梁三维模型示意图[11]

3.5.2 上部主梁构造设计

该桥主梁采用节段预制拼装箱梁结构，标准节段 4m，重约 70t，主梁梁高 4m，高跨比为 1/25.5。为减少 UHPC 现场浇筑规模，主梁横向分为 4 片预制大箱梁，因单片大箱梁刚度大、承载能力高，箱梁间不设横向联系梁，仅采用 0.6m 宽桥面湿接缝连接。单片预制箱梁顶板宽 8.825m，底板宽 6m，标准段箱梁顶板厚 20cm，底板厚 16cm，腹板厚 20cm，箱梁外侧悬臂长 1.5m，悬臂板端部厚 15cm，根部厚 35cm。每米设置 1 道顶板横肋，以提高箱梁顶板承载力，箱梁标准段每 4m 设置一道横隔板，横隔板厚 16cm，顶部高 60cm，兼做桥面板横肋，腹部宽度 35cm，底部高 25cm，主要起加劲作用。横隔板设置在预制梁段两端，便于剪力键布置和控制预制梁段端部变形，半幅桥箱梁标准横断面如图 3-23 所示，图 3-24 为预制节段梁实景[11]。

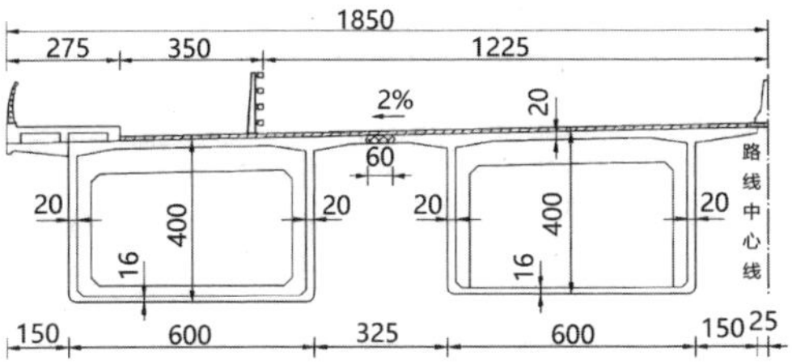

图 3-23　半幅桥箱梁标准横断面示意图（单位：cm）[51]

图 3-24　102mUHPC 简支梁预制节段梁实景[11]

3.5.3 上部主梁预应力体系

（1）主梁预应力布置

主梁按纵向单向预应力体系设计，为尽可能减少底板厚度从而减轻结构自重，纵向钢束布置采用全体外预应力通长钢束，体外预应力束采用大吨位环氧涂层钢绞线成品索，采用可调整张拉力、可整体换索式锚具，单片箱梁共布置体外索 28 根，采用 15-24 规格，抗拉强度标准值 1860MPa。

为简化线形，均不设置平弯，采用分散转向方式减少单个截面处的转向力，转向器采用集束式转向器，埋置于转向块内，转向块高 120cm，厚 50cm，因转向块承担较大的竖向分力，为降低转向块的应力水平，在体外索转向力较大处设置 20cm 的“三人孔横隔板”与转向块共同承担转向力，转向块构造如图 3-25 所示。为减少体外索振动对锚具耐久性的影响，体外索在锚固端均转向后再锚固，每 8m 设置 1 处减振器，以抑制体外索的振动，减少体外索疲劳损伤和磨损，箱梁端部设置纵向牛腿为运营期间提供换索操作空间。

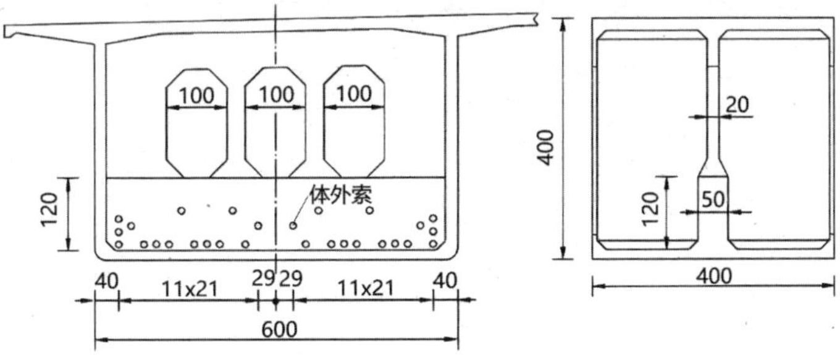

图 3-25　转向块构造（单位：cm）[51]

3.5.4 上部主梁部分计算结果

结合李志刚[51]等总体计算分析结果得知，主梁正截面抗裂（最小压应力为1.6MPa）、斜截面抗裂（最大主拉应力2.1MPa）、持久状况最大法向压应力（35.9MPa）、最大主压应力（35.9MPa）、挠度（102mm）等指标均满足规范要求，且安全储备较高。

因UHPC抗拉强度较高，且箱梁为短悬臂结构，李志刚[51]等对桥面板展开了局部分析，计算结果表明：在不配置横向预应力筋的情况下桥面板横向最大主拉应力约为3.1MPa，小于R120抗拉强度设计值4.8MPa，表明桥面板不会开裂。

3.5.5 应用价值

英德北江四桥引桥首次将全新构造的密集横隔板UHPC薄壁箱梁结构应用于实桥（图3-26），是桥梁建设和UHPC梁桥发展的一次重大突破。该技术方案有望综合解决大跨径混凝土箱梁桥开裂和主梁过度下两大难题，并将简支梁桥的跨越能力扩大至100m，未来还有可能将超高性能混凝土连续箱梁的跨径提高至400m级[11]。

图3-26　102mUHPC简支梁上部箱梁架设[11]

3.6 广东高恩高速透空式刚架拱车行天桥

3.6.1 总体方案

透空式刚架拱车行天桥[52]、[53]为上跨广东高明至恩平高速公路主线而设的一座分离式桥梁，与主线交叉桩号为 K7+174，为上承式透空式超高性能混凝土刚架拱桥，是国内第一座 UHPC 车行装配式刚架拱桥（图 3-27）。

图 3-27　UHPC 刚架拱桥实桥[52]

桥梁平面位于直线上，上部行车部分结构长为 66m，桥面总宽 5.5m，桥面净宽 4.5m，两侧护栏宽 0.5m，桥梁纵坡 1%，设置双向 1.8%的人字横坡。主拱肋跨径 58m，矢高 6.5m，矢跨比 1/8.9，拱轴线为 2 次抛物线，桥型布置立面示意如图 3-28 所示。

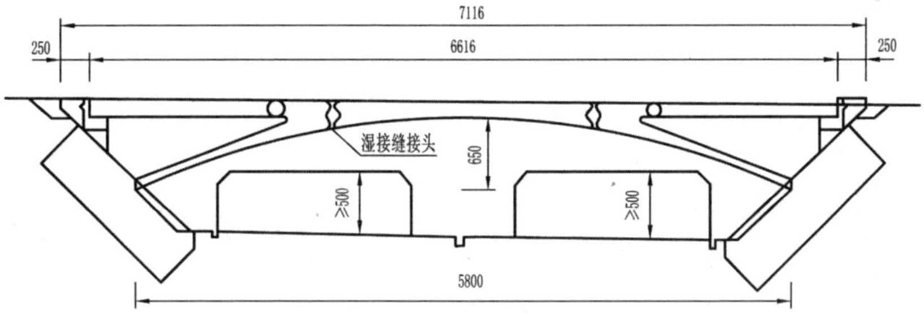

图 3-28　UHPC 刚架拱桥立面布置示意图（单位：cm）[52]

上部结构由 3 片 UHPC 拱肋+C50 现浇桥面板+防水层+10cmC40 普通混凝土铺装层组成，横桥向拱肋按 1.75m 等间距布置，桥面板外悬臂净宽为 85cm，悬臂端最小板厚为 20cm 桥面板中心厚度为 25cm，上部跨中横断面如图 3-29 所示。

下部结构采用桥台与拱座一体的重力式桥台设计，台身采用 C30 片石混凝土，拱座局部范围采用 C50 混凝土，桥台与拱脚按刚接设计。刚架边梁端横梁底部设置四氟滑板橡胶支座，两侧设置横向防震挡块。主桥体系采用刚架拱体系，横向 3 片主拱肋通过桥面板、横梁与桥台形成整体受力体系。

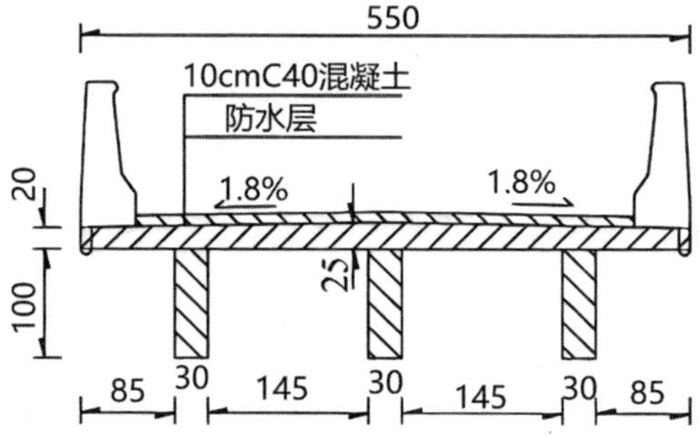

图 3-29　UHPC 刚架拱桥横断面布置示意图（单位：cm）[52]

3.6.2 刚架拱结构设计

该桥采用 UHPC 预制拱肋，每片刚架拱肋厚度为 30cm，在刚架边梁两端支座附近加厚至 50cm。刚架边梁高 100cm，拱肋跨中位置处截面高度为 100cm，拱腿截面高度从 80cm 渐变至 140cm，拱肋下缘为二次抛物线，变化方程为 $Y=0.00772889X^2$，坐标原点设置在拱肋下缘曲线顶点处，单片拱肋分为 5 个预制节段，分别为 16m（边主梁刚架段）+5m（拱腿段）+24m（中间联合段）+5m（拱腿段）+16m（边主梁刚架段），拱肋节段划分如图 3-30 所示。

拱肋及湿接缝 UHPC 强度等级为 R150，设计抗压强度为 150MPa，抗弯强度为 22MPa，轴心抗拉强度为 8MPa，弹性模量为 45GPa，根据周志敏[53]等计算分析可知，在承载能力极限状态下，UHPC 主拱最大压应力为 40.5MPa，最大拉应力为 15.6MPa，在正常使用极限状态下，UHPC 最大裂缝宽度小于 0.05mm[52]。

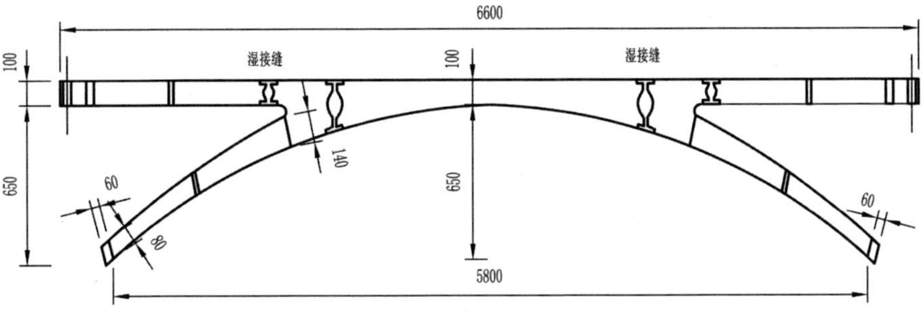

图 3-30　UHPC 刚架拱桥拱肋划分立面示意图（单位：cm）[53]

单片拱肋吊装就位后，通过 2 道刚架 UHPC 边梁湿接缝及 2 道 UHPC 拱肋湿接缝连接，湿接缝采用带双 T 菱形接缝，袁嘉梁对该桥湿接缝进行了试验研究，证实带双 T 菱形接缝安全可靠，如图 3-31、3-32 所示。

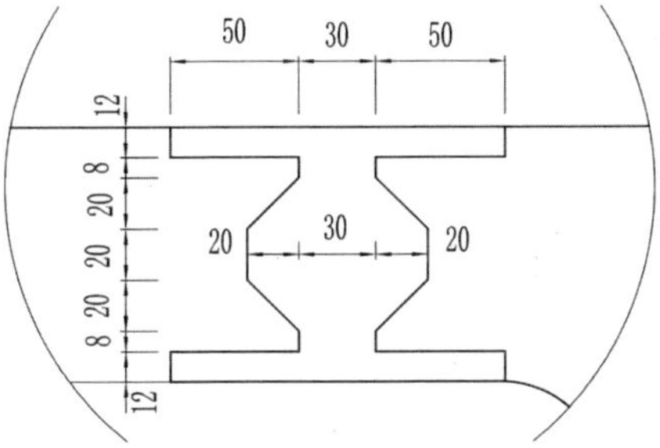

图 3-31　UHPC 刚架拱桥边主梁与主拱肋接缝（单位：cm）[53]

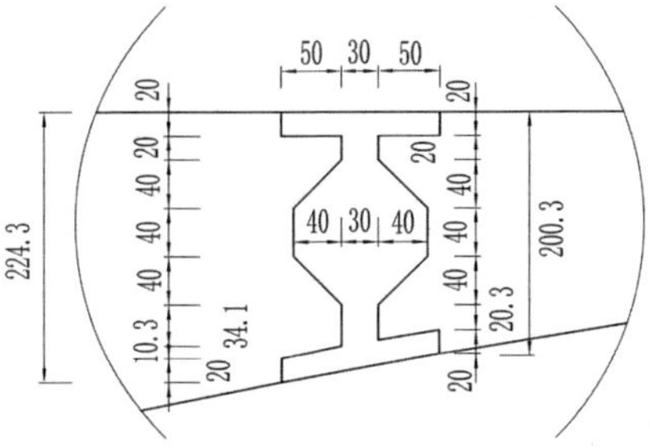

图 3-32　UHPC 刚架拱桥主拱肋与主拱肋接缝（单位：cm）[53]

3 片刚架拱肋横向通过 9 道横梁连接成整体，其中刚架边梁端横梁、中横梁及拱腿横梁截面尺寸分别为 100cm（高）×50cm（厚）、100cm（高）×20cm（厚）及 110cm（高）×30cm（厚），其均为现场现浇构件，通过与边梁及拱腿对应的横梁部位预留钢筋连接成整体。在拱肋中间湿接缝处布置中横梁，截面尺寸为 100cm（高）×30cm（厚），该处中横梁与拱肋湿接缝现场同时浇筑，横梁及横向湿接缝均采用 UHPC 浇筑，UHPC 强度等级与拱肋相同。

拱肋顶部预埋“倒 U”型剪力键，按 15cm 净距沿纵桥向布置在拱肋上缘，剪力键钢筋直径为 16mm，弯折半径为 15cm，如图 3-33 所示，拱肋与现浇桥面板通过剪力键钢筋连接形成联合截面，共同承受车辆局部荷载。

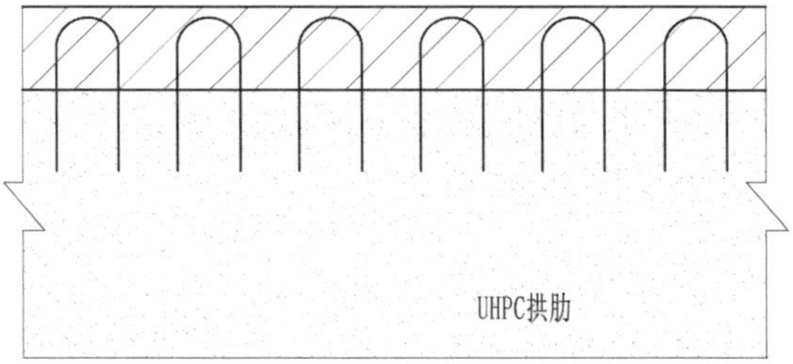

图 3-33　桥面板与拱肋之间连接细部示意[53]

拱脚与桥台采用固结，在桥台拱座处预留槽口，槽口底部及拱脚端部预埋钢板，拱座及拱脚处预设钢筋，拱脚安装到位且拱肋合龙后，灌注 UHPC 浆体入拱座预留槽口内，待 UHPC 达到设计强度后，拱脚与拱座形成固结体系，拱脚与拱座连接细部示意如图 3-34 所示。

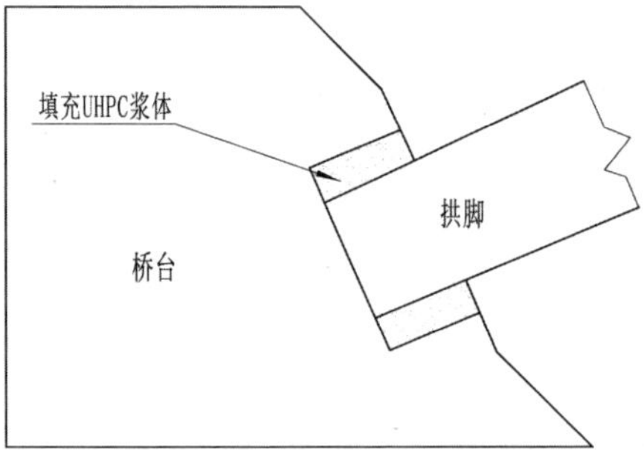

图 3-34　拱脚与拱座之间连接细部示意[53]

3.6.3 施工工序

该桥于 2018 年 11 月开始施工，于 2019 年 3 月完工，施工周期短，主要施工工序为：a）工厂卧式预制拱片，立式预制刚架边梁，下部结构施工，搭设临时支架；b）吊装两侧刚架和拱腿段；c）吊装中间联合段；d）浇筑拱脚和拱肋中间湿接缝、全部横梁湿接缝；e）拆除主拱中临时支架，保留刚架临时支架；f）浇筑并蒸汽养护刚架湿接缝；g）拆除刚架临时支架纵向限位装置，现浇桥面板；h）桥面板形成强度后拆除刚架支架；i）桥台耳背墙施工及护栏、桥面铺装施工和桥梁表面涂装，图 3-35～图 3-40 为部分现场部分施工作业实景。

图 3-35　UHPC 刚架拱桥临时支架搭设

图 3-36　UHPC 刚架拱桥右拱腿吊装

图 3-37　UHPC 刚架拱桥左拱腿吊装

图 3-38　UHPC 刚架拱桥左右拱腿吊装就位

图3-39　UHPC刚架拱桥中间联合段吊装就位

图 3-40　UHPC 刚架拱桥边梁吊装就位湿接缝浇筑完成

注：图 3-35～图 3-40 来自湖大 UHPC 桥梁研发团队公众号：发布于 2019 年 3 月 25 日

3.6.4 质量控制关键点

该桥质量控制关键点为 UHPC 拱肋预制与吊装施工，全桥共 15 片拱肋，拱肋最长节段 23.7m，最大吊装重量 25.8t，UHPC 拱肋采用高温蒸汽养护，在 90℃高温下养护 2d，养护过程中重点控制升降温速度，避免温度急剧变化引起 UHPC 拱肋开裂。为简化模板支撑系统，减少 UHPC 塑性沉缩，同时保证预制 UHPC 拱肋质量，拱肋节段采用卧式预制方式，吊装时再进行翻转。为满足翻转施工须在拱肋上设置卧式吊点和竖式吊点，吊装时为保证吊点均衡受力，采用简单高效的“平衡轮”方式，即使用千斤绳两端连接 2 个吊点，千斤绳中部穿入一“平衡轮”，再用另一根千斤绳与“平衡轮”连接成一个吊点。通过该方法，能简单可靠地把 3 吊点肋片和 4 吊点肋片转换成 2 吊点的静定受力状态，避免出现超静定情况。

实现翻转及竖向吊装的主要步骤：a）采用 1 号大吊机单机通过“卧式”

吊点提升拱肋到不小于肋片高度；b）另用一大一小吊机分别连接肋片两端的“竖向”吊点并收紧起吊绳使其处于预紧状态；c）最后下降“卧式”吊点并协调“竖向”吊点的高度，直到“卧式”吊点完全不受力，至此，完成肋片空中翻转；d）卸除“卧式”吊具，用1号大吊机替换出小吊机，即可进行肋片的正式起吊安装。吊装顺序为先吊装两侧刚架和拱腿段，后吊装中间联合段，吊装耗时为2d。

3.7 广东清远市三洲坝桥

3.7.1 总体概况

三洲坝桥[10],[54]是为旧桥拆除重建项目，桥梁位于广东清远市清新区龙颈镇C622村道上。桥梁孔跨布置采用5×30m先简支后桥面连续梁桥，桥面宽度7.5m，双向两车道，汽车荷载标准为公路-Ⅱ级。上部结构采用钢板-UHPC（超高性能混凝土）-NC（普通钢筋混凝土）组合结构，主梁纵向未布设预应力筋，采用钢板-UHPC双工字梁预制，待预制梁架设完成后，再现浇NC桥面板和横隔板，下部结构采用普通钢筋混凝土双柱式圆墩设计，现浇施工。图3-41、3-42为上部钢-UHPC预制梁现场架设实景。

图3-41　钢-UHPC梁场预制[10]

图3-42　钢-UHPC预制梁架设[10]

3.7.2 钢-UHPC-NC构造设计

三洲坝桥上部组合梁总梁高为160cm，预制钢板-UHPC组合梁高144cm，钢板厚 20mm，钢材型号为 Q345 钢，梁间距为 1.8m，UHPC 底板厚度为 200mm，工字梁底宽 800mm，跨中标准段腹板厚 120mm，支点处腹板加厚至 200mm，现浇 C50 混凝土桥面板厚为 160mm，桥面铺装采用防水混凝土铺装，厚度为 80～130mm，钢-UHPC-NC 组合梁横断面如图 3-43 所示。

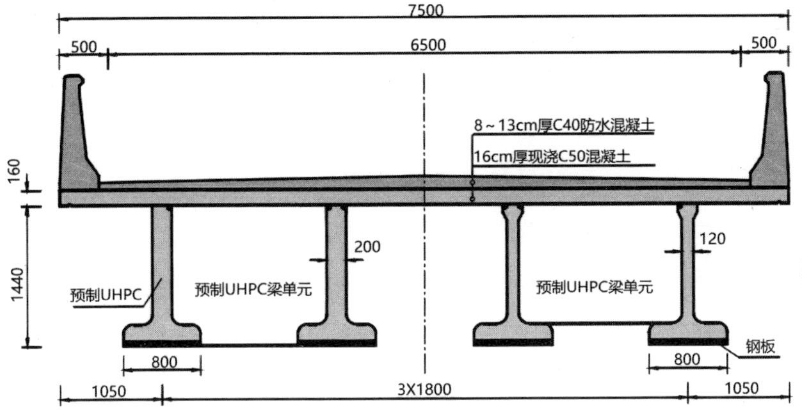

图 3-43　组合梁支点（设计线左侧）与跨中横断面（设计线右侧）示意图（单位：cm）[54]

钢板与 UHPC 双工字梁通过焊钉连接，焊钉型号为Φ19×120mm（高），焊钉横向布置 6 排，横向布置间距为 140mm，纵向标准间距为 200mm，支点附近剪力较大间距加密至 150mm，图 3-44 为工字梁钢板+焊钉连接件现场实景。

图 3-44　现场组合梁工字梁钢板+焊钉连接件[10]

3.7.3 UHPC-NC 配筋设计

胡俊德[54]依托三洲坝桥设计了一片比例为 1：2 的工字梁缩尺模型，在跨径方向按 1：4 缩尺，腹板仅单层布置竖向抗剪钢筋，未布置纵向水平分布钢筋，工字梁底缘与钢板共同受力，仅在靠近底板中心处设置一层钢筋网。其研究了钢板-UHPC-NC 组合梁的抗弯承载力、开裂性能、裂缝随荷载的变化规律以及结构的破坏模式，并将试验结果与三洲坝桥设计计算结果进行了对比分析，结果表明：

a）钢板-UHPC-NC 试验结果抗弯承载力为三洲坝桥基本组合作用下弯矩设计值的 1.63 倍，抗弯承载力安全系数高；

b）UHPC 和 NC 结合面未发生滑移破坏，钢板与 UHPC 之间的栓钉连接件结合面抗剪能力满足要求；

c）底缘钢板能有效限制底板裂缝的开展，而对离钢板较远的腹板裂缝约束能力较弱，当腹板裂缝宽度达到 0.05mm 时，梁底名义应力为三洲坝桥频遇组合作用下的 0.82 倍，不满足正常使用极限状态要求。

胡俊德[54]结合上述试验研究结果，在底板中间两栓钉顶部增设两根直径为 32mm 的纵向钢筋，用于提高底板的抗裂性能和增强底板对腹板的约束作用；在腹板沿截面高度方向增设 4 根直径为 20mm 钢筋，竖向布置间距为 250mm，用于增加腹板开裂性能。对优化后的试验模型计算有限元分析计算，得到优化后的抗裂应力为三洲坝桥设计值的 1.17 倍。

三洲坝桥预制工字梁优化后钢筋布置如图 3-45～3-47 所示，1、2 号钢筋直径为 20mm，2 号钢筋为抗剪钢筋，采用 Z 形单肢箍筋，纵桥向按 100mm 等间距布置；3、4 号钢筋直径为 12mm，3 号钢筋间距为 140mm，4 号钢筋纵向间距与 2 号钢筋一致。5 号、6 号钢筋分别为 NC 现浇桥面板纵桥向和横桥向钢筋，钢筋直径为 16mm，5 号钢筋除悬臂 1m 范围间距加密至 125mm 外，其余钢筋间距均为 150mm，6 号钢筋纵桥向钢筋间距为 100mm，图 3-48 为现浇桥面板横断面示意，7 号钢筋和 8 号钢筋为根据试验结果优化新增钢筋。

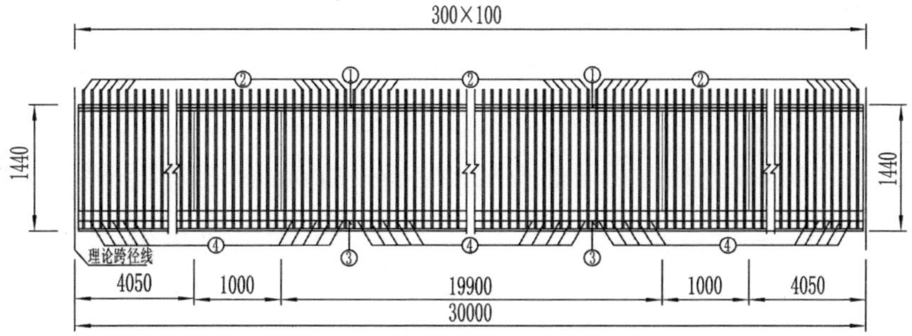

图 3-45　预制梁钢筋布置立面示意图（单位：mm）[54]

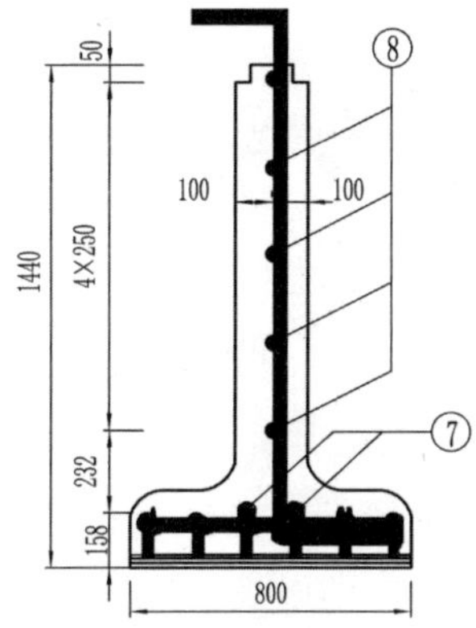

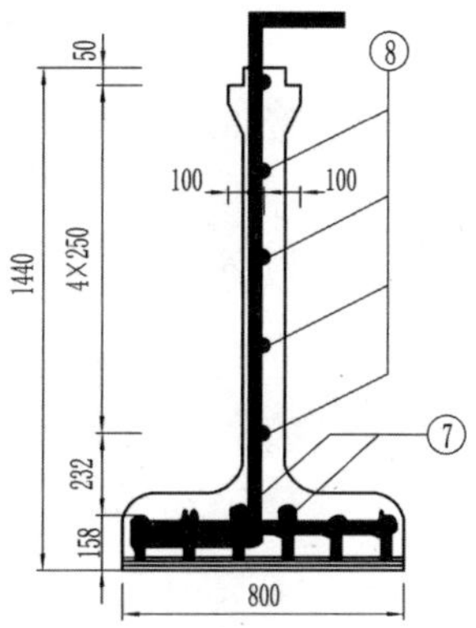

图 3-46　预制梁钢筋布置支点断面（单位：mm）[54]　图 3-47　预制梁钢筋布置跨中断面（单位：mm）[54]

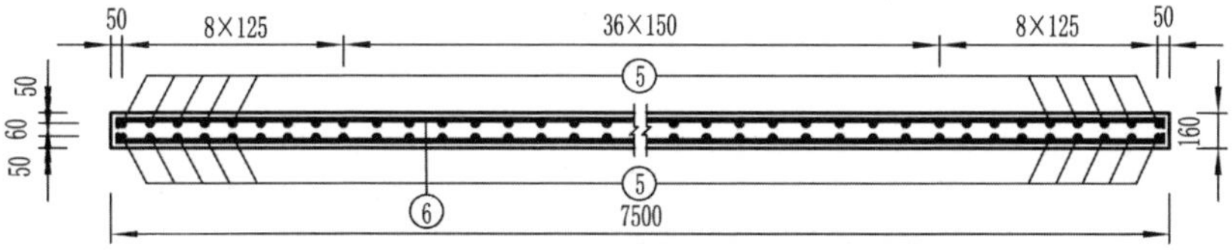

图 3-48　NC 现浇桥面板钢筋布置横断面示意图（单位：mm）[54]

3.8 上海嘉闵高架路袁家河桥

3.8.1 总体概况

袁家河桥[68]位于上海嘉闵高架路（S32～莘松路）道路上，为单跨简支地面跨河桥，桥梁跨径为22m，桥面宽17.75m，上部结构由UHPCπ形梁+RC桥面板组成，UHPCπ形梁采用预制吊装施工，RC桥面板现浇施工。

该桥原上部结构方案为刚接空心板，通过技术经济性比选得知，UHPC-π形梁自重为34t，仅为相同桥面面积刚接空心板的60%；每片梁平均架设时间仅为20min，在2.5h内完成了7片主梁的吊装，如图3-49所示。因上部结构自重减轻，相应的下部结构也可优化，UHPC-RC组合梁方案全桥造价仅比刚接普通混凝土空心板增加约9%，但UHPC具有良好的耐久性、结构更轻盈，能大大简化施工及运营期间的维护费用，具有很好的应用前景。

图3-49　吊装施工及通车实景[68]

3.8.2 UHPC-RC主梁构造设计

袁家河桥[68]上部结构横桥向布置7片预制π形梁，上部结构跨中横断面如图3-50所示。主梁翼缘板彼此密贴，梁顶缘预留连接钢筋，主梁吊装就位后在梁顶铺设现浇桥面板钢筋网，浇筑厚度为0.15m的强度等级为C50的普通钢筋混凝土桥面板，桥面板同时兼调平层功能，上部预制梁通过现浇RC桥面板形成整体刚接板梁。

预制UHPC-π形梁梁高0.93m，顶板宽2.5m，顶板厚0.05～0.1m，腹板厚0.1m，单个下翼缘宽0.5m，厚度0.2～0.3m，全梁长均采用等截面设计UHPCπ形梁横断面如图3-51所示。

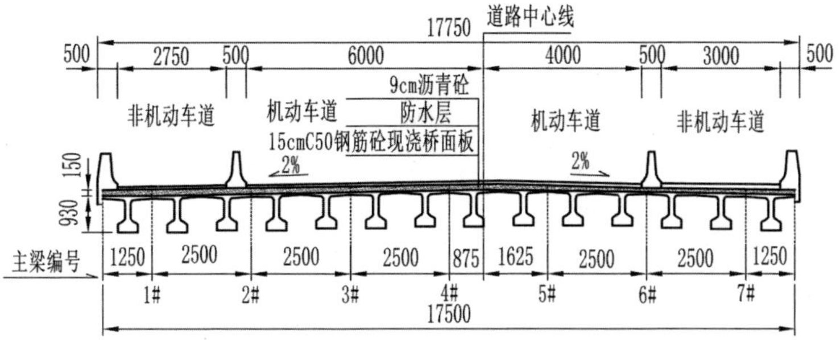

图 3-50 上部结构跨中横断面示意图（单位：mm）[68]

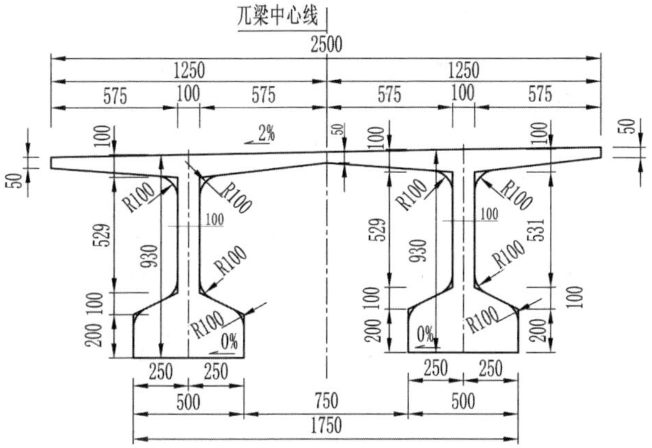

图 3-51 π形梁横断面构造示意图（单位：mm）[68]

3.8.3 UHPC-RC 主梁配筋设计

预制π形梁配置体内预应力钢束和普通钢筋，π形梁每肢下马蹄配置单束 15-Φ15.2 钢绞线，采用后张法施工。跨中段钢束波纹管中心距离梁底缘 0.1m，在距梁端 1/4 跨及 3/4 跨处向上微弯起，梁端锚固点设置在距离梁底 0.15m 处。腹板内设置单肢竖向箍筋和水平分布钢筋，钢筋直径为 12mm，竖向箍筋伸出梁顶部分采用倒 U 形弯钩，在π梁顶板翼缘板范围内同时布置 C 形预埋件，与竖向箍筋顶倒 U 形弯钩一并作为π梁与 RC 桥面板的连接剪力键，实现π梁与 RC 桥面板的剪力连接，π梁横断面配筋布置见图 3-52。现浇 RC 桥面板在横桥向布置了直径 16mm 的顶底缘抗弯钢筋及纵桥向的构造钢筋。

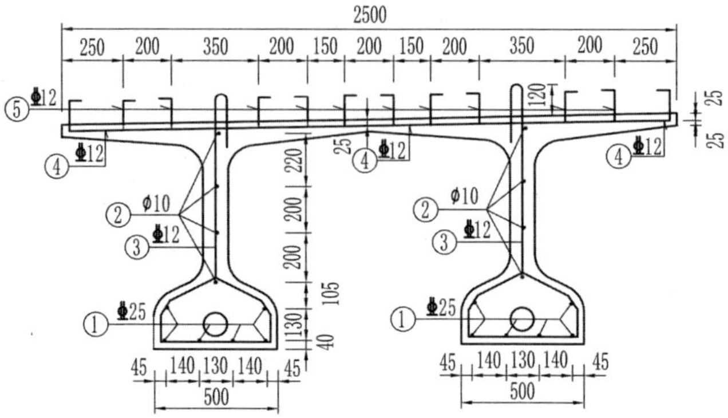

图 3-52　π形梁横断面配筋示意图（单位：mm）[68]

3.8.4 UHPC-RC 主梁荷载试验

袁家河桥[68]分别开展了静力试验和实桥荷载试验，两者研究内容和相应结论如下：

（1）静力试验研究了主梁抗弯、抗剪承载力、裂缝发展的规律及结构破坏形式。试验研究结果表明：①预制π形梁和 UHPC-RC 组合梁抗弯及抗剪承载力试验值远大于承载能力组合设计弯矩和剪力值，结构安全系数高；②抗弯试验破坏时出现贯穿主梁高度的主裂缝，破坏形式为塑性破坏，结构具有较强的延性。

（2）实桥试验研究了在静载和动载作用下桥梁结构受力，试验结果表明：①在静载作用下，桥梁抗弯承载力、结构刚度符合规范要求；②在动荷载作用下，结构模态正常，冲击系数符合规范要求，桥梁的整体刚度和结构受力性能优于预期。

第 4 章　铁路桥梁

截至 2021 年底，全国高铁通车里程超过 38000km。高速铁路桥梁占线路里程的比重约 53%，其中标准跨度简支梁桥占达 98%以上，标准简支箱梁的设计理论、建造模式及运营性能控制是我国高速铁路建设过程中面临的重大科学问题之一，为克服地质地形条件的局限性，发展更大跨度简支梁以适应高速铁路的发展显得尤为重要[50]。

目前，常用铁路桥梁跨径主要为 24m、32m 简支普通 PC 箱梁，采用整孔预制架设，建造技术相对成熟，若加大整孔预制架设简支 PC 箱梁的跨径，其梁高及自重都相应增加，运输和架设设备的能力需要大幅提升，增加了施工难度，40m 及以上跨径的普通 PC 箱梁多采用现浇施工。

在跨越既有铁路、公路、城市道路、管线等构造物常采用 PC 连续梁或钢结构桥梁，连续梁常用的施工方法为悬臂浇筑或支架现浇施工，上述两种方法施工工期较长且施工质量控制要求高；而钢结构桥梁材料易腐蚀，后期养护费用高等缺点限制了其大范围内应用。若能在不增加结构自重的情况下，加大整孔预制架设混凝土简支箱梁的跨度，在提高工程施工质量及缩短施工工期的同时，还能减少下部结构数量，降低工程成本。超高性能混凝土具有优异的抗压及抗拉性能、良好的耐久性能及收缩徐变等优点，能进一步减小构件的几何尺寸，减轻结构自重，为增大跨越能力提供了有力的条件[45]。

4.1 迁曹铁路滦柏干渠大桥

我国在迁曹铁路滦柏干渠大桥中，跨径为 20m 低高度简支预应力混凝土 T 形梁桥，单孔梁片数为 2 片，全桥共计 6 孔，共计 12 片梁，采用了活性粉末混凝土（简称 RPC），混凝土强度为 120MPa。曹万会等对 1 孔 2 片梁进行了破坏性静载试验，T 形梁抗裂安全系数大于理论计算值 1.8，远大于普通混凝土梁抗裂安全系数 1.2，最大加载荷载到设计荷载的 2 倍时，试验梁未屈服，梁体出现裂纹但为破坏，试验结果表明，试验梁的承载能力、抗裂性能优良，能满足工程需要[44]。

图 4-1　滦柏干渠大桥[55]

4.2 整孔预制架设 UHPC 简支箱梁设计研究

4.2.1 上部箱梁设计研究

胡云耀[45]等对 48m 整孔预制架设 UHPC 简支箱梁进行了设计研究，箱梁板件尺寸在传统 PC 箱梁的基础上进行了大幅减小，其采用全断面 UHPC 斜腹板设计，梁高 4m，顶宽 13.4m，底宽 5.9m，顶板厚 0.2m，底板厚 0.25m，腹板厚 0.25m，横隔板厚 0.12m，中横隔板高 0.7m，支点横隔板高 0.45m，跨中断面及支点断面如图 4-2，图 4-3 所示，箱梁采用体内束布置，底板布置 10 束和腹板布置 12 束，单束采用 19-φ^s15.24mm 钢绞线，抗拉强度标准值为 1860MPa，布置形式如图 4-4，图 4-5 所示。

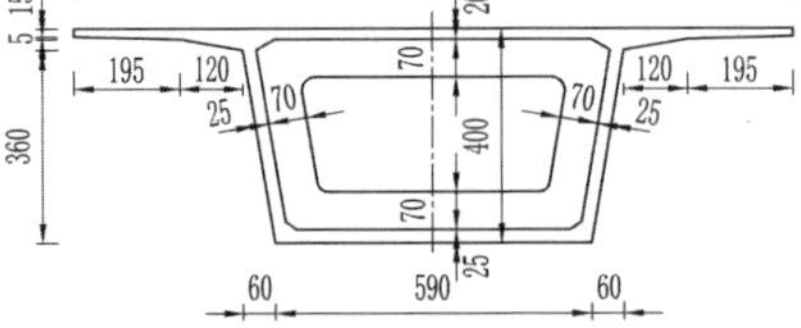

图 4-2　跨中断面图（单位：cm）[45]

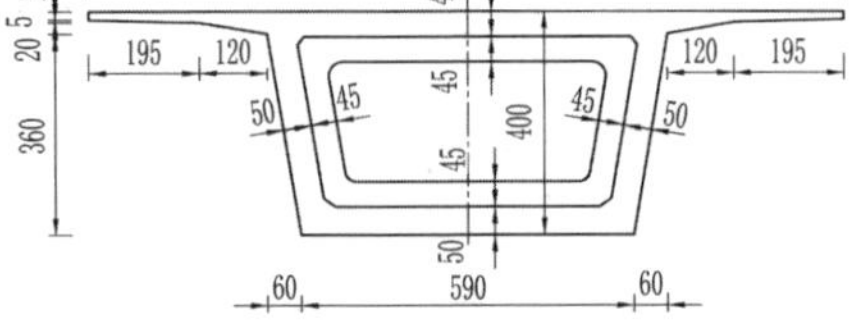

图 4-3　支点断面图（单位：cm）[45]

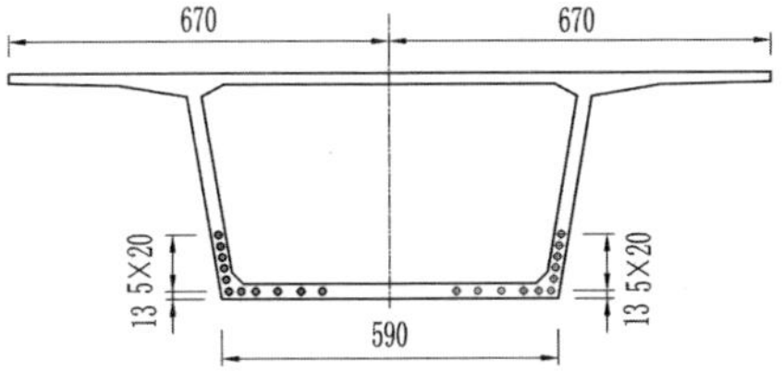

图 4-4　跨中钢束布置示意（单位：cm）[45]

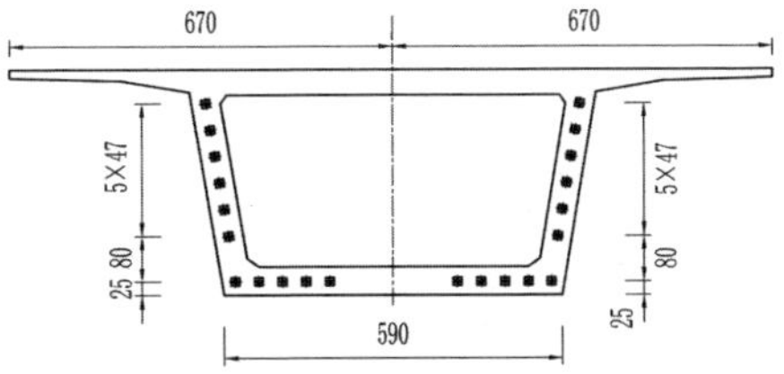

图 4-5　支点钢束布置示意（单位：cm）[45]

4.2.2 试设计梁与常规标准梁比选分析

48mUHPC 简支梁[45]箱梁混凝土为 349.6m³，预制梁自重为 909t，与 32m 客运专线简支箱梁（889t）相比，梁重仅增加约 10t，可对 32m 既有运梁及架设设备（常用 900t 架桥机）进行适当改良可实现 48mUHPC 箱梁的运输与架设，对于常规地段由于 UHPC 材料单价较高，单从上部结构比较经济性指标不具优势，但桥梁的总造价与桥墩高度、地质条件有关，一般而言下部结构占总造价比例约为 40%～60%，如采用 2×48m 置换 3×32m 时，下部结构减少一个桥墩，如果桥墩较高、桥区地质条件较差，在下部结构总造价占比较高的情况下，48m 跨径具有经济性优势，对于跨越构造物地段，UHPC 桥梁相对于同跨径连续梁及钢结构桥梁而言，能大幅节约施工工期，简化施工难度，实现快速施工。

4.2.3 上部箱梁整体和局部计算结果

结合胡云耀[45]等对简支箱梁进行了整体和局部受力分析，整体受力分析下箱梁预应力度、跨中正截面承载力安全系数、正截面抗裂系数、静活载竖向挠度、竖向自振频率及竖向残余徐变变形等计算结果均满足规范要求，且安全储备较大。

采用板壳单元局部空间分析了不同中横隔板布置间距对薄壁箱形梁横向受力性能的比较，中横隔板 4m 间距布置时，可不设置横向预应力，箱梁横向内力由肋板式结构承担，能有效降低薄壁箱形梁横向应力、扭转及畸变变形，研究结果表明通过密布中横隔板来承担箱梁的横及竖向受力，有效解决薄壁箱梁的扭转变形、截面畸变和横向应力过大等问题。

4.3 兰张高铁十八里堡特大桥

4.3.1 总体概况

十八里堡特大桥[48],[49]是兰州至张掖高速铁路三四线中川机场至武威段中一座桥梁，位于武威市古浪县十八里堡乡，桥区位于动峰值加速度 0.3g 的高烈度地震区，桥梁孔跨布置为 9×56mUHPC 简支箱梁+2×56m 预应力混凝土 T 构，下部结构均采用空心薄壁墩，最大桥高为 55m。

56m 跨径 UHPC 简支箱梁跨越 G312 国道、X141 乡道及古浪河，采用 R120 级超高性能混凝土梁场节段预制，通过 200t 龙门吊提梁平移上桥，运梁车运至中承式造桥机尾部喂梁逐孔拼装，2×56m 预应力混凝土 T 构跨越兰新铁路，采用悬臂浇筑后转体施工，该桥为国内 UHPC 箱梁在铁路上的首次应用。

4.3.2 上部箱梁结构设计

十八里堡特大桥[48],[49]上部 UHPC 主梁采用单箱单室 UHPC-U 形梁+C50 现浇桥面板组合截面，主梁顶板宽 12.2m，底板宽 6m，最低点梁高 5.3m。箱梁下部底板及腹板采用 UHPC 材料，腹板厚度 25cm，底板厚度 25cm，U 梁顶板厚 30cm，宽度 90cm，梁端部分对顶底板及腹板厚度进行加强。C50 现浇桥面板厚度为 30～50cm，跨中横断面如图 4-6 所示。1 跨梁 UHPC 圬工 310m³，C50 桥面板圬工 285m³，合计一孔 56mUHPC 组合梁圬工为 595m³，56m 常规普通混凝土简支梁圬工为 825m³，UHPC 组合梁自重相对于普通常规普通混凝土而言，减重约 30%，有利于桥梁抗震。

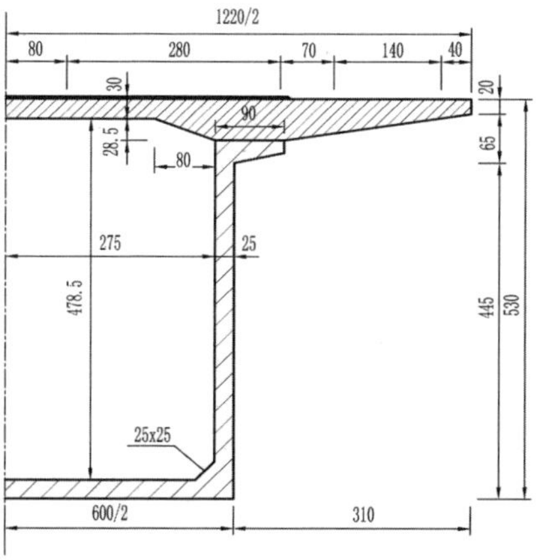

图 4-6　UHPC-组合梁跨中断面图（单位：cm）[48]

每跨箱梁分为 11 个梁段，跨中不设置接缝，对称布置，如图 4-7 所示，单个梁段最大吊装质量为 179.8t，梁段接缝处剪力键按密键形式布置，左右侧腹板各布置 5 个，顶底板各布置 3 个定位剪力键，图 4-8 为节段试验梁照片。由于顶底板剪力键抗剪效应不明显，设计计算时只考虑腹板剪力键受力，剪力键采用梯形，键顶宽 18cm，键根部宽 30cm，键高 6cm。U 梁腹板及底板预应力钢束均采用体内束布置，抗拉强度标准值为 1860MPa，底板布置 12 束 15-φ^s15.24mm 钢绞线，腹板布置 14 束 15-φ^s15.24mm 钢绞线，桥面板采用普通混凝土结构。

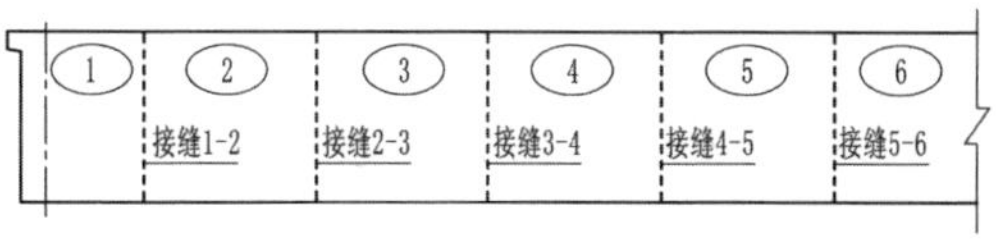

图 4-7　1/2 跨径 UHPC-组合梁梁段划分示意[48]

图 4-8　UHPC-组合梁节段试验梁照片[49]

4.3.3 上部箱梁理论计算与抗弯性能试验

刘琛[48]等对 48m 跨径节段预制拼装 UHPC 简支箱梁进行设计与抗弯性能试验研究，理论计算分析结果表明设计方案静力、动力计算及稳定性分析均满足规范要求，结合 1：2 缩尺模型梁抗弯性能试验测试结果可知，实测结构变形、应力状态等与理论计算结果基本相符，更进一步说明理论计算方法是合理的，上述 48mUHPC 简支箱梁主梁结构形式与十八里堡特大桥 UHPC 简支箱梁结构形式相同，为十八里堡特大桥理论分析提供了更有利的技术支撑。

4.4 高速铁路桥 RPC 箱梁优化设计研究

4.4.1 上部箱梁构造与预应力筋优化设计

［文献 46］胡红波等以高速铁路桥 32m 标准双线整孔 NC 预应力箱梁为研究对象，采用零阶法与随机搜索法对同跨径 RPC 箱梁展开了优化设计研究，最终优确定化截面尺寸，RPC 箱梁立面、横隔板及跨中断面如图 4-9 所示，NC 与 RPC 箱梁截面尺寸对比见表 4-1，由表 4-1 得知，RPC 箱梁相对于 NC 箱梁截面尺寸减小 10.7%～60%，预应力钢束布置仅布置纵向预应力钢束，按体内束设计，底板布置 11 束，左右侧腹板各布置 4 束，优化后 RPC 箱梁预应力筋截面面积为 26478mm^2，相比于 NC 箱梁内预应力筋截面面积 33010 mm^2，预应力筋用量减小 19.78%。

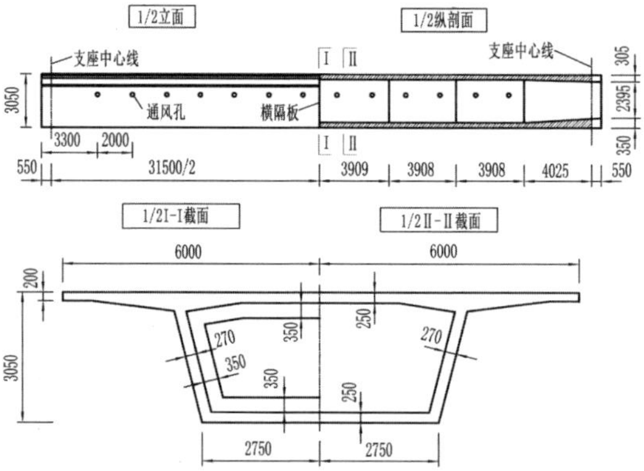

图 4-9　32mRPC 箱梁优化尺寸构造示意图（单位：mm）[46]

表 4-1　上部箱梁原设计与优化设计构造尺寸对比表[46]

类型	顶板厚度/mm		底板厚度/mm		腹板厚度/mm	
	跨中	支座	跨中	支座	跨中	支座
NC 箱梁	300	610	280	700	450	1050
RPC 箱梁	250	305	250	350	270	420

4.4.2 上部箱梁最优横隔板设计

［文献 46］通过建立无横隔板、横隔板间距 8m、横隔板间距 4m 的 RPC 箱梁有限元模型分析运营阶段箱梁的横向受力，横隔板采用肋板式结构。计算表明，设置横隔板能增大箱梁的竖向刚度、抗扭刚度，有效降低顶板横向拉应力峰值、有效降低腹板主拉应力，提高箱梁抗剪能力。当 RPC 箱梁中横隔板按 4m 布置时，为优化后推荐方案，优化后的 RPC 箱梁自重为 583.2t，相比于 NC 箱梁的自重（859.4t），减小了 32.14%，大大提高箱梁的运输与架设效率，降低施工成本，单片 NC 箱梁造价约为 64 万，单片 RPC 箱梁造价约为 77 万，与 NC 箱梁相比，RPC 箱梁造价相对增加，但若将箱梁的使用寿命、养护维修、耐久性、节能环保等多方面综合考虑，RPC 箱梁未来将具有良好的发展前景。

4.4.3 RPC 箱梁与 NC 箱梁动力对比分析

［文献 46］中对 RPC 箱梁与 NC 箱梁进行了动力分析，RPC 箱梁竖向振动固有频率相比于 NC 箱梁竖向振动固有频率增大约 20%，说明 RPC 箱梁比 NC 箱梁更有利于避免列车高速区段共振现象的发生。在竖向动荷载作用下，相比于 NC 梁桥体系，RPC 梁桥体系的钢轨、轨道板、砂浆、底座等构件竖向位移响应减小，轨道平顺性提高，竖向加速度响应局部有增大，但整体呈下降趋势。

4.5 节段预制 UHPC 简支箱梁设计与拼装架设受力研究

4.5.1 上部箱梁构造与预应力筋设计

［文献 50］康俊涛等对 64m 节段预制 UHPC 高速铁路简支箱梁设计及拼装架设过程进行受力研究，UHPC 强度等级为 RPC120，材料指标参考湖南省规程建设地方标准《活性粉末混凝土结构技术规程》，UHPC 箱梁计算跨径 64m，纵桥向梁端悬出长度 0.75m，箱梁采用全断面 UHPC 设计，截面尺寸拟定梁高 5.3m，顶板宽 12.2m，底板宽 6.7m；跨中截面顶底板及腹板厚均为

0.25m，支点截面顶板厚 0.45m，腹板及底板厚均为 0.5m，横隔板厚 0.15m，间距按 4m 一道布置，跨中、支点断面如图 4-10 所示。

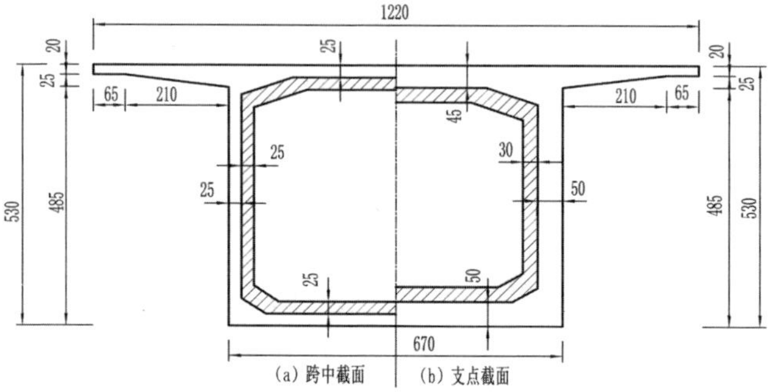

图 4-10 UHPC 梁跨中及支点断面图（单位：cm）[50]

箱梁采用单向预应力结构体系设计，不设横向及竖向预应力，纵向预应力钢束采用体内预应力束， 底板布置 15 束 15-φ^s15.24mm 钢绞线，腹板左右侧各布置 9 束 17-φ^s15.24mm 钢绞线，纵向预应力钢束布置如图 4-11 所示。

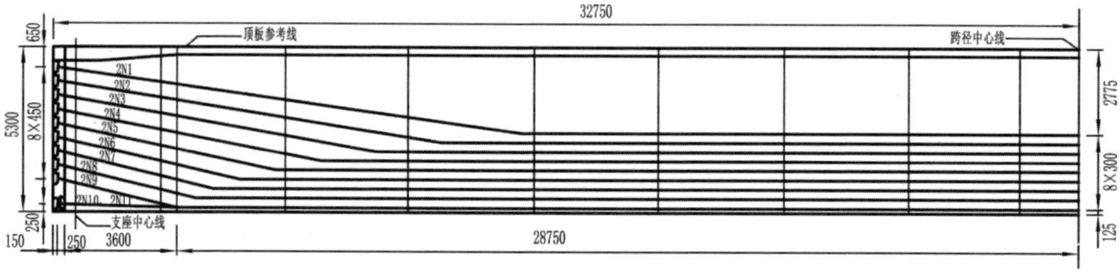

图 4-11 1/2 梁段节段构造划分示意图（mm）[50]

4.5.2 上部箱梁纵向分段设计

［文献 50］中 64mUHPC 简支梁纵向梁分为 17 个节段，具体划分长度及段数为 3.5m+4m×6（段数）+3.5m×3（段数）+4m×6（段数）+3.5m，如图 4-12 所示，此时 UHPC 箱梁总重量为 1495t（含体内钢束），与双线 64m 节段拼装 C50 混凝土简支箱梁总重量 2500t 相比，总重量减轻了约 40%。UHPC 梁体节段采用蒸汽养护，相邻节段采用短线法预制，以保证节段拼装时接封面紧密贴合，节段拼装采用悬挂拼装法，将预制阶段梁运致施工现场后，通过上行式高位落梁节拼架桥机将所有节段悬吊在墩顶 3～4m 的高度。

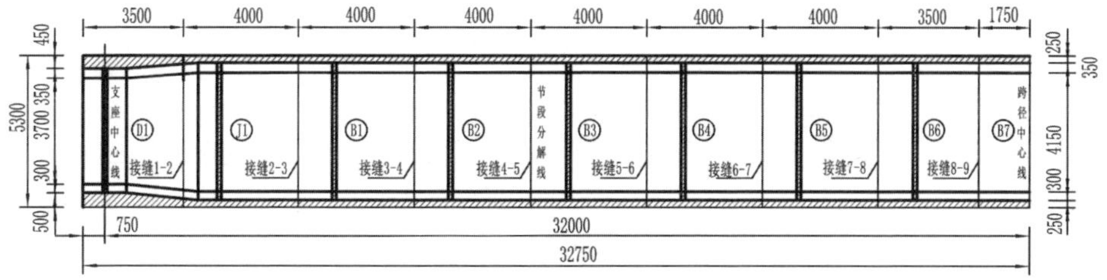

图 4-12 纵向预应力钢束布置图（单位：mm）[50]

4.5.3 上部箱梁纵向接缝设计

节段接缝处相邻节段端面设置顶、底板及腹板设置凹凸梯形键齿，目的在于承担和传递竖向剪力，顶、底板剪力键采用疏齿形式定位，腹板采用均匀布置的密齿形式保证剪力在接缝面间均衡传递。以 B 类标准节段为例，顶板布置 3 个剪力键，底板布置 2 个剪力键，腹板左右侧各布置 12 个剪力键，顶、底及腹板剪力键厚度均为 35mm，B 类标准节段剪力键布置及大样如图 4-13、4-14 所示，每个节段之间采用环氧树脂胶接形成整体[50]。

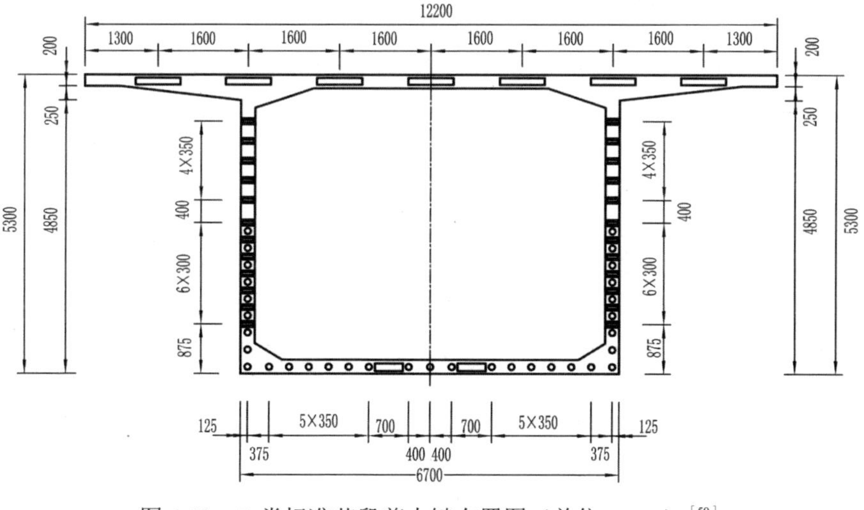

图 4-13 B 类标准节段剪力键布置图（单位：mm）[50]

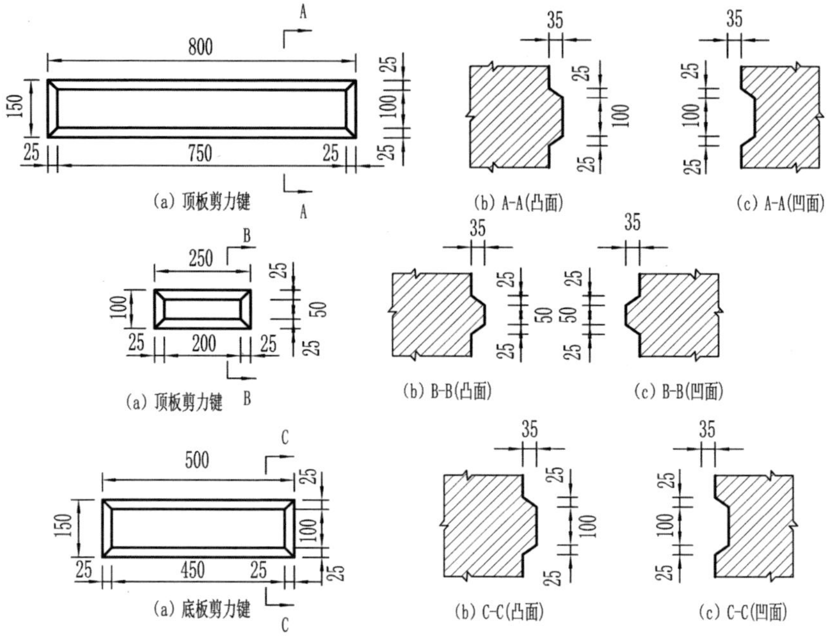

图 4-14　B 类标准节段剪力键大样图（单位：mm）[50]

4.5.4 上部箱梁受力分析

［文献 50］中重点研究了 UHPC 箱梁静力、动力特性、稳定性、横向受力及拼装架设过程中的受力分析，其主要技术指标均能满足规范要求，施工及运营阶段均不会发生失稳破坏，安全系数较高。设置密集横隔板使得顶板横向应力发生明显的重分布，能有效改善顶板横向拉应力，中横隔板间距越小，顶板横向拉应力也越小；与不布置横隔板相比，设置中横隔板能够有效提高箱梁抵抗扭转变形的能力，但中横隔板间距的大小对抗扭刚度影响较小。拼装架设时，架桥机-吊杆-节段梁组成的悬挂系统共同受力，预应力钢束荷载作为等效节点作用于各吊杆上，预应力张拉前吊杆力等于节段梁自重，张拉后，端头节段和渐变节段主梁产生向下位移，其余节段产生向上位移，吊杆力重分布，跨中吊杆力减小，端头节段和渐变节段吊杆力显著增大，主梁受力状态受架桥机-吊杆-主梁三者刚度耦合影响，增加架桥机的抗弯刚度能有效降低架桥机对主梁的影响，改善主梁的受力状态，调整吊杆抗拉刚度对削弱共同受力效应不明显。

第 5 章　国内外人行桥

在人类社会早期，浮桥和汀步是最常见到的人行桥；在古代用于建造桥梁的材料通常为易于获取的天然材料，如木材、石材等，人行桥主要为木结构、石砌结构及竹结构，桥梁跨度相对较小，如意大利威尼斯学院桥（木结构）、我国的赵州桥（石砌结构）、坐落于我国都江堰鱼嘴上的安澜索桥（竹结构）。在当代，随着钢材、普通混凝土、纤维增强复合材料、铝合金、超高性能混凝土等新材料的出现，人行桥不管是在结构造型上还是功能上都取得了长足的发展，主要桥梁结构为梁式结构、拉索结构、拱式结构、悬带结构等，如法国莱茵步行桥、英国千禧桥、德国加仑所大街人行天桥、我国张家界云天渡玻璃桥、广州珠江新城海心沙人行桥等[57]。

其中超高性能混凝土因其具有良好的抗压、抗拉弯强度、高韧性及耐久性，克服了钢结构造价高、维护费用高的缺点，也克服了普通钢筋混凝土自重大、施工周期长等缺点。人行桥设计时可选用更小的结构尺寸，采用更轻盈截面，从而降低结构自重，设计出更加新颖合理的结构形式。不仅能降低工程造价，而且也更方便施工[58]。表 5-1 罗列了国内外部分已建成的超高性能混凝土桥梁，本章介绍部分国内外超高性能混凝土人行桥的应用实例。

表 5-1　国外部分超高性能混凝土人行桥实例[56]

桥名（国家）	类型	单跨跨度/m	RPC 使用位置
Hikita（日本）	步行桥	63.3	箱梁
Keio Uni（日本）	步行桥	11	----
Sanken-ike（日本）	步行桥	40	箱梁
ToYota Gym（日本）	步行桥	28	箱梁

续表

桥名（国家）	类型	单跨跨度/m	RPC 使用位置
Tahara（日本）	步行桥	12	箱梁
AKakura（日本）	步行桥	35	箱梁
Sakata-Mirai（日本）	步行桥	50.2	箱梁
Lenmore/Legsby（加拿大）	步行桥	33.6	T 梁
Penrose Station（新西兰）	步行桥	20	π形梁
Sunyudo（韩国）	步行桥	120	π形拱
Gartnerplatz（德国）	人行桥	36	桁架上弦杆及桥面板

5.1 舍布鲁克（Sherbrooke）人行桥

5.1.1 总体概况

舍布鲁克人行桥[58]-[60]位于加拿大魁北克省，于 1997 年 7 月建成（图 5-1）。桥梁位于竖曲线半径为 326m 的凸曲线上，桥梁跨度为 60m，梁高 3m，桥面宽 3.3m，是世界上第一座采用超高性能混凝土修建的结构。该桥上部结构为后张空腹空间桁架，由 6 个预制节段组成，节段现场拼装，通过采用体内和体外预应力索张拉成桥。桥面板、上下弦杆由超高性能混凝土制成，其抗压强度达 200MPa，斜腹杆是由内填超高性能混凝土的不锈钢管组成，由于不锈钢管的约束管内混凝土抗压强度达 350MPa，斜腹杆节间长度为 3m，桥上满足自行车和行人通行要求。

图 5-1　Sherbrooke 人行桥[59]

5.1.2 上弦杆设计

舍布鲁克人行桥空间预应力桁架纵向分成 6 个预制节段，每个节段长 10m，桥型立面布置示意如图 5-2 所示。桥两端设置有端横隔板，厚度为 381mm。桁架总高度为 3.3m，节段可采用普通的大型平板车进行运输，图 5-3 为该桥横断面。

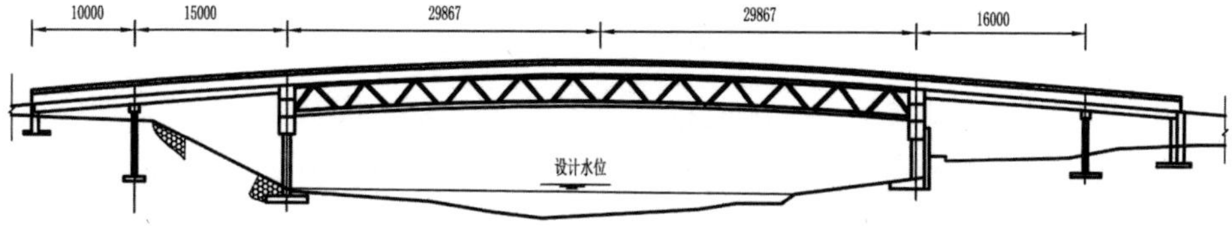

图 5-2　Sherbrooke 人行桥桥型立面布置示意图（单位：mm）[59]

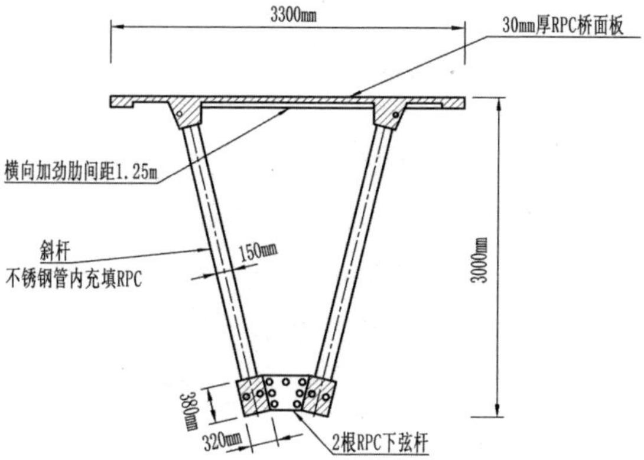

图 5-3　Sherbrooke 人行桥横断面示意图[59]

上弦杆包括纵肋、横向加劲肋和桥面板，横向加劲肋预埋在纵肋中，其中纵肋大小为 200×300mm，纵肋除在斜腹杆交叉处布置两道外，在桥面板悬臂端部各设置一道纵肋贯穿全桥。桥面板厚为 30mm，宽度为 3.3m，横向加劲肋尺寸为 70（高）×100（宽）mm，横肋长与桥面宽一致，横向加劲肋纵桥向按 1.25m 中心距布置，上弦纵肋内设置纵向体内预应力索，其主要作用为拉紧结构，不考虑其承担荷载，横向加劲肋内布置一根直径 12mm 的油封单根预应力索。

5.1.3 下弦杆及腹杆设计

下弦杆构造尺寸为 320×380mm，纵桥向每隔 5m 设置一个连接柱将斜腹杆与下弦杆连接起来，这些连接柱不仅连接两根平行的下弦杆，还是体外预应力索的转向点。腹杆采用不锈钢管，管内填充活性粉末混凝土，长3.2m，直径为150mm，壁厚为2mm，腹杆为双向倾斜，纵桥向夹角为41°，横桥向夹角为14°，每个预制节段单侧上设置4根斜腹杆。每根斜杆内布置2根油封的单根预应力索（图5-4），封锚端仅设置小型锚具，不设锚板也不开局部螺口，锚头直接与RPC接触，通过RPC承受锚下压应力，扣除预应力损失后提供的有效预应力为235.4KN。因腹杆尺寸较小，在极限状态下的活载和恒载引起桥两端的剪力值大于桥两端的头4根斜杆所承受的剪力值，通过布置2×3根体外预应力索与腹杆共同承担剪力。

图5-4　Sherbrooke人行桥斜腹杆锚固端[59]

5.1.4 纵向预应力设计

上弦杆中设置2根体内预应力索，下弦杆中设置2×2根体内预应力索，另外布置2×3根体外预应力折转索（图示中带“*”预应力索）如图5-5所示。纵向预应力索锚固在端横隔板上，端横隔板用2根U形预应力索抵消由于桥梁挠曲引起的弯矩，架梁时其半跨的临时预应力是由1根体外预应力实现。

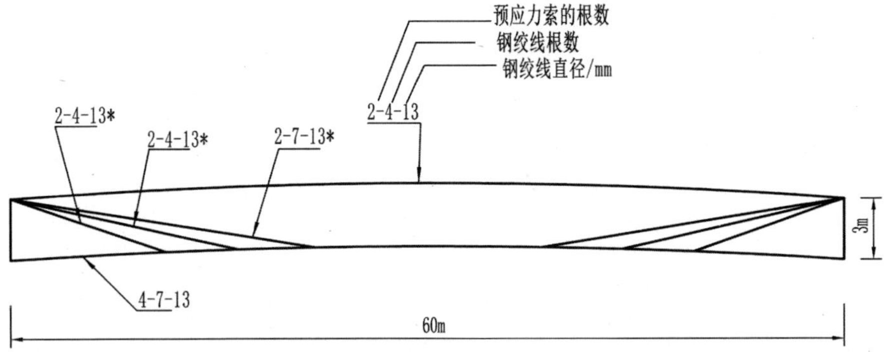

图 5-5　Sherbrooke 人行桥梁内纵向后张预应力索布置示意图[59]

5.1.5 节段预制与吊装

节段生产工艺流程包括清理模板→放置预应力索→安装斜杆→浇筑混凝土生产前 3 个节段，每个节段耗时 2d，后 3 个节段每个仅耗时 1d。其中斜杆在安装之前预埋预应力索及垂直注入活性粉末混凝土，待混凝土硬化后，将斜杆装入桥梁节段模板中，斜杆安装后，首先浇筑下弦杆的 2 根梁，然后浇筑上层桥面板，混凝土浇筑 24h 后即可拆模，此时活性粉末混凝的抗压强度可达 50MPa，张拉斜杆中的预应力索并封锚，并起吊节段。与该节段相邻的节段采用匹配法浇筑，以保证相邻节段紧密连接，以保证桥梁竖曲线线形。节段采用高温蒸汽养护，在 90℃的高温下养护 2d，图 5-6 为桥梁节段脱模后的状况，可看到纵肋和横向加劲肋的外形。

上部结构分为两个半跨吊装架设，3 个预制节段连成一起组成半跨桥梁，半跨桥梁重仅为 50t，采用常规的吊机就能满足吊装要求，在桥跨中部下方河床内搭设临时膺架，将两个半跨桥梁分别吊装至两侧桥墩和临时膺架上，安装和张拉预应力索，预应力索张拉完毕后拆除临时膺架及浇筑桥面附属构筑物，现场安装时间不到 4d，图 5-7～图 5-9 为现场施工实景。

图 5-6　Sherbrooke 人行桥脱模后桥梁节段[59]

图 5-7　Sherbrooke 人行桥节段现场拼接[59]

图 5-8　Sherbrooke 人行桥半跨桥吊装至临时膺架[59]

图 5-9　Sherbrooke 人行桥体外预应力索张拉锚固[59]

5.2 德国加特纳普拉兹（Gärtnerplatzbrücke）人行桥

5.2.1 总体概况

加特纳普拉兹人行桥[61]是德国第一座大跨度的 UHPC 人行桥，该桥于

2007 年建成，如图 5-10 所示。在建成该桥之前，德国在卡塞尔（Kassel）附近的尼斯特谷（Niestetal）已经建成了 7、9、12m 的预制预应力 UHPC 桥梁。该桥桥位处原有一座使用了近 35 年上部采用木结构人行桥，因腐蚀严重，当地政府要求新建一座耐久、轻型的桥梁替代老桥，为节约桥梁项目建设成本，对老桥原有基础进行利用。因为利用老桥基础，所以新桥的上部结构不能比老桥的重，因当地卡塞尔大学一直在研究 UHPC 新材料，该材料刚好同时满足轻型与耐久这两项要求，最终决定修建 UHPC 桥。

图 5-10　加特纳普拉兹人行桥实桥[61]

上部结构进行了多方案的桥型比选，主要比选桥型有 UHPC 简支梁桥、连续梁桥、桁架桥以及斜拉桥，通过综合比选，选定钢-UHPC 变高连续桁架梁桥方案，跨径布置为 13.8m+19.2m+24m+21m+36m+21m+12m，最大跨径为 36m，如图 5-11 所示。

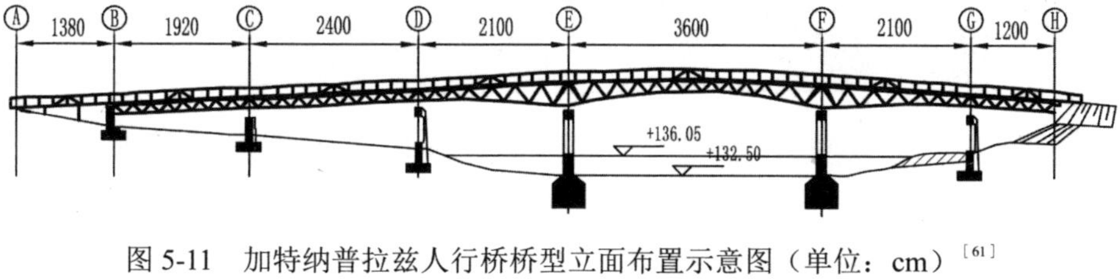

图 5-11　加特纳普拉兹人行桥桥型立面布置示意图（单位：cm）[61]

5.2.2 主桁架结构设计

加特纳普拉兹人行桥上部结构采用三角桁架，中跨横断面如图 5-12 所示，桁架下弦杆和腹杆为钢管，上弦杆及桥面板为 UHPC，桥面设置中间凹的 2% 桥面横坡。下弦杆与腹杆连接方式为焊接，在腹杆上端焊有钢板并预留螺栓孔，钢板与上弦杆通过摩擦型高强螺栓连接，上部结构主要构件连接构造如图 5-13 所示。UHPC 上弦杆采用工厂预制施工，横断面尺寸为 450mm×260mm，在上弦杆内布设无黏结体内预应力筋，采用后张法施工，设置预应力的目的是避免受力时上弦杆出现裂缝，预应力管道直径为 125mm，内有 10 股预应力钢绞线，提供 2MN 预应力，预应力锚固在桥台处现浇横梁上，如图 5-14 所示。

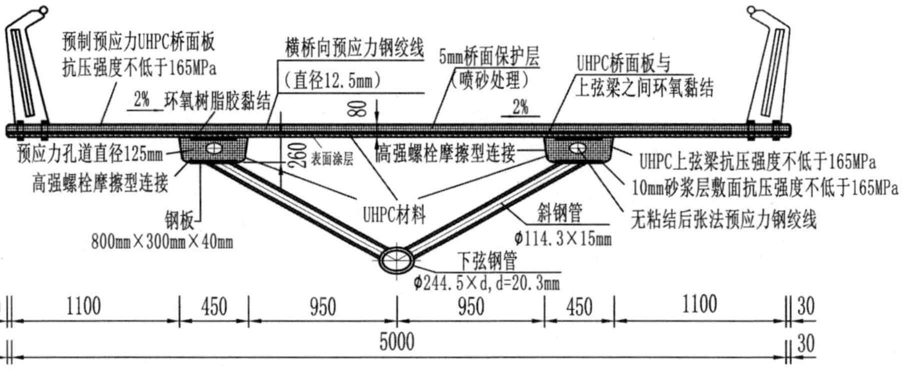

图 5-12　加特纳普拉兹人行桥中跨横断面（单位：mm）[61]

图 5-13　加特纳普拉兹人行桥主要构件连接构造[61]

图 5-14　加特纳普拉兹人行桥桥台处预应力筋锚固端[61]

UHPC 桥面板采用预制施工，尺寸为 2m×5m，通过环氧树脂胶粘结在 UHPC 上弦杆上，桥面板之间也通过环氧树脂胶彼此黏结，环氧树脂胶采用 Sikadur-30，对环氧树脂粘结的 UHPC 构件展开了棱柱体抗折强度、抗拉强度和抗剪扭强度试验及板的抗弯试验，结果表明，环氧树脂黏结的 UHPC 构件的抗拉、抗剪强度与 UHPC 整体构件的强度一致。通过 UHPC 梁和喷砂钢板接触面间的抗滑移试验，得到其抗滑移系数为 0.8，研究表明，在 UHPC 桥面板上通过喷砂处理可永久地保护桥面板之间的环氧连接。UHPC 桥面板厚

8cm，为了满足桥面板横桥向受力，在预制桥面板横桥向布有预应力筋，每块板有 7 束预应力钢绞线提供横向压力。

三角形桁架梁在桥墩支撑处增设 2 根竖向支撑杆和 1 根横向底杆形成矩形框架结构，主下弦杆支撑在底杆上，再通过两根竖杆支承于安放在桥墩上的支座之上，不仅为上部结构提供支撑，同时也增大了桥梁的抗扭能力，如图 5-15 所示，桥墩均采用普通钢筋混凝土结构，除 C 墩较矮采用实体墩外，D～G 墩均采用框架式结构，见图 5-16。

图 5-15　上部结构支承构造[61]

图 5-16　桥墩[61]

5.2.3 应用价值

加特纳普拉兹人行桥是 UHPC 新材料在桥梁结构的一次成功应用。该桥世界上首次采用环氧树脂胶黏结 UHPC 的桥梁，创造性地在 UHPC 上弦杆与腹杆之间采用了摩擦型高强螺栓连接技术。该桥的建成对推动 UHPC 新材料在桥梁领域的应用起到了良好的助力作用。

5.3 西班牙第一座 UHPFRC 人行桥

5.3.1 总体概况

西班牙首座 UHPFRC 人行桥[62]位于阿利坎特省，也是世界上首座 UHPFRC 桁架人行桥，该人行桥临近港口，连接被韦哈斯峡谷隔开的两个地区。该桥桥梁全长为 43.5m，上部结构采用中承式桁架设计，桁架类型为华伦式桁架。原桥型方案为钢结构桥梁，由于采用 UHFRC 能降低施工和维护成本，同时延长桥梁使用寿命，所以该人行桥采用 UHPFRC 替代了原来的钢结构方案。

5.3.2 主桁架结构设计

该人行桥主要由 2 片华伦式桁架组成，桥型总体布置图见图 5-17，桁架采用 U 形变高度截面，桥台处梁高 1.34m，跨中梁高为 2.06m，主梁横断面示意见图 5-18a，b。桁架斜腹杆截面尺寸为 150mm×120mm，因梁高为变高，其坡度和长度沿纵桥向随梁高变化而变化。斜腹杆在底部与“X”形撑杆连接，“X”形撑杆由 4 根截面 150mm×120mm 的杆件组成，其与下弦杆在同一平面内。因为斜腹杆在跨中轴力较小，在支座处较大，采用 “X”形撑杆连接有利于主梁剪力的传递。

上弦杆高度不变，宽度自支座向跨中逐渐变宽，其下缘设置人行桥照明设施，下弦杆高为 150mm，其内布设预应力钢绞线。桥面板位于两片桁架中间高度处，与上弦杆线形一致，保持护栏高度不变，上弦杆兼做扶手。桥面板厚度为 30mm，除了钢纤维外，未布置任何钢筋，其由下面的纵、横肋支撑。桁杆件采用模板加工，接头处设计平滑，桁杆间的孔洞采用透明玻璃密封，全桥桥面板 UHPFRC 为 $4m^3$，桁架其余构件 UHPFRC 为 $22.7m^3$。

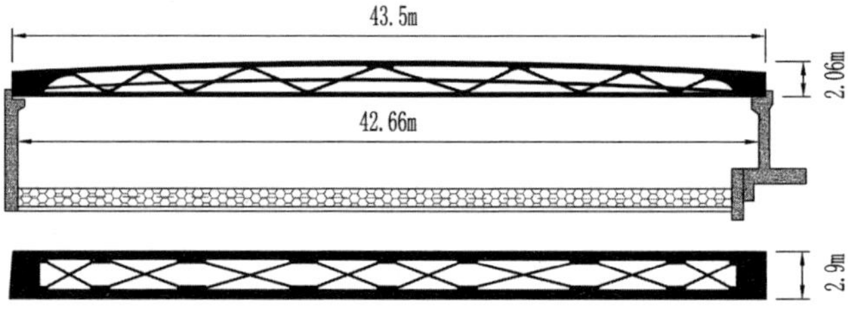

图 5-17　人行桥桥型总体布置示意图[62]

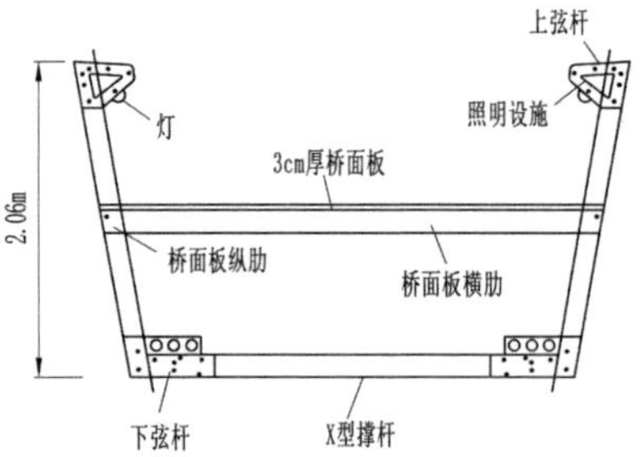

图 5-18a　人行桥上部桁架跨中横断示意图[62]

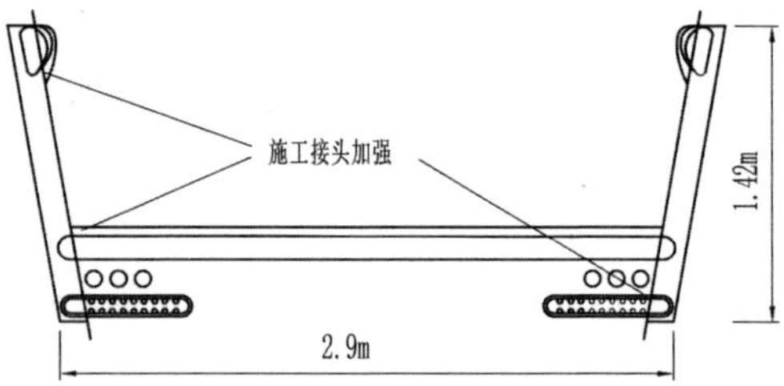

图 5-18b　人行桥上部桁架支点横断示意图[62]

5.3.3 主桁架结构计算

该桥采用 SAP2000 建立 3D 有限元模型，通过线性分析获得了单元内力。计算结果表明，该桥结构安全性能满足承载能力极限状态和正常使用极限状态的要求。另外，基于 3D 有限元方法也分析了其他特殊的结构问题，如正常使用状态下受拉斜腹杆的裂缝发展、施工接头处的剪力传递、预制系统及浇筑方法等。

由于桥面板位于桁架的中间高度处，为防止上弦杆面外屈曲，上弦杆和斜腹杆必须足够宽，基于有限元模型，采用二阶分析确定了最终几何尺寸，通过减轻上弦杆自重以增大其回转半径，进而提高上弦杆的抗屈曲性能。

5.3.4 主桁架桁架施工

上部桁架采用整体运输架设吊装施工，桥梁按五个阶段施工（见图 5-19）。阶段一：在水平面上浇筑斜腹杆桁架；阶段二：在阶段一完成 5h 后，浇筑上弦杆和纵向加劲肋；阶段三：浇筑下弦杆、“X”形撑杆和支座处大体积混凝土墙，定位并张拉预应力钢绞线；阶段四：浇筑横肋，7d 后释放预应力钢绞线；阶段五：浇筑桥面板，并将其置于横肋上。

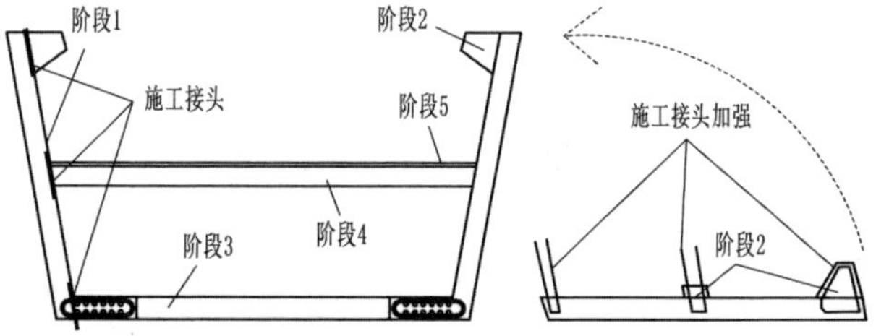

图 5-19　桁架浇筑阶段示意[62]

5.3.5 荷载试验

根据西班牙桥梁规范，在预制工厂里进行人行桥静力和动力荷载试验。静力荷载试验中，全桥施加 3KN/m（标准活荷载的 60%）均布荷载，通过把每批 2t 重的钢筋和电焊网置于桥面板上的木条上来实现均布荷载的加载，如图 5-20a、b、c 所示。加载完成 1h 后，测得跨中挠度为 30mm，3D 有限元模型计算的跨中挠度为39mm，两者吻合较好。

动力荷载试验中，在跨中桥面布置了加速度计，测得人群在桥上行走时产生的加速度不超过1m/s^2；一大群人从桥上跑过时产生的加速度接近2m/s^2；测试结果小于有关文献中最大加速度必须小于2.5m/s^{2}的要求。结构竖向振动频率为2.4Hz，与有限元计算结果一致，综上所述该桥在正常人群荷载作用下没有产生过度的振动，动力特性满足要求。

图 5-20a　钢筋布置[62]

图 5-20b　电焊网布置[62]

图 5-20c　静载试验[62]

5.4 韩国首尔仙游（Sun-Yu）人行拱桥

5.4.1 总体概况

仙游桥[63]（图5-21）连接韩国首都首尔南部与汉江仙游岛，为庆祝“首尔新千年”而修建的一座具有象征意义的桥梁。人行桥的主桥为活性粉末混凝土（RPC）拱桥，跨径为120m，人行道直接布置在拱桥上，引桥为钢结构桥梁，上面铺设有木桥面板和木栏杆，两者具有鲜明的对照性。该桥是世界上第一座RPC拱桥。为了抑制桥梁振动，满足行人舒适度要求，在桥上采用了调谐质量阻尼器（TMD）。

图 5-21　仙游桥[4]

5.4.2 主拱结构设计

主拱桥跨越汉江，汉江桥面宽 100m，为将拱桥基础上布置在河岸上，主跨定为 120m，材料采用活性粉末混凝土（Reactive Powder Concrete,RPC）建造，强度等级为 RPC200。拱矢高 f=15m，拱圈半径 R=127.5m，矢跨比 f/L=1/8，桥型立面布置如图 5-22 所示。拱桥横断面为π形，全宽 4.3m，高 1.3m，上顶板厚 30mm，在桥面板底部沿纵桥向方向每隔 1.225m 布置一道高为 100mm 横向加劲肋。支撑上顶板的两片腹板厚度均为 160mm。

拱桥顶板横向加劲肋设置Φ13mm 单股钢绞线束，施加横向预应力。两腹板每侧腹板布置 3 根预应力束，施加纵向预应力。腹板下部为 2 根 9Φ15mm 的钢绞线束，上部为 1 根 12Φ15mm 的钢绞线束，采用这种钢束布置方式能是预应力束与截面形心一致，可将拱的恒载引起的弯矩降至最低，优化拱圈线形，拱桥横断面如图 5-23 所示。

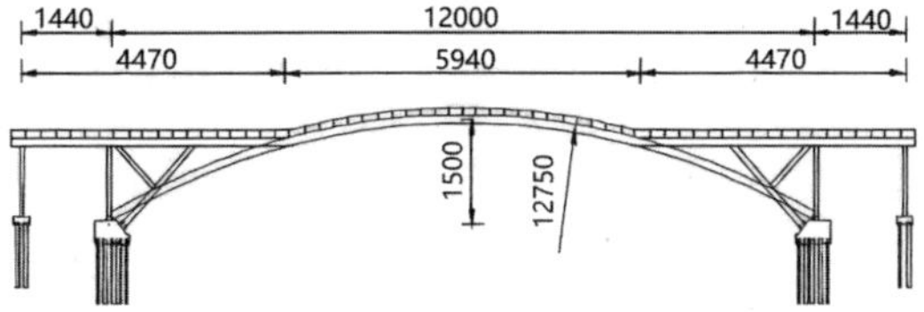

图 5-22　桥型布置立面示意图（单位：mm）[4]

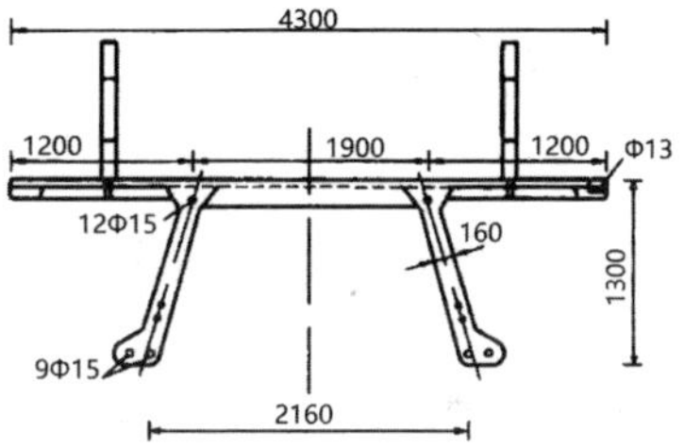

图 5-23　拱桥横断面图（单位：mm）[63]

5.4.3 RPC 主拱结构分析

拱桥的设计受各施工阶段结构状态的影响，为便于制作与施工，将仙游桥拱桥分为 6 个拱段预制。结构模型计算根据结构施工阶段而定，在第 I 阶段分别将每半拱跨的 3 段预制好的块件用单独发生作用的预应力连接起来，拱脚固定，半跨拱主要承受恒载及预应力，为抵消基础的反力，在两个半跨拱顶端设置 2 台千斤顶施工水平力 F，两半跨拱为悬臂状态。在第 II 阶段，现浇合龙处活性粉末混凝土，当合龙段养护满足要求后，将千斤顶撤除，再布置 4 根短预应力附加钢筋以保证结构完整连续，主拱为成桥状态，如图 5-24 所示。结合受力分析，除拱脚连接处存在拉应力（≤3MPa）外，拱顶和拱底处截面均受压，全桥应力都在允许范围内。

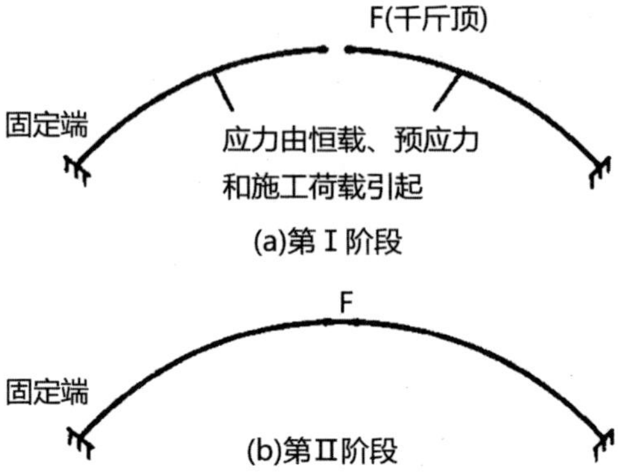

图 5-24　拱桥施工阶段模型[63]

5.4.4 RPC 主拱施工

120m 主拱圈分成 6 个拱段，每一弯段的截面形状为π形，采用预制场预制施工。为保证 RPC200MPa 抗压强度和混凝土良好的流动性，建立了专门的混凝土搅拌站。拱段浇筑完后，先在 35℃条件下养护 2d，然后在 90℃高温蒸汽养护条件下养护 2d。严格控制拱段的每个制作过程，以使构件裂缝最小，耐久性最高。

在汉江里设置 5 个临时支墩（P1～P5），待拱段制作养护好后，将其运送至汉江河岸附近的施工现场。然后用吊船将拱段吊至临时支墩上，其施工步骤如图 5-25 所示。在施工阶段Ⅰ中，吊装 S1、S2、 S3 前 3 段就位，并用纵向预应力连接，在施工阶段Ⅱ中，采用施工节段Ⅰ同样的方法吊装后 3 个段 S4、S5、S6。施工阶段Ⅲ为转换两悬臂的结构连续性，具体工法为用 2 台千斤顶施工水平力于两悬臂端，然后现浇合龙段。待合龙段养护好后，慢慢放松千斤顶施加的力，荷载逐渐传递至合龙段，再将 8 根Φ38mm 的连续后张预应力钢筋每根张拉至 850KN。

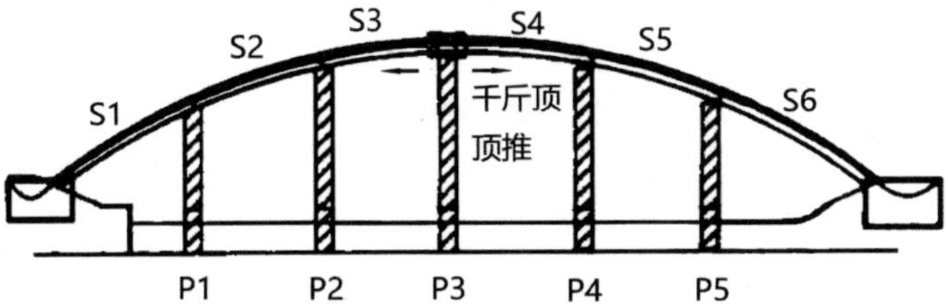

图 5-25　拱桥施工步骤[63]

5.4.5 舒适度分析与调谐质量阻尼器（TMD）设计

该桥设计考虑了人行桥的固有振动，从舒适度考虑，最大竖向加速度定为 0.5m/s²，最大水平加速度为 0.2m/s²。通过动力数值分析得知，前 1（水平振动）、2（竖向振动）、3（竖向振动）阶模态计算频率分别为 0.67 Hz、1.26 Hz、1.99Hz，均小于 2.0Hz，不满足舒适度的要求，考虑采用调谐质量阻尼器抑制前 3 阶模态振动。

为确定结构的自振频率、阻尼比，确定不同激励模式下的加速度，该桥展开了初步振动试验，其试验结果见表 5-2。从表 5-2 可知，前 3 阶模态计算频率与实测频率接近，2 阶模态阻尼比较 1、3 阶模态高，其实测竖向加速度仅为 0.07 m/s²，远小于 0.5 m/s²，2 阶模态下舒适度满足要求，不需要设置 TMD 抑制 2 阶模态振动。1 阶模态水平加速度及 3 阶模态的竖向加速度远大于 0.2m/s²（水平加速度）和 0.5m/s² 竖向加速度的限定值。

表 5-2　初步试验结果[63]

模态	计算频率/Hz	实测频率/Hz	阻尼/%	实测加速度/（m/s²）
1	0.67	0.75	0.6	0.51
2	1.26	1.34	1.3	0.07
3	1.99	2.03	0.4	3.93

根据试验结果，在拱中心两侧安装了抑制 1 阶、3 阶模态振动的 TMD（见图 5-26），TMD 的弹簧和质量块进行了专门的设计，D1 水平向 TMD 质量为 2×1.5t（见图 5-27a），D3 竖向 TMD 质量为 2×1.65t（见图 5-27b）。安装 TMD 后，进行了最终试验，最终试验表明，走、跑、跳等引起的各种振动的加速度均满足行人舒适度的要求。

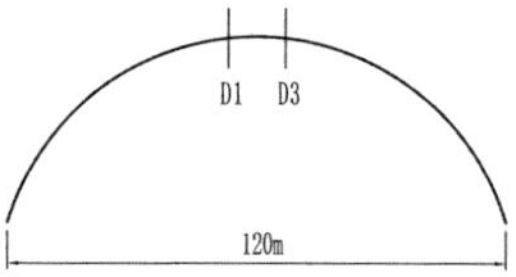

图 5-26 TMD 位置[63]

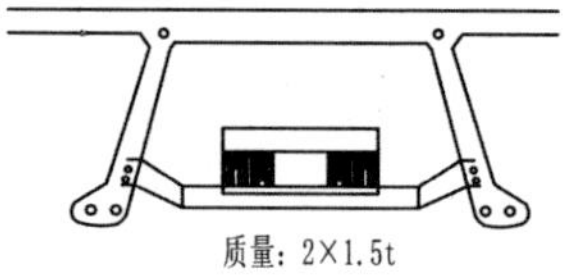

图 5-27a D1 水平向 TMD[63]

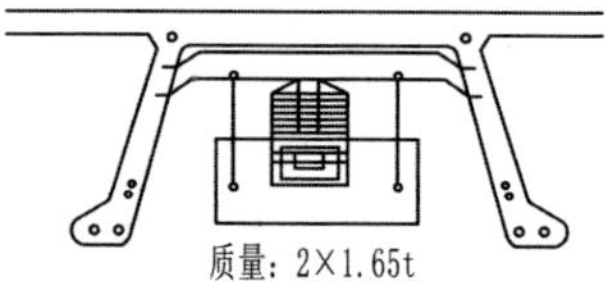

图 5-27b D3 竖向 TMD[63]

5.5 湖南长沙北辰横四路 UHPC 跨街天桥

5.5.1 总体概况

长沙北辰横四路 UHPC 跨街天桥[64]位于湖南长沙市横四路，为解决路两侧小区间的联系而建，已于 2016 年 1 月初投入使用。该桥中分带不设置桥墩，采用一跨跨越下穿道路，消除车撞的风险。桥梁孔跨布置为 27.589m+36.8m+6.422m，桥长 70.811m，桥面宽 6.6m，桥面净宽 5.75m。主体结构上部箱梁采用鱼腹式等高箱梁，下部桥墩采用异形曲线桥墩，附属结构人行栏杆采用弧形混凝土栏杆，箱梁、桥墩及人行栏杆材料均为超高性能混凝土（UHPC），采用工厂预制生产、现场吊装的方式进行施工。该桥仅用 10 个小时完成桥梁拼装架设，是世界上首座全预制拼装 UHPC 桥梁，图 5-28 为建成后实景。

图 5-28 横四路 UHPC 过街天桥[64]

5.5.2 上部鱼腹式箱梁设计

桥梁上部结构采用超高性能预应力混凝土单箱三室鱼腹式连续箱梁，抗压强度标准值为 150MPa，强度等级为 R150。箱梁顶宽 6.6m，底宽 3.0，中心梁高 1.35m，顶板厚 12cm，底板厚 8cm，腹板厚 20cm，箱梁顶两侧设置人行栏杆基座，基座内预留槽口，标准断面及横隔板断面如图 5-29 所示。箱梁全桥分为 15 个节段，标准节段长为 4.6m，吊装重量约为 25t，采用短线预制，长线拼装的方法保证节段预制精度，图 5-30 为现场吊装施工实景。

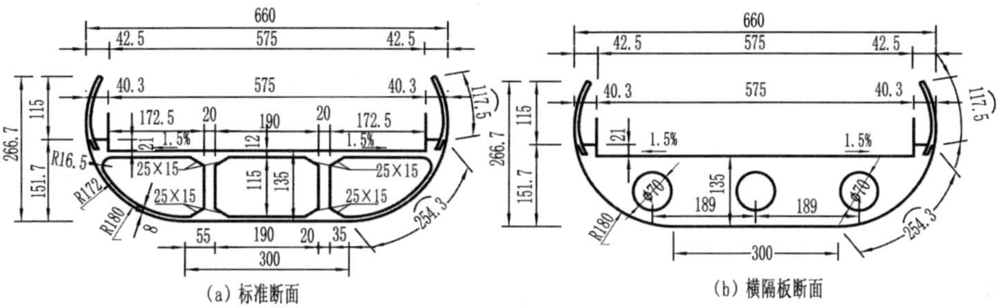

图 5-29 横四路 UHPC 过街天桥上部箱梁横断面示意图（单位：cm）[65]

图 5-30 横四路 UHPC 过街天桥节段吊装架设[66]

上部箱梁采用部分预应力 A 类混凝土构件设计，全桥共设置 10 束通长预应力钢束，底板布置 4 束 17-Φ^s15.2mm 钢绞线，顶板分别布置 4 束 13-Φ^s15.2mm 和 2 束 7-Φ^s15.2mm 钢绞线，钢绞线抗拉强度标准值为 1860MPa，设计锚下张拉控制应力为 $0.75f_{pk}$，即 1395MPa，单束钢束采用两端对称张拉施工，预应力钢束横断面布置如图 5-31 所示，预应力孔道采用强度等级 120MPa 的高性能灌浆料进行灌注。

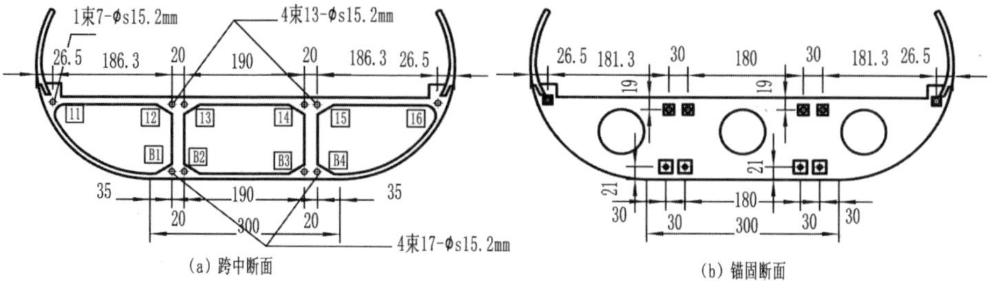

图 5-31 横四路 UHPC 过街天桥预应力横断面钢束布置示意图（单位：cm）[65]

5.5.3 人行栏杆设计

该桥栏杆强度等级为 R150，与上部箱梁标号相同。栏杆高度为 1.15m，根部厚度为 12cm，顶部厚度为 4cm，在栏杆底部设置了预制榫，栏杆上布置直径 80mm 的装饰孔洞，每个箱梁节段每侧预制 3 片 UHPC 栏杆，单片预制长度为 1.533m，栏杆构造及预制拼接如图 5-32 所示。将栏杆预制榫嵌入箱梁基座槽口内，采用强度等级为 100MPa 灌注料使栏杆与主梁连接成一体，槽、榫结合面刻槽以增强结合面的粘结力及提高栏板的抗拔承载力。栏杆设计时水平荷载取值为 2.5KN/m，竖向荷载取值为 1.2 KN/m，验算结果表明栏杆连接榫、箱梁预留槽均满足设计要求。

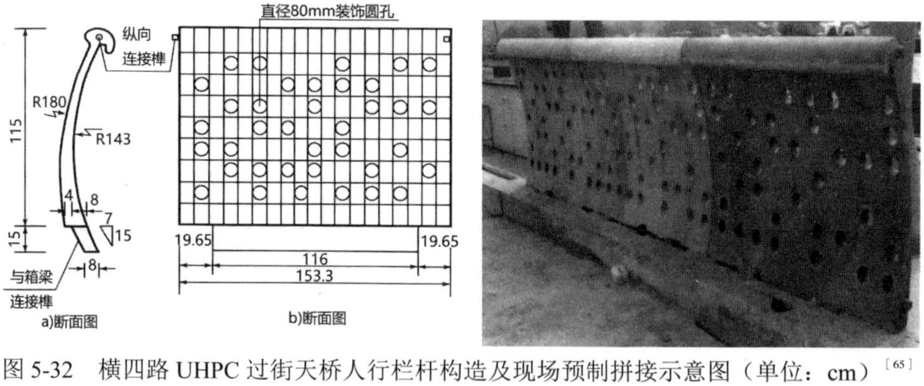

图 5-32 横四路 UHPC 过街天桥人行栏杆构造及现场预制拼接示意图（单位：cm）[65]

5.5.4 下部桥墩设计

该桥下部桥墩设计为中间纤细、顶底部突出的异形墩，纵桥向最小宽度 0.6m，横向桥最小宽度 1.2m，强度等级为 R100，采用工厂预制、现场安装的方式进行施工。在承台内预留后浇区，将桥墩预留外伸钢筋深入承台，并与承台钢筋有效连接，再现浇承台预留区混凝土，使桥墩和承台形成整体，桥墩一般构造图见图 5-33。

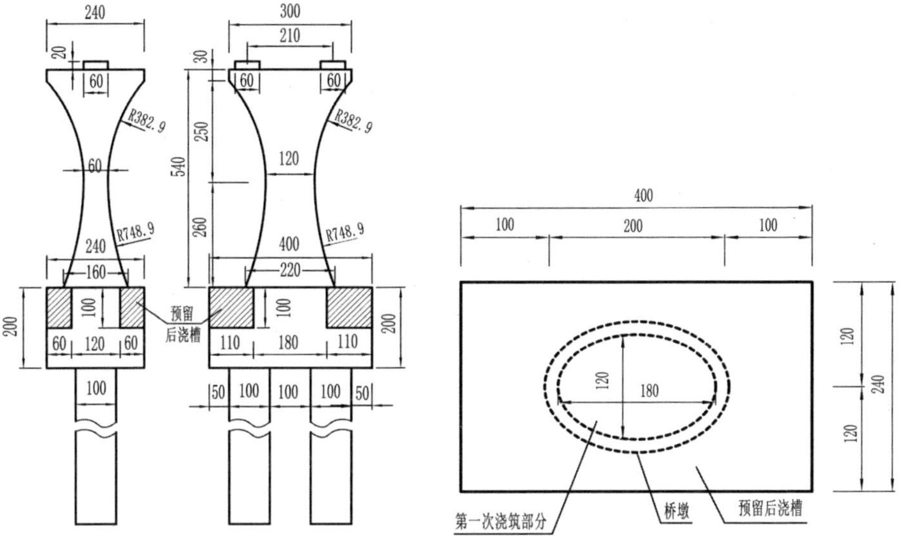

图 5-33　桥墩一般构造图（单位：cm）[65]

5.5.5 上部箱梁结构计算

［文献 65］方志等采用杆系有限元和实体有限元对该桥上部箱梁展开了受力分析，杆系有限元与实体有限元计算的应力及挠度结果比较接近，实体有限元结果比杆系有限元稍大。依据法国规范进行了承载能力极限状态计算，正弯矩抗力与最不利工况下最大正弯矩效应比值约为 1.32，负弯矩区抗力与最不利工况下最大负弯矩效应比值约为 1.71，剪力抗力与最不利工况下最大剪力效应值比值约为 1.53。

采用《公路钢筋混凝土及预应力混凝土桥涵设计规范》（JTG D62—2004）进行主梁正常使用状态验算，持久状况下实体有限元验算的正截面最大压应力为 17.62MPa（限值 45MPa），最大主压应力 17.8Mpa（限值 64MPa）；短暂状况下实体有限元验算的最大正压应力为 18.6MPa（限值 63Mpa）；短期组合下实体有限元验算的正截面最大拉应力为 0.5MPa（限值 6.3MPa），斜截面最大拉应力为 0.56MPa（限值 4.5MPa），长期组合下为正截面最小压应力为

0.3MPa（限值 0MPa）；考虑长期效应后的最大活载挠度为 18.21mm（限值 61.33mm）。因该桥为人行桥，其结构基频为 3.15Hz，满足《城市人行 天桥与人行地道技术规范》（CJJ 69—1995）规定人行桥自振频率不应低于 3Hz 的要求。

综合上述结果表明：上部主梁的承载能力极限状态、正常使用极限状态及频率各项指标均满足设计要求。

5.6 湘潭 UHPC 人行天桥集群

5.6.1 总体概况

国内 UHPC 人行天桥应用也得到了较大的发展，2020 年在湖南湘潭芙蓉大道和湖南潭州大道快速化改造项目中建成了断面形式为π形和 U 形的 18 座人行天桥[10],[90]，详见表 5-3，图 5-34、5-35 为π形梁及 U 形梁实桥。π形梁最大跨径为 34.75m，其吊装重量约为 101t，U 形梁最大跨径为 36m，其吊装重量约为 130t。采用 UHPC 人行天桥方案相对于钢箱梁方案而言，造价节省约 20%；其结构重量小，4 个小时就能完成主梁安装，湘潭人行天桥集群从 UHPC 梁预制生产到架设完成仅用了 50 天，满足快速施工要求，属国内首次在桥梁主题结构中大规模应用π形梁截面的 UHPC 人行天桥。

表 5-3　湖南湘潭 18 座 UHPC 跨街人行天桥[10]

桥号	跨径/m	梁重/t	长度/m	净宽/m	结构类型	地点
1	（33.5+1.4）+（32+1.4）	100.6+96.4	68.3	3	π形梁	芙蓉大道
2	（30.5+1.4）+（32+1.4）	92.3+96.4	65.3	3	π形梁	芙蓉大道
3	（34+1.4）+（32+1.4）	102.0+96.4	68.8	3	π形梁	芙蓉大道
4	2×（32+1.4）	96.4+96.4	68.8	3	π形梁	芙蓉大道
5	2×（31+1.4）	93.7+93.7	64.8	3	π形梁	芙蓉大道
6	2×（31+1.4）	93.7+93.7	64.8	3	π形梁	芙蓉大道
7	2×（31+1.4）	93.7+93.7	64.8	3	π形梁	芙蓉大道

续表

桥号	跨径/m	梁重/t	长度/m	净宽/m	结构类型	地点
8	2×（32+1.4）	96.4+96.4	68.8	3	π形梁	芙蓉大道
9	（13.75+1.4）+34.75+（15.5+1.4）	45.8+100.8+50.7	66.8	3	π形梁	芙蓉大道
10	12.6+36+12.6	33.0+130.0+33.0	61.2	3	U 形梁	芙蓉大道
11	2×（32+1.4）	96.4+96.4	66.8	3	π形梁	潭州大道
13	14.2+34+14.2	42.6+98.7+42.6	62.4	3	π形梁	潭州大道
14	10.8+34+10.8	33.2+98.7+33.2	55.6	3	π形梁	潭州大道
15	16.1+30.4+19.9	50.0+88.8+64.1	66.4	3	π形梁	潭州大道
16	24.4+26.6+22.7	76.6+78.2+71.9	73.7	3	π形梁	潭州大道
17	15.4+33.5+20.6	52.2+93.2+66.0	69.5	3	π形梁	潭州大道
18	11.6+34+11.6	35.4+97.3+35.4	57.2	3	π形梁	潭州大道
19	11.3+32.8+12.8	34.6+94.0+38.7	56.9	3	π形梁	潭州大道

图 5-34　π形梁人行桥（芙蓉大道 9 号桥）[10]

图 5-35　U 形梁人行桥（芙蓉大道 10 号桥）[10]

5.6.2 典型π形梁构造设计

［文献 90］吴亮等对 14.2m+34m+14.2m 跨径进行了结构设计，为 3 跨简支结构。π形梁由两片单 T 梁通过湿接缝和横隔板连接而成，无须现场浇筑和设置临时支墩，整垮架设。34m 跨径π形梁梁高 1.6m，顶宽 3.4m，悬臂长 0.82m，单片梁中心距 1.6m，顶板厚 0.1m，湿接缝宽 0.3m，跨中腹板宽 0.16m，支点腹板宽 0.2m，跨中断面顶板与腹板加腋尺寸为 0.37m×0.1m，支点断面顶板与腹板加腋尺寸为 0.35m×0.2m，跨中单片梁马蹄宽 0.4m，高 0.125m，支点马蹄宽 0.4m，高 0.45m，支点等厚段长度为 1m，过渡段长度为 2m。整垮设置 3 道横隔板，支点和跨中各设置一道，横隔板高为 1.475m，宽为 0.15m。中跨 34m 跨径纵向分为三个节段预制，最大节段长度约 13m，各节段间设置剪力键和环氧树脂接缝。跨中和支点横断面如图 5-36 所示。

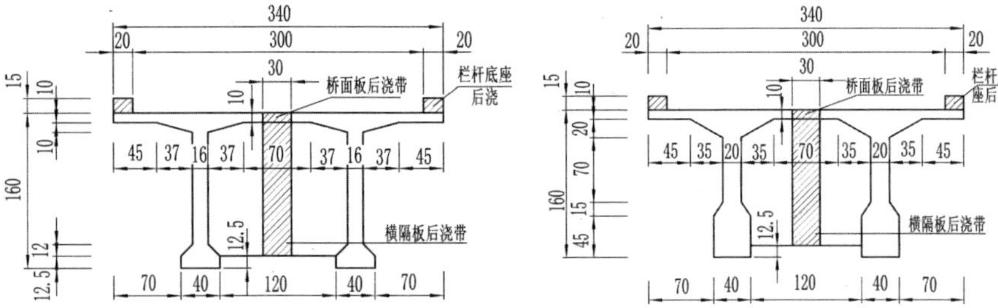

图 5-36　π形梁跨中（左）和支点截面（右）（单位：cm）[90]

5.6.3 典型π形梁配筋设计

主梁采用纵向体内预应力体系，按全预应力混凝土构件设计，预应力采用Φ^s15.2 钢绞线，标准强度 f_{pk}=1860MPa，张拉控制应力σ_{con}=1302MPa，采用塑料波纹管成孔真空压浆，锚具为夹片式锚具。顶板布置 2 束 7 根Φ^s15.2 钢绞线，底板布置 2 束 15 根Φ^s15.2 钢绞线，均设置于腹板中心线处，当 UPHC 强度达到设计强度 85%时，方可张拉钢绞线，张拉方式采用两端对称张拉，钢束张拉顺序为 N1→N2，跨中和支点预应力钢束布置如图 5-37 所示。

因构件全截面受压，故普通钢筋仅按构造要求布置，马蹄底部布置直径 16mm 纵向钢筋，顶板、腹板和马蹄其余部分均布置直径 10mm 的纵向钢筋，间距在 130～200mm，桥面板横向钢筋按 200～400mm 间距布置，钢筋大小为直径 12mm，腹板设置双肢箍筋，支点处沿纵桥向按 200mm 布置，标准段箍筋间距按 400mm 布置。

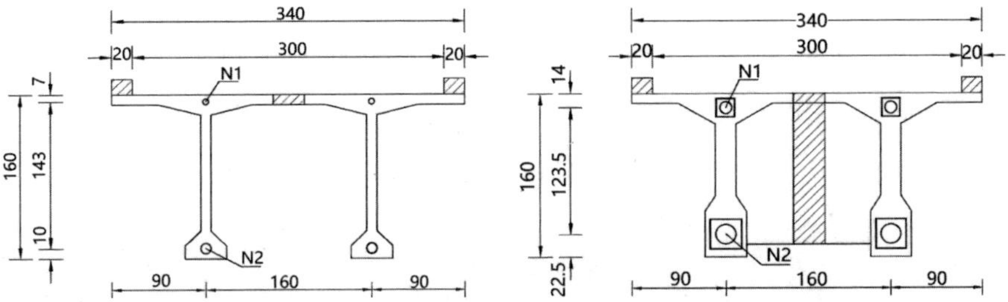

图 5-37 π形梁跨中（左）和支点截面（右）纵向预应力布置图（单位：cm）[90]

5.6.4 典型π形梁受力分析

该桥参考湖南省地标《活性粉末混凝土结构设计规程》（DBJ43/T 325-2017）设计，其材料强度等级为 RPC140，结合［文献 90］计算结果得知，其承载能力极限状态下跨中正截面抗弯承载力安全系数为 1.14，支点斜截面抗剪承载力安全系数为 1.86，计算表明：正截面抗弯承载力和斜截面抗剪承载力均有较大的安全储备。正常使用极限状态下采用杆系模型得到正截面法向最小压应力为 3MPa，采用实体模型计算得到正截面法向最小压应力为 2.5MPa，表明主梁处于全截面受压状态，实体模型和杆系模型结果相近，表明π形梁受力满足平截面假定，杆系模型计算结果满足工程需求。

5.7 安徽省滁天高速公路 UHPC-RC 箱型组合梁人行天桥

5.7.1 总体概况

UHPC-RC 箱型组合梁人行天桥[91]是上跨安徽省滁州至天长高速公路主线的一座分离式人行桥梁，为单跨简支梁桥，主跨跨径为 40m，桥台两侧与人行踏步相接，桥面宽为 5.5m，人行道宽为 4.5m，桥面采用水泥铺装层形成横坡，桥面横坡为 1.5%，按人字坡设计，图 5-38 为施工现场实景。上部主梁采用 UHPC-RC 组合梁，U 形梁纵向分 3 段预制，节段长度分别为 13m、14m、13m，各梁段之间通过设置剪力键和胶接缝连接，单个梁段吊装重量约为 28t。桥面板采用 A、B 两类预制桥面板，A 类预制板纵向长为 2.775m，B 类预制板纵向长度为 3.0m，在 U 形梁顶缘处单块板左右侧预留 2 个剪力键槽口，槽口平面尺寸为 80cm×26cm，在槽口对应的 U 形梁顶缘预埋剪力件钢筋。在预制板之间设置 0.4m 宽横向后浇带，预留槽口和横向后浇带处浇筑微膨胀混凝土，使得 U 形梁与桥面板形成联合截面。

图 5-38　U 形梁节段运输和现场施工实景

5.7.2 UHPC-RC 组合梁上部结构设计

组合截面总梁高为 191cm，其中 UHPC-U 形梁高 160cm，桥面板标准厚度为 18cm，梗腋处厚度为 31cm，其中 U 形梁底板宽为 180cm，顶板承托宽为 36cm，承托外侧间距为 280cm，跨中底板厚度为 16cm，腹板厚度 12cm，支点处底板厚度 22cm，腹板厚度 16cm，支点处底板等厚段长度为 1.5m，过渡段长度为 1.2m，在支点处设置两道支点横梁形成横向联系，跨中截面如图 5-39 所示。主梁节段之间设置凹凸剪力键，顶缘承托处设置 2 个，两侧腹板各布置 7 个，底板布置 3 个，凹凸剪力键细部构造尺寸如图 5-40、5-41 所示。

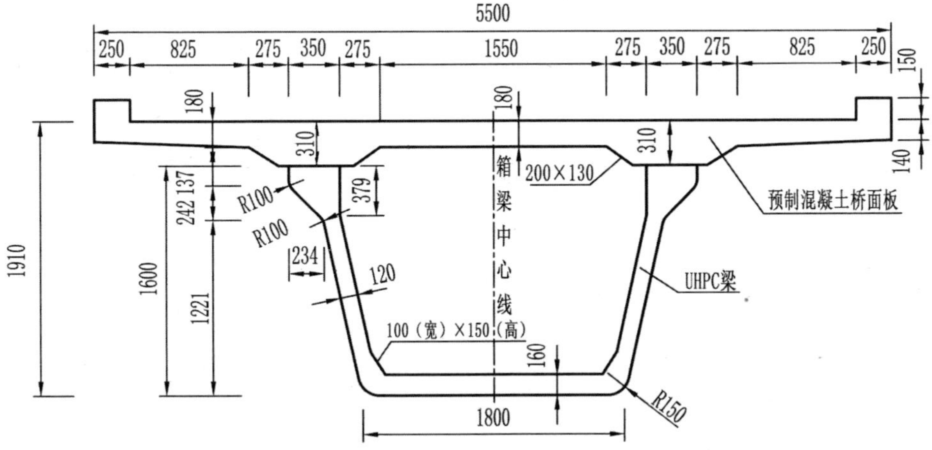

图 5-39　UHPC-RC 组合梁跨中截面（单位：mm）[91]

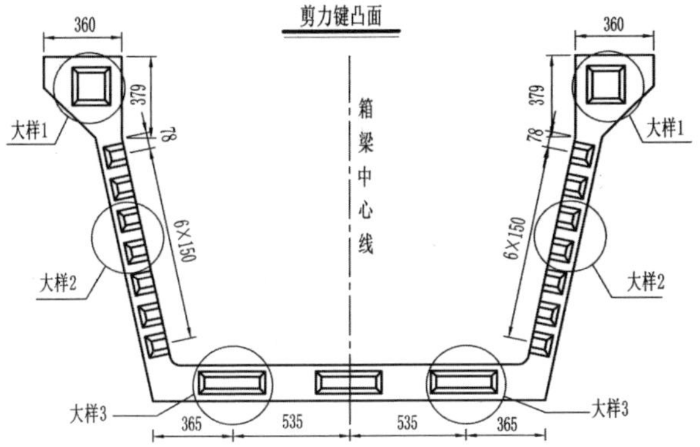

图 5-40　UHPC-RC 组合梁梁段剪力键构造图（单位：mm）[91]

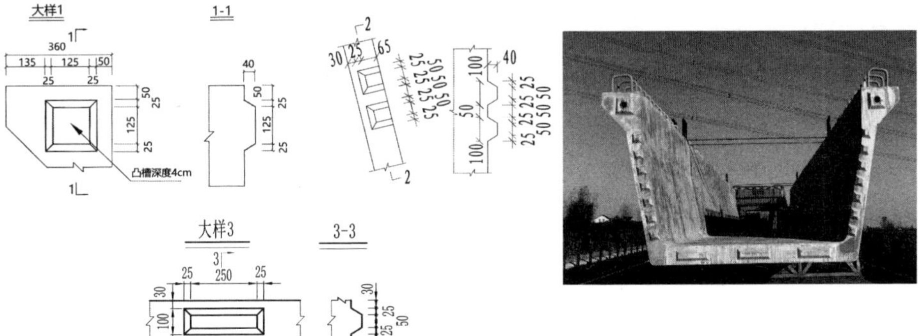

图 5-41　UHPC-RC 组合梁梁段剪力键构造大样和实景图（单位：mm）[91]

5.7.3 UHPC-RC 组合梁上部结构配筋设计

上部主梁在 U 形梁布置纵向预应力钢束，采用体内束和体外束相结合的方式布置，其中顶缘承托左右处各布置一束体内束，按直线筋布置，钢绞线用量约为 272kg，主要避免施工阶段接缝处出现拉应力。底缘布置 4 束体外束，钢绞线用量约为 5214kg，设置在箱室内部，通过在梁段中部设置转向块调整钢绞线夹角。体外束和体内束均采用两端张拉，预应力均采用直径为 15.2mm 钢绞线，其抗拉强度标准值 f_{pk} 取 1860MPa，弹性模量 E_p 为 $1.95x10^5$MPa。体外预应力钢筋张拉控制应为σ_{con}按 $0.68f_{pk}$ 取值，体内预应力钢筋张拉控制应力按σ_{con}按 $0.75f_{pk}$ 取值。

5.7.4 UHPC-RC 组合梁受力分析

U 形梁主要材料参数：抗压强度标准值 $f_{ck}\geq150$MPa，抗拉强度标准值 $f_{tk}\geq8.5$MPa，弹性模量为 $4.0x10^4$MPa，容重为 26KN/m³；桥面板采用普通钢筋混凝土，强度等级为 C40，抗压强度标准值 $f_{ck}\geq26.8$MPa，抗拉强度标准值 $f_{tk}\geq2.4$MPa，弹性模量为 $3.25x10^4$MPa，容重为 25KN/m³。

［文献 91］海航采用了杆系模型对结构进行了承载力极限状态和正常使用阶段极限状态受力分析，承载能力极限状态下组合截面跨中正截面抗弯承载力安全系数为 1.24，支点斜截面抗剪承载力安全系数为 1.17，计算结果表明：正截面抗弯承载力和斜截面抗剪承载力均满足规范要求，且有一定的安全储备。在频遇组合下 UHPC-UU 形梁最大法向拉应力约为 1.3Mpa，小于 $0.7f_{tk}$=5.95MPa 的要求，斜截面最大主拉应力约为 1.96MPa，小于 $0.5f_{tk}$=4.25MPa 的要求。在准永久组合下 UHPC-U 形梁全截面受压，最小压应力储备约为 2.4MPa。在标准组合下 UHPC-U 形梁最大主压应力约为 56MPa，小于 $0.6f_{ck}$=90MPa 的要求。在施工阶段 UHPC-U 形梁最大压应力约为 52MPa，最小压应力约为 8.8MPa，小于σ'_{cc}=105MPa 的要求。普通钢筋混凝土桥面板内力和应力相对较小，均满足规范要求，在此不再阐述。

5.8 广州花都大道人行桥

5.8.1 总体概况

该人行桥[67]位于广州市花都大道扩建改造工程 K1+845 处，桥梁跨径布置为 30m+29.5m，全长 59.5m，桥面宽 4.3m，桥面净宽 3.0m，面层采用 20～35mm 厚防水水泥砂浆调平层和 4mm 厚彩色陶粒桥面铺装，图 5-42 为成桥后实景。上部结构采用预应力超高性能混凝土（UHPC）简支π形梁，π形梁内未配置普通钢筋，按单向预应力体系设计。π形梁先在预制场分片预制，再通过翼缘板、横隔板之间连接成整体。该桥梁跨梁重仅为同跨径普通钢筋混凝土梁重的 50%，是国内首座无筋预应力体系天桥。

图 5-42　广州花都大道 UHPC 人行天桥[38]

5.8.2　π形梁结构设计

该桥设计人群荷载为 4.5KN/㎡，计算跨径分别为 28m、27.5m，梁高为 1.3m，顶板厚 100mm，腹板厚 100mm，纵桥向分 3 个节段长度为 10.27m、8.43m、11.27m，梁两端各有 3m 范围内连接梯道。梁纵向通过预应力钢束连接，相邻节段之间拼接缝处设置剪力键，拼接前在接缝处涂抹环氧树脂粘结胶。π形梁之间沿跨度方向设置 3 道横隔板，其宽度为 150mm，高度为 1000mm，横隔板下部预埋钢板，在工地现场焊接。翼缘板处预留 V 形槽，通过满焊直径为 40mm 的圆形钢棒进行横向拼接。纵向预应力钢束布置：梁顶布置 1 束 7-Φ^s15.2mm 钢绞线的 N1 钢束，梁底布置布置 1 束 16-Φ^s15.2mm 钢绞线的 N2

钢束。UHPC-π形梁结构布置如图 5-43 所示。

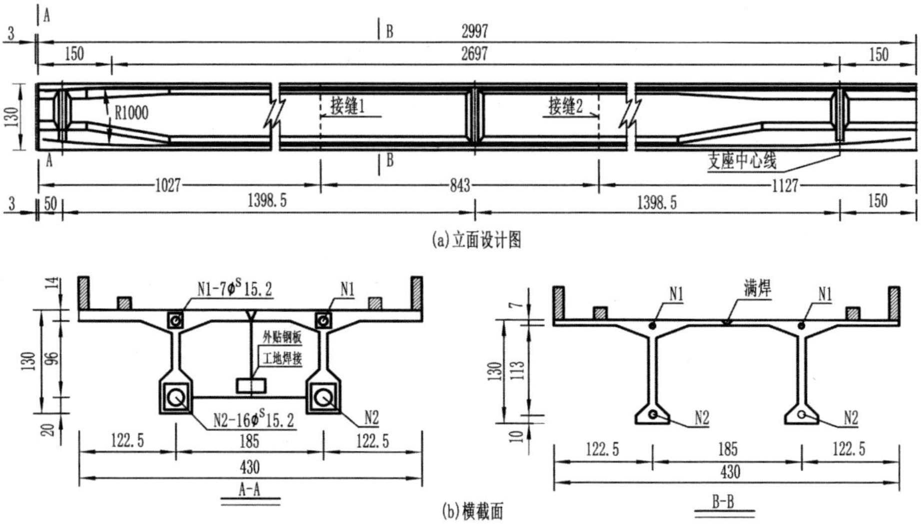

图 5-43　UHPC-π形梁立面及横断面布置示意图（单位：cm）[67]

5.8.3 π形梁结构分析

该桥抗压强度为 150MPa，抗拉强度为 7MPa，弹性模量为 44GPa，容重为 25KN/m³。预应力筋采用低松弛高强度钢绞线，单根钢绞线直径为 15.2mm，抗拉强度为 1860MPa，弹性模量为 195GPa。

［文献 67］王卫锋等采用剪力-柔性梁格法建立了该人行桥的空间模型，共建立 258 个节点，431 个单元。通过内力分析得知，在最不利组合 1.2×（自重+二期恒载）+1.4×人群荷载作用下，考虑结构重要性系数 1.1 的荷载组合效应最大弯矩 M_d=6574.7KN.m，最大剪力 N_d=874.7KN。其通过 response2000 软件计算得到该桥正截面抗弯承载能力 M_u 为 8942KN.m，斜截面抗剪承载能力 N_u=2326KN。综合上述结果可知 $M_d < M_u$ 和 $N_d < N_u$。正常使用极限状态下，人群荷载频遇组合产生的跨中下挠值为 13.6mm，小于规范规定由人群荷载频遇组合在梁式桥主梁产生的最大挠度不应超过计算跨径 1/600 的要求。结果表明：π形梁承载力及变形满足要求。

5.8.4 荷载试验

荷载试验在预制场内进行，试验桥跨（见图 5-44）放置在两端的临时支撑上，利用现场钢筋进行加载，每捆钢筋长度为 12m，标准重 3.3t，每捆按照 33KN 荷载计算。根据《公路桥梁荷载试验规程》（JTG/T J21-01-2015）试验荷载的最大吨位按照控制界面的试验内力达到设计控制内力的 85%～105%来确定。以弯矩等效为原则，对跨中 A-A 断面分别采用中载对称加载和偏载加载。

图 5-44　UHPC 简支π形梁试验跨[67]

对称加载共使用 14 捆钢筋，加载分 4 级，卸载分 4 级，加载顺序为：0→4 捆→8 捆→12 捆→14 捆（跨中满载）→12 捆→8 捆→4 捆→0（卸载完毕）通过计算试验弯矩荷载效率为 93.07%，满足 0.85～1.05 的要求。偏载加载共使用 10 捆钢筋，加载分 4 级，卸载分 4 级，加载顺序为：0→3 捆→6 捆→8 捆→10 捆（跨中满载）→8 捆→6 捆→3 捆→0（卸载完毕），通过计算试验弯矩荷载效率为 91.01%，满足 0.85～1.05 的要求。对称加载及偏载加载第 4 级钢筋满载时横向和纵向布置如图 5-45 所示。

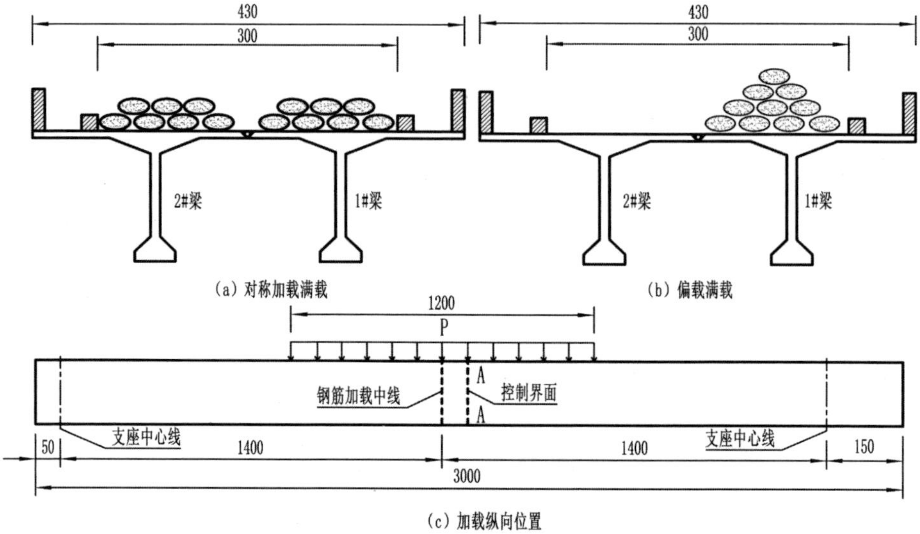

图 5-45　UHPC 简支π形梁试验跨荷载布置示意图（单位：cm）[67]

为测试该桥荷载试验下结构的挠度、应变、频率，在跨中 A-A 截面梁底布置了两个测点，采用位移计测量，沿 A-A 断面高度方向自梁底到翼缘板布置了 14 个应变测点，在 1/4L、1/2L、3/4L 处布置 6 个动态测点。试验结果表明：（1）荷载试验中挠度实测值及各测点的实际应变值均小于理论计算值，结构应变大致体现出线弹性变化状态，结构残余应变小，说明结构实际刚度较计算模型刚度大，截面抗扭性能较好，结构主梁接近良好的弹性工作状态；（2）实测桥梁基频为 4.05Hz，大于理论计算基频值 3.79Hz，满足人行天桥基频不小于 3Hz 的要求，表明结构不会产生共振现象。

5.9 福州大学旗山校区人行桥

旗山校区人行桥[36]位于福州大学旗山校区校园内，是中国第一座超高性能混凝土（UHPC）拱桥。桥位处因地质条件较差，为抵抗拱的水平推力，桥梁采用钢筋混凝土系杆拱体系。按人行桥荷载标准设计，主拱净跨径为 10m，拱肋为等截面板拱，拱肋厚 10cm，拱轴线为半径 R=6.25m 的圆曲线，矢高 2.5m，矢跨比为 1/4，桥面宽 2.1m=0.3m（栏杆）+1.5m（人行道）+0.3m（栏杆），桥型布置立面示意图如图 5-46 所示。混凝土抗压强度为 130MPa，为防止早期收缩开裂，在拱肋中截面配置了一层 20cm×40cm 的Φ10mm 的钢筋网，纵向配筋率仅为 0.037%，结构仍应视为素混凝土结构，按素混凝土拱进行设计。

拱肋两侧墙采用 C30 钢筋混凝土，通过钢筋与主拱肋连接形成拱腔，内部回填透水性材料，其上铺设 3cm 砂浆和 2cm 厚防滑地砖铺面，较陡处设置为台阶，拱座与桥台连成一体，采用 C30 钢筋混凝土结构，两层 50cmC25 片石混凝土扩大基础。两拱座间的系杆采用 C30 钢筋混凝土系杆，两端钢筋伸入拱座桥台。该桥于 2015 年 1 月建成，同年 3 月份完成细部装饰，该桥成功修建表明：UHPC 超高的抗压强度，应用于受压为主的拱桥是可行的，具有广阔的应用前景。

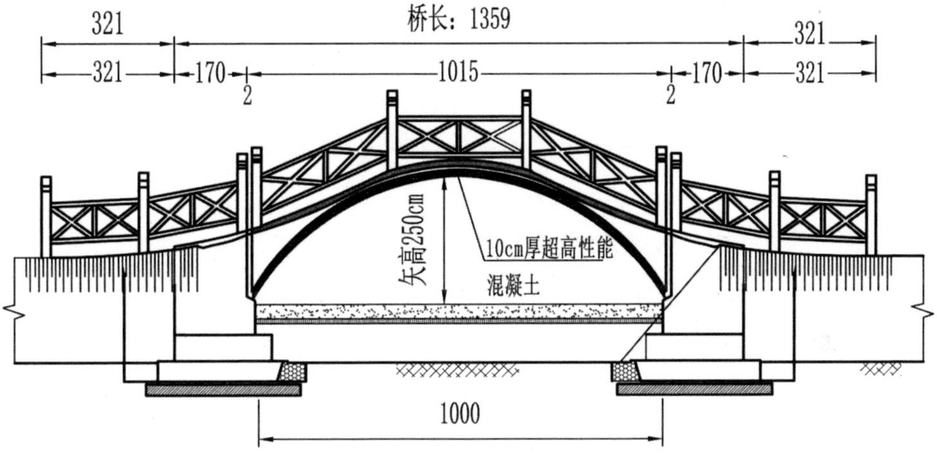

图 5-46　1-10mUHPC 板拱桥型布置立面示意图（单位：cm）[36]

第6章　桥梁维修加固

随着预应力技术的发展，混凝土桥梁在桥梁领域得到了广泛的应用，但通过查看近年的桥梁检测资料得知，部分在役混凝土桥梁存在不同程度的病害，主要体现为蜂窝、麻面、剥落、空洞、混凝土碳化及钢筋锈蚀等[69]。交通部公路科学研究院对主跨大于60m约180座预应力混凝土箱梁公路桥进行了裂缝调查与统计发现，所统计的桥梁普遍存在箱梁梁体裂缝，其开裂部位及产生的原因不尽相同[70]。为避免影响桥梁安全，对于出现病害的桥梁需要进行改造与加固，目前常用加固方法有：粘贴钢板加固法、粘贴纤维复合材料加固法、增大截面和配筋加固法、体外预应力加固法、改变结构体系加固法、桥面补强层加固法、增加构件加固法等[71]。

粘贴钢板加固法适用于需要增加配筋的钢筋混凝土桥梁，通常在受拉或薄弱部位粘贴钢板，其优点能提高结构承载能力，对桥下净空影响小，其缺点在处理结合面会对原结构造成不同程度的损伤，钢材容易锈蚀，增加了钢板后期防腐养护费用；粘贴纤维复合材料加固法适用于配筋率大于或等于0.2%的构件加固或钢筋锈蚀严重的混凝土旧桥，将高强度纤维片材料粘贴在钢筋混凝土受弯、大偏心受压、轴心受压及受拉构件表面，其优点施工方便，不影响桥下净空，不增加结构自重，能够提高构件的抗拉能力或约束力，其缺点造价较高，不能提高结构刚度，纤维复合材料及胶粘结剂容易氧化，影响加固效果；增大截面和配筋加固法常用于梁（板）桥和拱桥拱肋的钢筋混凝土加固，其在构件表面增加受力钢筋并加大混凝土尺寸，使其与原结构形成整体，其优点能增加构件刚度，提高桥梁整体承载能力，加固效果显著，其缺点增加了桥梁恒载，对基础承载能力有一定的影响；体外预应力加固法通常沿着构件表面增设预应力钢筋，并施加适当的预应力，改变原结构的应力、变形状态，其优点能够提高构件的结构刚度、正截面抗弯承载能力、斜截面抗剪承载力及裂缝宽度等，其缺点施工复杂，在荷载作用下改变了原有结构的受力体系，可能导致加固后桥出现复杂多变的病害；改变结构体系加固法主要通过增设附加受力构件、连接构造及改变边界条件等方式进行改造，其优点降低承重构件的应力，改善桥梁性能，提高结构承载力，其缺点可能对桥下净空、桥梁纵向伸缩等方面造成影响；桥面补强层加固法主要通过在梁桥上加铺一层钢筋混凝土，使加铺层与原有结构形成整体，其优点能增加梁体的整体刚度，增强主梁之间的横向联系，提高桥梁承载能力，缺点是增加了结构自重，增加了桥面纵面高程，需对桥台台尾两端连接路面或桥梁纵坡进行修正；增加构件加固法主要适用于老桥改造拓宽，其优点在于能最大限度地利用原有结构，提高桥梁通行能力，降低工程造价，缺点是需对旧桥悬臂进行凿除切割，对旧桥有一定的损伤[71]。

在全世界范围内超高性能混凝土加固应用案例相对较少，尚处于起步阶段，主要应用在拱桥拱圈加固、梁桥主梁加固、桥面维修改造、新老桥梁拼宽湿接缝、桥墩改造加高、水下基础外包套箍及桥墩抗震等方面，采用主要的加固方法为增大截面加固法、桥面补强层加固法、增加构件加固法。本章介绍国内外部分采用超高性能混凝土进行维修加固及改造的应用实例。

6.1 国外超高性能混凝土桥梁

国外在 UHPC 应用于桥梁结构加固方面起步早于我国，欧洲多国参加的 SAMARIS（Sustainable and Advanced Materials for Road Infrastructures 用于公路基础设施的可持续和先进材料，2004～2006）和 ARCHES（Assessment and Rehabilitation of Central European Highway Structures 中部欧洲公路结构评估和修复，2006～2009）项目较系统地研究用 UHPC 进行维修与加固，并在欧洲国家推广应用[76]。

2004 年，瑞士在老桥桥面板上浇筑 3cm 厚的内部配置钢筋 UHPC 薄层板，为修复因重车荷载导致破损的桥面板，同时为增加老桥混凝土护栏的防撞能力，在护栏上覆盖一层 3cm 厚的 UHPC 层，这是 UHPC 第一次在桥梁加固工程中的应用。其后，数个国家（如斯洛文尼亚）采用相同的加固方式对其境内的老桥进行加固[72]。

2017 年，美国联邦公路局采用 UHPC 对一座公路桥梁进行了加固，该桥梁上部结构采用工字钢梁，因梁端锈蚀严重，导致承载力降低，美国联邦公路局预先在工字钢梁端部焊接栓钉，再在梁上后浇 44mm 的 UHPC 层，试验后发现，加固后的桥梁比完好的工字钢梁承载力提高了 28%，比锈蚀的工字钢梁承载力提高了 473%，并且其破坏模式由腹板屈曲失稳破坏转变成了延性破坏[72]。

6.2 沪嘉高速（S5）公路为蕴藻浜大桥

6.2.1 总体概况

蕴藻浜大桥[73]-[77]位于沪嘉高速（S5）公路上，该公路为我国大陆第一条高速公路，于 1988 年 10 月建成通车，蕴藻浜大桥上部结构为典型的槽型梁结构，桥梁跨径组合为 11×25m+19m+25m+40m+25m+19m+14×25m，双向 4 车道，桥梁设计荷载为汽车-20 级，挂车-120。2014 年对该桥进行了检测，发现该桥存在如下主要病害：

（1）预制甲式桥面板碳化情况严重，混凝土强度降低，裂缝病害较多；

（2）槽形梁混凝土出现碱骨料反应，梁内积水，部分槽形梁出现底板裂缝和腹板竖向裂缝，部分槽形梁钢筋锈蚀。预制甲式桥面板为该桥主要病害部位，也是修复加固的核心部位。

6.2.2 上部结构设计

蕴藻浜大桥主梁结构为预应力槽型梁，单幅桥面宽为 12.2m，由 5 片槽型梁组成，单片梁梁高 1.3m，单片梁底宽 110cm，主梁中心间距为 240cm，槽型梁顶加盖了甲式和乙式预制钢筋混凝土桥面板，两者板厚均为 6cm，均采用 400 号混凝土。甲式桥面板搁置于相邻槽型梁上翼缘上，板与梁之间未形成固结，单块甲式板横向宽度为 106cm，纵向长度为 77cm，其不仅起到各槽型梁横向连接作用，同时承担汽车荷载横向传递的作用；乙式板加盖在单片槽型梁上翼缘上，横向跨度较甲式板横向跨度小。在甲式板和乙式板上设置 9cm 厚的钢筋混凝土现浇层和 7cm 厚的沥青混凝土层，上部标准横断面结构形式如图 6-1 所示。

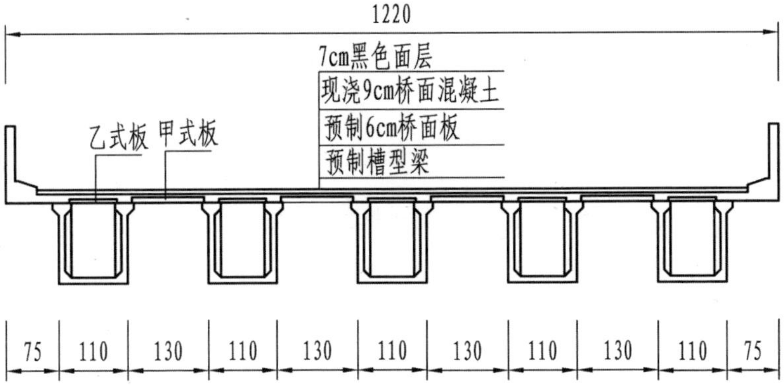

图 6-1　槽型梁 1/2 标准横断面图（单位：cm）[73]

6.2.3 甲式桥面板加固设计

为改善桥梁受力，槽形梁内进行排出积水处理，主梁裂缝进行封闭处理。因该路段交通流量大，不能封闭交通，因此不能采用更换甲式板的方案。甲式桥面板混凝土碳化严重，破碎、剥落情况较多，传统粘贴纤维复合材料的加固方法效果不大，在传统加固方法不能满足要求的情况下，该桥选择了新材料新工艺的超高性能混凝土加固方法，超高性能混凝土流动性能好，施工时无须振捣，在车辆运行的微震动作用下，有利于超高性能混凝土的凝结与界面黏结，该方案可在不封闭交通的条件下进行桥面板加固施工。预制甲式桥面板加固设计如图 6-2 所示，加固方案如下：在槽形梁马蹄部位植入Φ12mm 钢筋，钢筋锚固长度 15cm，纵向间距 10cm，在甲式桥面板底部增设 5～20cm 的超高性能混凝土，形成组合截面，其材料指标为抗压强度≥150MPa，抗拉强度≥12MPa，弹性模量≥40GPa，坍落度为 600～800mm。

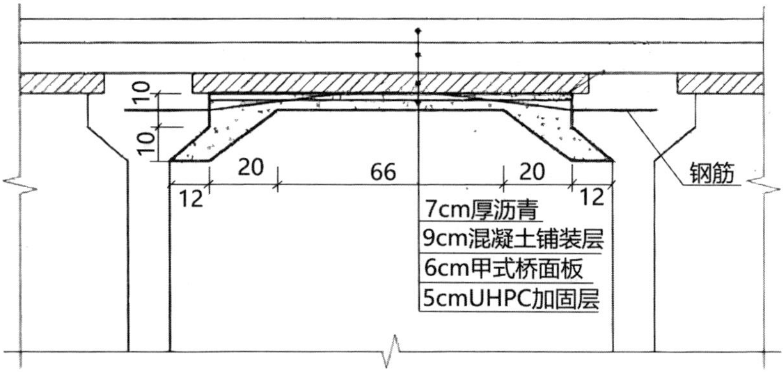

图 6-2 甲式桥面板加固横断面图（单位：cm）[73]

刘超[75]等建立了桥面板局部有限元模型，分析了桥面板加固前后车辆荷载作用下应力变动趋势。根据其有限元分析结果得知，加固后甲式桥面板横向应力降低至 0.5MPa 以下，此时普通混凝土不会开裂，UHPC 层横向最大正应力为 2.47MPa，UHPC 实测应力值约为 2.5MPa，有限元计算结果与实测值基本一致，UHPC 层横向拉应力远小于 UHPC 的抗拉强度（12MPa）。通过现场荷载试验得知，加固后甲式桥面板竖向挠度减小约 60%，横向应变降低了约 71%，荷载试验表明：UHPC 薄层加固法可增强主梁和桥面板的联系，降低桥面板横向应力，提高桥面板的整体刚度，减少竖向挠度。

6.2.4 甲式桥面板足尺实验

王春晖[73]为验证新技术方案的合理性，在大面积施工前进行了足尺实验，实验构件平面尺寸为 5m（槽型梁横隔板纵向间距）×1.5m（甲式板宽度），厚度方向与加固方案一致，采用从底部灌注超高性能混凝土施工工艺。为测试普通混凝土与超高性能混凝土的黏结强度，从组合实验构件中随机钻芯取样 19 个芯块做轴向拉拔实验，结果显示断裂截面均处于普通混凝土内部，实验结果可以推断：普通混凝土与超高性能混凝土黏结强度大于普通混凝土的抗拉强度，两者的界面黏结是可靠的；为测试组合截面承载能力，在组合实验构件上切割纵向长度为 770mm 的样块，进行抗弯承载力试验，试验结果表明：普通混凝土与超高性能混凝土截面黏结完好，未发生界面错位和剥离现象，实测跨中抗弯承载能力为 21.84KN.m，远大于设计要求的 3.3KN.m，结合芯块和样块的断面外观观察得知，超高性能混凝土灌注饱满、均匀，无空洞，上述实验充分验证了加固方案的可行性。

6.2.5 甲式桥面板加固施工

槽型梁甲式桥面板采用超高性能混凝土加固施工工序为：甲式桥面板底部接触面处理→接缝密封→钢筋工程→模板工程→灌注超高性能混凝土→养护与拆模。甲式桥面板结构中存在的蜂窝麻面、风化酥松等混凝土通过高压水枪彻底清除，为保证模板能重复利用，模板采用钢模板，超高性能混凝土采用立轴行星式搅拌机现场搅拌施工，养护采用常温养护，养护时间为 2d。图 6-3 为甲式桥面板加固施工现场照片，与蕴藻浜大桥采用加固同一加固方法的还有新槎浦大桥，也位于沪嘉高速（S5）公路上，两座桥共加固甲式桥面板面积约 1.2 万㎡，超高性能混凝土用量超 1000m³。蕴藻浜大桥于 2016 年初完成加固，加固后运营状况良好，说明 UHPC 薄层加固槽形梁桥面板效果可靠。

图 6-3　甲式桥面板加固施工现场照片[74]

6.3 佛山市某装配式钢筋混凝土空心板梁桥

6.3.1 总体概况

某装配式钢筋混凝土空心板梁桥[78]位于佛山市，修建于 20 世纪 90 年代，由 8m+10m 装配式钢筋混凝土空心板组成，全桥长为 23.6m。桥面宽为 35m，横断面组成为0.5m（防撞护栏）+16.25m（行车道）+1.5m（中央分隔带）+16.25m（行车道）+0.5m（防撞护栏），上部结构分左右幅设计，单幅横向由11块空心板构成，其中8m跨径梁高40cm，宽度154cm，10m跨径梁高50cm，宽度154cm。下部结构桥台采用桩柱式桥台，桥墩采用墩柱直径1.2m，桩基直径1.5m的三柱式桥墩。

2019年对该桥进行了检测，检测结果显示全桥空心板底部存在大量裂缝和空洞露筋，腹板存在多处锈胀露筋，全桥总体技术状况评定为3类，其中上部承重构件评定为4类，因左幅底板存在多处空洞且面积较大，为保证结构的安全，检测建议左幅利用原有下部结构，更换上部梁板措施进行维修加固。结合现状道路对线形指标要求较高，不适宜提高路线纵面高程，设计单位采取了检测建议的维修加固措施，采用全预应力UHPC-π形梁桥的加固改造。

6.3.2 左幅桥上部结构改造设计

左幅改造上部结构采用装配式预应力UHPC-π形梁，采用先张法施工，主梁跨径与原跨径一致。上部横断面由2片预制π形边梁和5片预制π形中梁组成，预制π形梁横向通过湿接缝连接成整体。10m跨径梁高0.5m，π形中梁和π形边梁梁肋中心距均为1.22m，单片π形梁梁肋厚0.19m，π形中梁顶缘宽2.14m，外伸悬臂净均宽36.5m，π形边梁顶缘宽2.275m，防撞护栏侧悬臂净宽0.5m，内侧悬臂与中梁一致，顶板厚0.12m，顶缘与腹板倒角5cm×5cm，底缘马蹄宽0.3m，马蹄高0.1m，马蹄与腹板倒角10.5cm（横向）×5cm（竖向），主梁之间湿接缝宽为0.3m；8m跨径梁高0.4m，π形中梁和π形边梁梁肋中心距均为1.22m，单片π形梁梁肋厚0.23m，π形中梁顶缘宽2.14m，外伸悬臂净均宽34.5m，π形边梁顶缘宽2.275m，防撞护栏侧悬臂净宽0.48m，内侧悬臂与中梁一致，顶板厚0.12m，顶缘与腹板倒角5cm×5cm，底缘马蹄宽0.3m，马蹄高0.1m，马蹄与腹板倒角8.5cm（横向）×5cm（竖向），主梁之间湿接缝宽为0.3m， 8m和10m跨径中梁跨中横断面如图6-4所示。

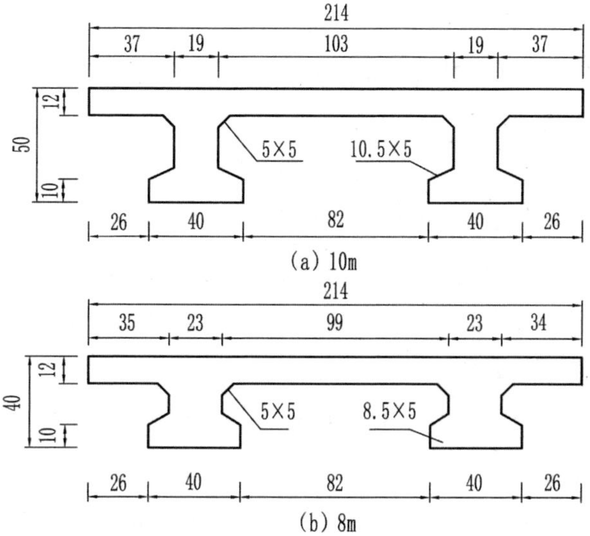

图 6-4　8m 和 10m 跨径 UHPCπ形梁跨中横断面示意图（单位：cm）[78]

两种跨径梁端均设置有 16cm 厚的端横梁，预制π形梁超高性能混凝土强度等级采用 UC150，湿接缝超高性能混凝土强度等级采用 UC130。主梁顶部铺设 8cm 的普通钢筋混凝土现浇层和 5cm 厚沥青铺装层。

6.3.3 左幅桥上部结构加固计算

陈子豪[78]对 8m 和 10m 跨径π形梁采用 midas civil 桥梁通用有限元软件建立了上部梁格分析模型和原有下部结构盖梁离散模型。上部 UHPC-π形梁参考《无腹筋预应力超高性能混凝土梁桥技术规范：TGDHS 003-2021》、原有下部结构盖梁参考《公路钢筋混凝土及预应力混凝土桥涵设计规范：JTG 3362-2018》的相关规定进行了结构计算分析，其计算结果如下：

（1）短暂状况： 10m 和 8m 跨径主梁施工阶段正截面最大压应力为 36.1MPa 和 40.4MPa，均小于限值 66.15MPa；

（2）持久状况承载能力极限状态：10m 跨径边中梁正截面抗弯承载能力安全系数分别为 1.07 和 1.18，8m 跨径边中梁正截面抗弯承载能力安全系数分别为 1.08 和 1.10； 10m 跨径边中梁斜截面抗剪承载能力安全系数分别为 1.09 和 1.1，8m 跨径边中梁斜截面抗剪承载能力安全系数分别为 1.06 和 1.09；

（3）正常使用极限状态抗裂计算：频遇组合作用下两种跨径边中梁正截

面均为压应力，最小压应力储备约为 1.1MPa；频遇组合作用下两种跨径边中梁最大主拉应力约为 2.3MPa，均小于限值 4.32MPa；

（4）持久状况应力计算：标准组合作用下两种跨径边中梁最大正截面压应力约为 21.5MPa，均小于限值 52.5MPa；标准组合作用下两种跨径边中梁最大主压应力约为 40.2MPa，均小于限值 63MPa；

（5）原有下部结构盖梁计算：既有盖梁承载能力极限状态下基本组合作用下正截面抗弯、斜截面抗剪承载能力，正常使用极限状态下最大裂缝宽度均满足《公预规》的要求。

［文献 78］研究成果表明：UHPC-π形梁替换原空心板加固方法效果可靠，π形梁与原结构结合良好，能满足共同受力的要求，在桥梁结构自重增加不大的情况下取得了良好的加固效果，具有一定的推广价值。

6.4 贵州红岩桥

6.4.1 总体概况

红岩桥[79]位于贵州省黔南州长顺县云盘-鼓扬的农村公路上，为 3 跨圆弧拱桥，桥梁跨径为 4.8m+5.3m+4.04m，桥梁全长 14.14m，桥面宽 4.87m。1 号（如图 42，其余编号类同）拱圈跨径 4.8m，拱圈厚 36cm，拱顶填料高 38cm；2 号拱圈跨径 5.3m，拱圈厚 39cm，拱顶填料高 20cm；3 号拱圈跨径为 4.04m，拱圈厚 39cm，拱顶填料高 63cm。该桥在 2018 年定期检查中发现石砌拱圈渗水、勾缝砂浆脱落严重、碱蚀等多处病害，主拱圈 3 条裂缝总长度为 3.2m，拱圈砌块脱落处面积为 250cm^2，桥墩砌石水蚀、风化严重，桥梁总体技术状况等级评定为 4 级。

6.4.2 拱圈和桥墩加固设计

目前，UHPC 在圬工拱桥加固工程案例相对较少，为保障结构层的顺利浇筑并为后续工程积累经验王宗山[79]等采用了相对保守的加固设计。其加固方法为增加截面法，主拱圈和桥墩均增设 15cm 厚的加固层，该加固层厚度能够保证 UHPC 层能单独承受上部恒载（含原拱圈）和公路-Ⅱ级活载。主拱圈加固材料为 UHPC，强度等级为 UC120，UHPC 配合比设计见表 6-1，桥墩加固材料为普通混凝土，强度等级为 C40，加固层中配置 1 层受力钢筋网，纵向钢筋直径为 20mm，横向钢筋直径为 12mm，纵横向钢筋间距均为 200mm。UHPC 加固层同原结构采用植筋方式连接，以保证新旧结构协同受力，植筋直径为 12mm，植入拱圈和桥墩的长度分别为 200mm、150mm，在空间上采用梅花形布置，图 6-5 为该桥加固后立面布置示意图。

表 6-1　红岩桥 UHPC 加固层配合比[80]

组分	水泥	硅灰	石英砂	石英粉	减水剂	水
质量比	1.000	0.250	1.100	0.300	0.019	0.225

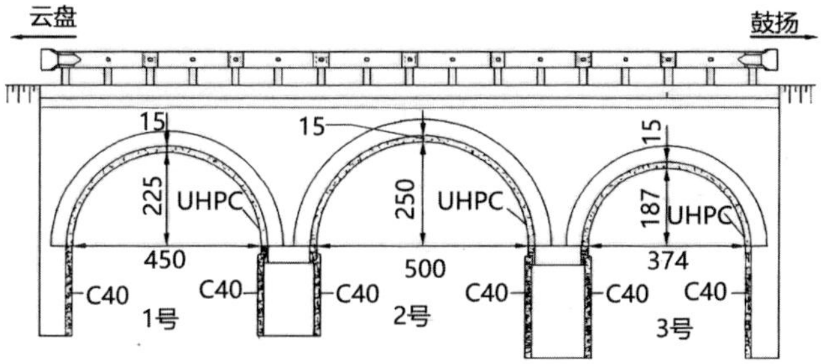

图 6-5　红岩桥加固后立面布置示意图（单位：cm）[79]

6.4.3 拱圈和桥墩加固施工及加固效果

该桥加固施工顺序为：桥墩加固→主拱圈加固→桥面施工。主拱圈加固施工顺序为先对称浇筑 1 号和 3 号拱圈 UHPC 加固层，后浇筑 2 号拱圈 UHPC 加固层。为方便施工，在拱顶桥面处开设 10cm 浇筑孔，该孔自桥面贯穿至加固层，UHPC 直接从桥面现浇灌入，加固层施工浇筑完毕的标志为浇筑孔内填充满 UHPC，因 UHPC 具有自流平、自密实的特点，施工过程中需要关注模板的密闭程度。现场养护方式采用自然养护，避免因蒸汽养护造成界面黏结强度降低。

UHPC 浇筑完成后第 3 天拆除模板，通过观察 UHPC 加固层外表面发现，全桥拱圈腹部除模板连接处和锚杆切除处不平整外，其余部位均较光滑，无坑槽和空洞。该桥加固于 2019 年 12 月底完工，运营以来 UHPC 加固层与原砌体粘结良好，未出现渗水和开裂现象，表明界面之间采用植筋连接能保证新旧结构协同受力。

6.5 贵州七星关桥

6.5.1 总体概况

七星关桥[79]位于贵州省黔南州福泉市福泉-香坪公路上，上部结构为实腹式拱桥，下部结构为重力式桥台+扩大基础。桥梁全长为36m，跨径为20m，桥面宽9.1m，双向两车道，拱顶填料厚度为0.1m，拱脚填料厚度为4.25m，桥面铺装层厚度为0.15m。该桥在2018年定期检查中发现主拱圈存在1条长度约为1m、宽度约0.5mm的纵向裂缝，位于约1/4跨径处，同时渗水泛碱等问题突出。

6.5.2 加固前拱圈结构验算

该公路重载车辆通行频率高，为保证桥梁的运营安全，迫切需要提高桥梁结构的承载能力，王宗山[79]等经过实地调研，重载车辆由纵向三轴组成，车辆总重为80t，前轮为单轴，轴重10t，后轮为双轴，轴重均为35t，前轮轴与其近侧后轮轴中心距为4.2m，相邻后轮轴中心距为1.4m。王宗山[79]等结合调研重载车辆荷载相关参数对加固前拱圈进行了验算，验算结果表明：在承载能力极限状态下，加固前拱圈除拱顶小部分区域以及两侧拱脚区域外，大部分截面荷载破坏系数均小于1，最不利情况出现在拱顶右侧约4m处，对应荷载破坏系数为0.61，即0.61倍的重载荷载作用下，该处结构恰好破坏。上述分析表明，该桥安全储备低，为保证当地重载车辆的正常通行，需要对既有桥梁进行加固处理。

6.5.3 拱圈加固设计

七星关桥加固采用的UHPC与上述案例红岩桥相同，目前，UHPC加固圬工拱桥的破坏模式尚不清晰，王宗山[79]等在加固设计时，考虑了UHPC与原拱圈界面粘结良好（加固层厚分别取 3,4,5,6cm）和界面脱粘（加固层厚分别取 3,6,9,10,12cm）两种工况，上述两种工况荷载破坏系数曲线变化规律相似，随着 UHPC 加固层厚度的增加，拱圈各位置处荷载破坏系数均增大，界面粘结良好 UHPC 厚度为 6cm 和界面脱粘 UHPC 厚度为 10cm 时，最不利荷载位置处的荷载破坏系数达到 1.0，通过上述理论分析，在界面粘结良好 UHPC 厚度 6cm 的工况下，UHPC 强度发挥更加充分，加固层更加轻薄。

从偏安全角度出发，七星关桥实际加固设计时在拱圈腹部增设 12cm 厚的 UHPC 加固层，同时，为保护原石砌拱圈，在两侧采用 10cm 宽的 UHPC 加固包裹，形成三面围套的加固设计，此时最不利荷载位置处的荷载破坏系数为 1.1。UHPC 加固层配筋及植筋布置与上述案例红岩桥一致，因该桥拱轴线曲率较小，便于施工模板的安装及加工，避免了模板连接处的不平整，该桥加固于 2020 年 6 月完工，脱模后整个拱圈腹部光滑、平整。

6.5.4 加固后荷载试验

［文献 79］中为验证加固效果，确保加固后桥梁在当地重载交通作用下的行车安全，开展了荷载试验。荷载试验加载车辆从该线路通行的重载车辆中随机选择 2 辆，2 辆车前轴为单轴，后轴为双轴，轴重和轮距参数基本一致，2 辆车前轴平均轴重约 14t，后轴双轴平均重约 65.5t，前后轮轴中心距为 5m，上述参数与调研车辆荷载取值相近，因挠度是结构整体刚度最直接的体现，因此该桥试验中通过测量关键截面（L/4、 L/2、3L/4）变形来评价加固效果。在试验过程中，七星关桥变形正常，未见新裂缝，单车加载和双车加载作用下，同一位置双车加载实测挠度极值约为单车实测挠度极值的 2 倍，表明加固后结构呈现出线弹性行为，新、旧结构协同受力性能良好，在双车加载下，实测最大变形不超过 0.5mm，远小于《公路桥涵设计通用规范》（JTG D60-2015）1/1000 的要求，表明采用 UHPC 加固后，该桥安全储备高，设计时考虑界面脱粘的情况偏于安全。

6.6 钢结构人行桥

6.6.1 总体概况

某钢结构人行天桥[81]主桥为4跨连续钢箱梁，跨径为41.5m+26.4m+34.9m+41.3m，梁高为1.25m，桥面宽5.0m，翼缘板纵向加劲肋间距745mm，横隔板间距1.0m，天桥边墩安放了板式橡胶支座，中间3个桥墩均采用墩梁固结设计，墩柱内灌注混凝土，原设计人群荷载为4.0KN/㎡。第三方检测结构对该桥进行了全面检测，发现有5类病害：

（1）全桥钢结构表面存在大量油漆起皮、剥落和锈蚀现象；

（2）主梁翼缘板侧面加劲板变形；

（3）个别立柱顶部与主梁连接部分焊缝开裂，对未开裂的墩顶与主梁连接部位焊缝进行抽检，部分焊缝检测为Ⅳ，不合格，抽检不合格率达22%；

（4）主梁存在下挠趋势；

（5）主梁端部伸缩缝横向错缝达10cm，远大于结构容许横向变形。

6.6.2 病害原因分析

张培君[81]等对该桥产生病害的原因进行了分析，主要原因如下：

（1）原有桥梁纵向加劲肋间距超过规范限值，表明现状压板稳定不满足构造要求；

（2）墩顶主梁底板应力较大，达到245MPa，接近规范限值，安全储备不高；

（3）主梁活载最大挠度为7.2cm，超过规范L/600的限值，不满足要求；

（4）墩柱顶部钢管最大应力为378MPa，应力指标不满足规范要求，且焊缝检测结果不合格，大刚度桥墩采用小焊缝与主梁直接连接的方式存在较为严重的可靠性问题。

6.6.3 加固设计

［文献81］根据该桥的病害原因分析提出了相应的加固方案，其主要从

UHPC 加固顶板、优化桥墩与主梁连接方式、UHPC 加固墩顶处主梁底板等方面开展加固设计。

（1）UHPC 加固顶板

由于人行桥钢箱梁顶板厚度偏薄，存在局部屈曲的风险，且桥梁服役时间超过 20 年，主体结构受环境侵蚀影响较大，桥面铺装层破坏严重，裂缝处可见锈水溢出，为改善主体结构受力和耐久性，首先清除结构原有铺装层，再浇筑 5cm 超高性能混凝土，超高性能混凝土通过焊接在钢箱梁顶板上的栓钉连接成整体，最后在 UHPC 层上铺设 3cm 防滑铺装层。该加固方案不仅能提高顶板的抗压能力以解决翼缘板加劲肋间距过大引起局部失稳的问题，还能增大主梁的抗弯刚度以提高主梁抗弯承载力和改善主梁下挠状况。

（2）优化结构体系与墩柱周边主梁底板加固

从［文献 81］得知，人行桥墩柱顶端和主梁底板连接处存在多处焊缝开裂的病害，局部焊缝修补或增加局部加劲肋进行补强等常规的焊缝加固处理措施不能解决根本问题。主梁底板厚 16mm，墩柱为钢管混凝土结构，墩柱顶端和主梁主要依靠钢管外壁连接，在人群和温度等荷载作用下，极易导致局部应力过大，不利于结构受力，为从根源上因超静定次数过多引起冗余力问题，对人行桥结构体系进行调整，具体加固方法如下：将主桥 1#、5#边墩更换为单向活动抗拉支座，将 2#、4#中墩更换为拉索减震球形固定支座，3#桥墩维持墩梁固结形式，对连接处进行加固处理，体系转换示意图如图 6-6 所示。为提高墩柱周边主梁底板的承载能力，在 1#～5#墩顶主梁底板处增设 200mm 厚超高性能混凝土。

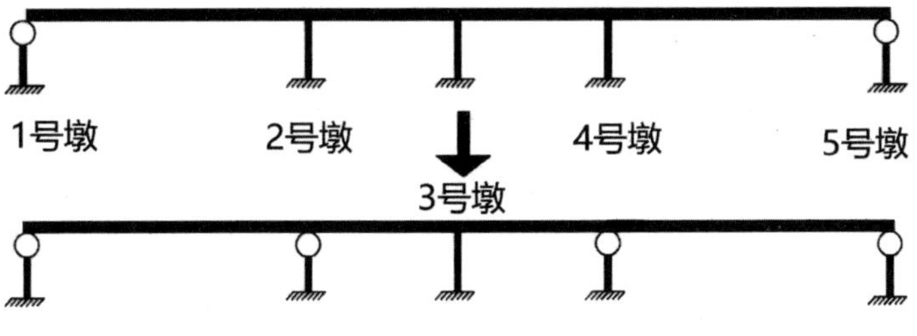

图 6-6　人行桥体系转换示意图[80]

6.6.4 加固效果

张培君[81]等根据以上加固方案，进一步分析了加固后的主梁应力、挠度和墩柱应力，计算发现在标准组合作用下加固后支点主梁底板应力由 245MPa 降低至 112MPa，墩顶应力由 378MPa 降低至 213MPa，主梁挠度由 72mm 减少至 49mm，上述计算结果表明通过结构体系调整、提高主梁刚度、减少墩顶约束能显著降低墩顶主梁底板和墩顶处应力，改善主梁下挠状况。

6.7 上海市新卫高速（S19）江家浜装配式空心板桥

6.7.1 总体概况

江家浜桥[82]位于上海市金山区新卫高速（S19）上，跨越江家浜，桥梁中心桩号为 K15+708，桥梁孔跨布置为（10+13+10）m 装配式钢筋混凝土先简支后桥面连续空心板桥，上下部结构与河道平行布置，河道中心线与路线中心线斜交 50°，设计荷载为汽-超 20，挂-120。桥梁总长为 33.0m，桥面总宽 29.5m。该桥分左右两幅桥，左右幅上部结构各由 14 片装配式钢筋混凝土空心板组成，边跨梁高为 0.52m，中跨梁高为 0.62m，边梁底宽为 0.995m，中梁底宽为 0.99m，空心板顶层铺设 8cm 钢筋混凝土现浇层+沥青混凝土层。下部结构为轻型桥台、桩柱式墩，梁底设置板式橡胶支座，两端桥台处设置型钢伸缩缝。

该桥修建于 1996 年，在 2005 年进行了桥面系改造。2016 年 6 月对该桥进行了检测，发现存在以下病害：

（1）铰缝梁底处渗水白化；

（2）铰缝处桥面铺装纵向开裂；

（3）墩顶桥面连续处桥面铺装沥青层横向开裂。

针对铰缝损坏削弱了梁间横向联系，考虑为单块板受力，刘经熠[82]对 13m 跨径单片裸梁进行了抗弯承载力计算发现裸梁安全度小于 1，表明板梁抗弯承载能力不足，需维修加固。

6.7.2 UHPC 加固修复方案

基于空心板铰缝渗水、顶层桥面铺装层纵横向开裂，且铰缝预留钢筋及邻近铺装层处钢筋因渗水引起了严重锈蚀等情况，［文献 82］中采取如图 6-7 所示加固修复方案，具体措施如下：

（1）凿除破损铰缝混凝土和原沥青混凝土铺装层；

（2）在原空心板顶板横桥向植入带肋钢筋，钢筋直径 12mm，锚固长度为 100mm，外露长度为 35mm，钢筋至铰缝中心线距离为 130mm，纵桥向间距 200mm，在铰缝顶布置补强钢筋与锚固钢筋连接，补强钢筋为直径 10mm 带肋钢筋，纵桥向间距 100mm；

（3）清除施工面混凝土残渣，保持桥面整洁，在板梁布设 C12@100mm×100mm 钢筋网，浇筑 60mm 厚 UHPC 加固层；

（4）在 UHPC 铺装层上铺设 40mmSMA 沥青磨耗层，总铺装厚层厚为 100mm，降低了二期恒载重。

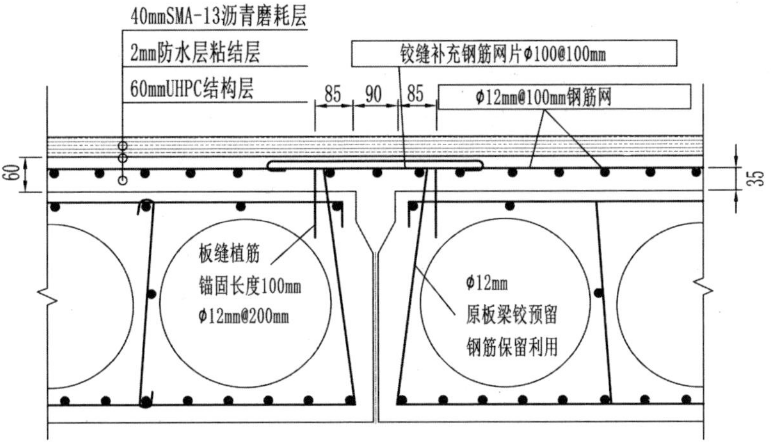

图 6-7　装配式空心板铰缝及桥面 UHPC 加固方案示意图（单位：mm）[82]

6.7.3 UHPC 加固施工

为不影响既有道路正常通行，江家浜桥桥面加固分两阶段进行，先进行西幅桥面施工，东幅桥面开放交通，待西幅桥面施工完毕开放交通后，再对东幅桥进行施工。［文献 82］总结了江家浜桥桥面 UHPC 加固施工过程中的特点，具体如下：

（1）因 UHPC 加固层层厚较薄，绑扎钢筋间距及保护层厚度通过设置垫块实现；

（2）UHPC 布料过程中，黏稠度适中，流动性较好，在泵送过程中工作性能良好，浆体流入钢筋网下后，未见明显结块或空洞；

（3）每一分段 UHPC 布料完后，立即在摊铺表面进行洒水，随后采用振动梁进行整平，保证标高误差控制在±2mm 以内；

（4）每段 UHPC 初凝（施工后约 7～8h）后，根据现场手指按压硬度进行二次抹压，抹压完毕后立即进行 UHPC 表面拉毛并重新喷淋，喷淋结束后继续覆膜、盖上土工布进行养护，水干后观察 UHPC 表层，未发现裂纹；

（5）因 UHPC 表面采用了拉毛处理，表层较粗糙，铺设沥青层时不需要在进行抛光处理。

6.7.4 实桥荷载试验

［文献 82］中分别对江家浜桥东、西两幅桥进行了加载试验，加载车辆为 2 辆约 50t 四轴载重汽车，边跨和中跨均采用正载和偏载两种工况，每个工况分 2 级加载，试验结果显示：（1）边跨跨中弯矩荷载效率为 1.03，中跨跨中弯矩荷载效率为 0.99，满足《公路桥梁承载能力检测评定规程》（JTG/T J21-2011）荷载效率宜在 0.95～1.05 之间的要求；（2）中跨偏载工况挠度实测值大于正载工况挠度实测值，约为计算挠度值的 0.5 倍；（3）通过监测边跨部分板梁距支点 2.1～2.5m 范围内 6 条裂缝加载前和加载后裂缝宽度发现，加载过程中裂缝宽度增量很小，未出现大于 0.2mm 的情况，卸载后梁底裂缝基本恢复至加载前状态；（4）梁底和铺装各测点应变随各工况分级加载呈线性增长趋势，未见突变，且残余应变很小。

实桥荷载试验表明，该技术方案加固后的结构刚度和整体性优于预期，在装配式空心板铰缝及桥面铺装快速修复工程中具有良好的应用前景。

6.8 上海市中山南路南浦大桥 W3 匝道改造工程

6.8.1 总体概况

南浦大桥 W3 匝道桥[83]-[84]，桥面宽为 9.55m，单幅桥双车道设计，横向布置 9 片空心板梁，原设计为 14 孔简支预应力空心板桥，总长约 369m，纵坡设计由-4%变成 0%的平坡段，再变成-4%的纵坡接地，因区域发展需对该匝道进行南移改造，通过取消原匝道纵坡 0%的平坡段，提高纵断面高程，匝道纵坡加大至-5.17%，缩短匝道总长度至 8 跨简支空心板梁，总长度为 160m，匝道桥既有桥墩均为独柱“T”形墩，桥墩立柱为矩形截面，尺寸为 3.0m（横桥向）×1.2m（顺桥向），直角设置 0.2×0.2m 倒角，桥墩混凝土强度等级为 C40，桥墩主筋采用直径为 25mm 的带肋钢筋。

6.8.2 改造方案措施

因 W3 匝道改造后总长度缩短，改造过程中影响的桥墩范围为 20 号～34 号桥墩，20 号～27 号桥墩处新旧桥纵断面高程分别增加 0.07m、0.482m、1.377m、2.409m、3.458m、4.484m、5.231m。改造方案设计措施：

（1）拆除 28 号～34 号墩之间 6 跨 20m 空心板梁及 28 号～34 号桥墩墩柱，依托 28 号桥墩既有承台、桩基新建桥台；

（2）20 号～27 号桥墩之间 8 跨 20m 空心板梁通过截除部分墩柱，采用交替式顶升工艺施工技术将上部结构+截断墩柱上部整体同步降落至新设计高程位置；

（3）采用超高性能混凝土（UHPC）将上下部分墩柱连接成整体。

6.8.3 上下墩柱 UHPC 连接设计

（1）墩柱连接处构造设计

W3 匝道需进行部分墩柱截除的立柱为 20 号～27 号桥墩，共计 8 根，为便于施工，墩柱实际截除长度=理论增加高度+0.4m（UHPC 连接高度），20 号～27 号桥墩实际截除长度分别为 0.47m、0.882m、1.777m、2.809m、3.858m、

4.884m、5.631m。21号～27号桥墩截除长度在0.88～5.63m，长度较长，采用0.4m高度整段凿除，能满足施工作业空间的要求，凿除面水平，再浇筑UHPC将上下部桥墩连接成整体，如图（6-8a）所示；20号桥墩因截除长度仅为0.47m，如采用40cm整段截除，施工器械操作空间不能满足要求，为方便施工，20号桥墩截除面采用圆台状，顶面间距为20cm，底面间距为70cm，如图（6-8b）所示。

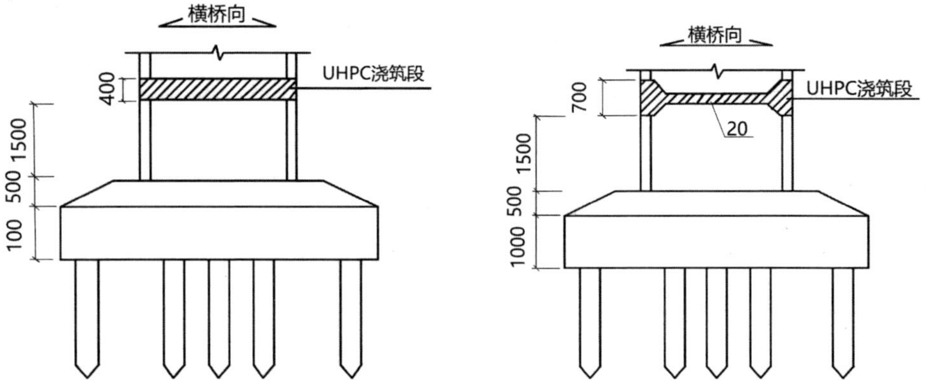

图6-8　20号～27号桥墩立柱UHPC连接示意图（单位：mm）[84]

（2）墩柱连接处钢筋连接设计

［文献84］对钢筋在UHPC中的锚固长度和UHPC与普通混凝土界面粘结性能开展了拉拔试验和界面粘结强度试验，试验发现当钢筋采用7.5d和10d锚固长度时，钢筋均无滑移拉断破坏，界面粘结强度试验破坏的位置发生在普通混凝土内部。试验结果表明：UHPC与普通混凝土粘结牢固，钢筋采用10d锚固长度能满足结构受力需要。

因为20号桥墩墩柱截除断面形式与21号～27号桥墩截除断面形式有差异，所以对应钢筋的搭接方式也不同。21号～27号桥墩截除长度较长，上下立柱能预留足够的钢筋长度，通过上下部钢筋焊接，搭接长度300mm；20号桥墩截除长度较短，上下立柱外露钢筋长度最大为35cm，为保证锚固长度满足试验要求的10d，增设一根长度为60cm，钢筋型号与桥墩主筋一致的帮条焊与上下部外露钢筋焊接。

（3）顶升施工主要技术措施

该桥总重量达 3000t，整体重量较大，降落高度达 5m，调坡降落，桥面坡度变化较大，对顶升工艺提出了很高的要求，为确保顶升的施工安全，［文献 84］提出了如下技术措施：

①降落工艺

该工程截除部分墩柱后，整个上部结构+上部墩柱的降落采取交替式顶升工艺的逆操作。交替式顶升工艺是指采用两组千斤顶分别设置于立柱左右两侧的支撑系统上，交替支撑进行顶升的操作工艺。在整个顶升过程中，整个上部结构和上部墩柱全程处于支撑状态，两组千斤顶交替支撑时，梁体位移均处于可控范围，在每一组支撑状态下，支撑体系的压缩量基本不变，整个上部结构与上部墩柱内力基本保持不变。

②桁架式托架体系

该桥顶升支撑体系采用桁架式托架体系，将每个桥墩的所有钢支撑通过型钢连接成桁架式整体结构，装配化施工。

③限位体系

在每个桥墩位置设置格构式限位装置，限制切断面上段结构，避免墩柱发生水平偏位；在桥台台后部位单独设置钢结构立柱架，限制住从桥面伸出的锚固好的型钢支架，防止梁体发生横向偏位；在每道伸缩缝处设置牵拉限位装置，防止梁体纵向爬移和调节伸缩缝宽度。

6.9 广东潮州市溪东桥和揭阳市金鲤大桥旧桥改造工程

6.9.1 旧桥改造工程背景

田月强[85]等从广东省内既有农村公路桥梁先天建设条件、管养条件、交通运输需求等方面对广东农村公路桥梁现状进行了阐述，现状如下：

（1）二十世纪六七十年代修建的桥梁，因建设资金有限和设计标准低等原因导致既有桥梁存在较多的设计与施工缺陷；

（2）农村桥梁体量小、数量庞大、部分桥梁设计及建设资料缺失、地方资金紧张等因素造成管养单位对农村桥梁的养护和管理工作难度较大；

（3）随着国民经济的长足发展，农村经济发生了根本性的变化，导致早期农村桥梁不能满足现有交通需求。

6.9.2 农村公路桥梁病害类型及维修加固措施

（1）病害类型

根据上述现状描述，随着时代的快速发展，加剧了农村桥梁的病害发展，田月强[85]等总结了病害主要表现为：上部结构梁体开裂、顶板坑洞、混凝土剥落与钢筋锈蚀；下部结构立柱和盖梁开裂、桩基混凝土冲蚀、露筋；附属结构桥面铺装破损、护栏开裂、伸缩缝失效、搭板开裂沉降等。部分农村公路桥梁迫切需要维修加固与升级改造。

（2）维修加固措施

针对桥梁病害较轻、上部结构承载能力损失较大的情况，多采用下部结构不变，上部结构维修加固的方式；当原有荷载标准不能满足交通需求，需要加宽桥面或提高桥梁承载力时，在基础条件较好的情况下，常采用上下部结构均进行加固补强的方式；如果上下部结构损伤严重，加固维修成本高于新建桥梁成本时，必然采用拆除重建的方式进行改造。

6.9.3 UHPC-NC 梁在潮州市溪东桥和揭阳市金鲤大桥上的应用

2019 年，广东省启动农村公路危桥改造项目，该项目被纳入广东省政府“十件民生实事”工程之一。在该工程中，包括 315 座危桥改造，溪东桥和金鲤大桥位列其中。

（1）溪东桥[85]

该桥位于潮州市饶平县三饶镇 Y446 乡道上，横跨食饭溪，改造方案拟定在原桥位上游 7m 处新建桥梁，桥梁孔跨布置为 3×16mUHPC-NC 预应力工型组合梁，单跨上部结构由 6 片工字梁组成，全桥共 18 片工字梁。UHPC 工字预制梁梁高为 62cm，单梁自重约 5.5t，NC 桥面板板厚为 22cm，上部结构总建筑高度为 84cm。［文献 85］中列出该桥原改造方案上部结构采用预应力混凝土简支工字梁，梁高为 90cm，单梁自重 15.9t，UHPC 工字梁相对于原方案普通混凝土工字梁吊装重降低约 65%，在大型构件运输和大型吊装设备使用受限的情况下，UHPC 工字梁更有利该桥的建设。文献中同时也对 16m 跨径同桥面宽预应力混凝土空心板与 UHPC+NC 组合梁自重进行了对比，对比结果显示 UHPC-NC 组合梁自重相比于空心板自重减轻约 40%，在利用原有下部结构的改造工程中 UHPC-NC 组合梁具有显著优势。

（2）金鲤大桥[85]

该桥位于揭阳市揭西县境内的 X096 县道上，横跨榕江南河，原桥布置为左右双幅，右幅先建，左幅后建，左幅于 1997 年开工建设，1998 年建成通车，设计荷载等级为汽车-20，挂-100。左幅孔跨布置为 8×16m+3×20m+4×16m，右幅孔跨布置为 8×16m+3×20m+8×16m，左右幅上部结构均为普通钢筋混凝土 T 梁，左右幅单幅桥面宽度均为 8m，桥面铺装为水泥混凝土铺装。下部构造均为双柱式墩台+桩基础。

该桥下部结构检测评定等级为 3 类，经试验验证，利用原有下部结构，上部改造方案为更换左幅第 1 号、7 号～11 号合计 6 跨，跨径为 3 跨 16m 和 3 跨 20m。因桥梁修建年代久远，相关资料缺失，为保证结构的整体安全，上部结构更换为 UHPC-NC 组合梁，［文献 85］对 16m 和 20m 跨径同桥面宽上部结构后张法预应力普通混凝土 T 梁与后张法 UHPC-NC 组合梁上部恒载进行了对比，应用后张法 UHPC-NC 组合梁，16m 跨恒载减轻约 40%，20m 跨恒载减轻约 38%，恒载减载效果明显。

溪东桥和金鲤大桥两座旧桥改造工程表明，中小跨径 UHPC 桥梁为广东农村旧桥改造工程提供了一种经济、环保、快速施工的新方法。随着对 UHPC 材料性能研究的不断深入，以及原材料单价不断降低， UHPC 将在我国桥梁建设领域得到更广泛的应用。

6.10 汝郴高速赤石特大桥混凝土桥面板维修

6.10.1 工程加固背景

赤石特大桥[29]-[30]为四塔双索面斜拉桥，主跨布置为 165+3×380+165m，主桥桥型布置立面图如图 6-9 所示，采用边塔支承、中塔塔梁墩固结结构体系，桥面总宽为 28m，桥塔采用双面双曲线空心薄壁形设计，桥塔最大高度约为 286m，其中 5 号墩塔高约为 254m，6 号墩塔高约为 274m，桥面离地距离约为 182m，塔身采用混凝土等级为 C50，主梁采用预应力混凝土箱梁结构，单箱四室箱形截面如图 6-10 所示，主梁采用混凝土等级为 C55，在施工过程中因工人操作失误，造成 6#塔郴州侧发生火灾事故，造成部分斜拉索断裂，引起桥面下降，造成主梁部分梁段受损，因部分箱梁梁段受损比较严重。

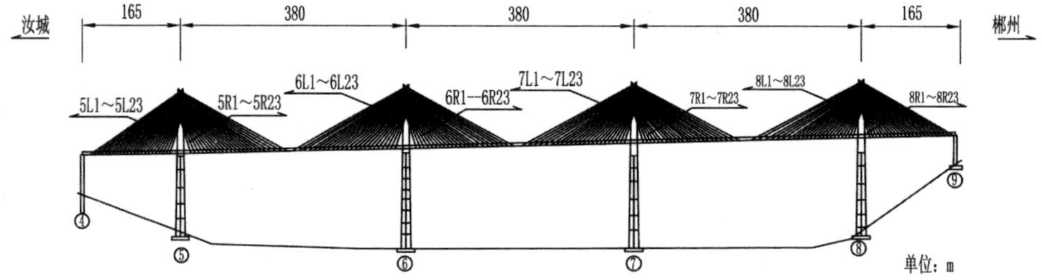

图 6-9　赤石特大桥主桥桥型布置立面图[29]

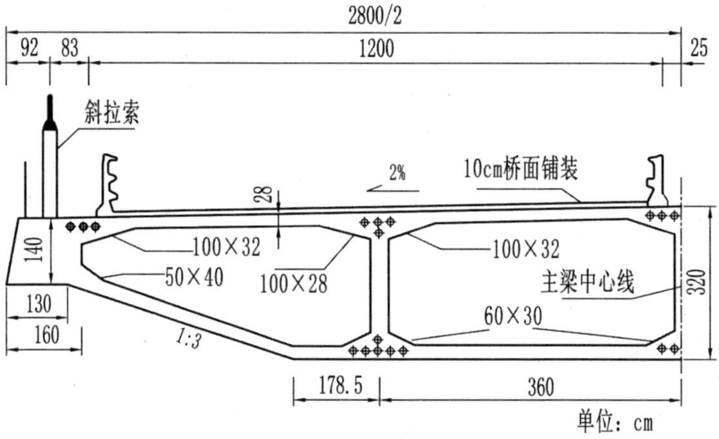

图 6-10　赤石特大桥主梁/2 横断面示意图[29]

6.10.2 加固方案设计

［文献 30］中为保证赤石特大桥的结构安全并能达到设计使用年限，传统的高强混凝土不能满足维修加固要求，采用超高韧性混凝土对受损梁段进行维修加固，维修加固方案为 6#塔郴州侧 6R6#～20#节段箱梁纵向区段范围

内，左右幅铺摊宽度各 11m，加固范围内箱梁顶面采用 STC 加强层进行加固，受损区上面层采用 50mmSTC 层+50mm 改性沥青 AMA-13，为保证原桥面铺装层和桥面加固铺装层之间平顺过渡，在过渡区各设置 2m 过渡段，采用 35mmSTC 层+65mm 改性沥青 SMA-13，如图 6-11 所示。

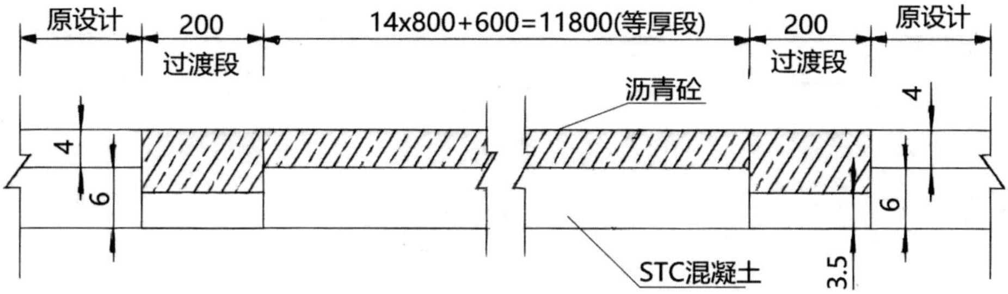

图 6-11　STC 铺装层示意图（单位：cm）[30]

6.10.3 加固施工工序

在 STC 层施工前，提前对箱梁顶板顶面进行钻孔植筋，钻孔孔深为 115mm，孔径比栓钉下部直径大 2～4mm，植入抗剪栓钉规格为Φ13×150mm，间距为 500mm，呈梅花形布置，钻孔结束后及时清理孔道，植筋时，先灌入植筋专用胶至孔深 2/3 处，再插入栓钉至孔底，静置胶液干涸。其主要施工流程为箱梁顶板糙化处理→箱梁顶板植筋→铺设钢筋网→现浇 STC 铺装层→STC 层保温养护（终凝前）→蒸汽养护（终凝后，一般摊铺后 48h，在温度达到 45℃后恒温养护 6d）→STC 表层刻槽，STC 现浇层内为密布带肋钢筋网，纵横向钢筋直径为Φ10mm，纵横向布置间距均为 40mm，横向钢筋放置在纵向钢筋上，通过绑扎连接，纵向铺设长度为 118m，过渡区仅铺设纵向钢筋[30]。

第 7 章　钢-UHPC/STC 组合桥面结构

钢桥面体系中正交异性板多由顶板及焊接在顶板上的纵向及横向加劲肋组成，具有自重轻、极限承载力大、运输与施工架设方便等特点，在国内外桥梁结构中得到了广泛的应用，正交异性钢桥面铺装目前大多数采用柔性沥青混凝料铺装层，主要有浇筑式沥青混凝土、沥青玛蹄脂混凝土和环氧沥青混凝土等三大类，包括防腐层、黏结层和铺装层，总厚度一般在 35～80mm 之间[15]，沥青类铺装设计年限一般为 15 年，远低于桥梁主体结构设计年限 100 年，存在后期养护和维修问题[24]。正交异性钢桥面结构受力十分复杂，桥面板自身刚度不足、箱室内外温差不同步、强风引起桥面的频繁振动、车轮荷载作用下沥青铺装层表面出现负弯矩、超载、构造细节处理不当等因素影响引起正交异性钢桥面结构疲劳开裂及沥青混凝土铺装层损坏[15]。史佳晨[19]等统计了珠江黄埔大桥、马房大桥等 4 座桥的桥面铺装维修时间，距离建成通车第一次大修时间最长的使用年限为 9 年，最短的仅为 1 年，与桥梁结构设计寿命 100 年相距甚远。

针对正交异性钢桥面结构疲劳开裂及沥青混凝土铺装层损坏两大难题，国内部分专家学者对此开展了大量的研究工作，提出了钢-超高性能组合桥面结构，包括钢-UHPC、钢-STC 等，近年这类结构已广泛应用于梁桥、拱桥、斜拉桥及悬索桥等桥梁中，涵盖了新建桥梁、旧桥改造及加固等领域，如下介绍国内部分应用案例。

7.1 广东肇庆马房北江大桥

7.1.1 总体概况

2011 年广东马房大桥[16]-[18]钢桥面维修中首次采用了新型正交异性钢板-STC 组合桥面结构，马房大桥修建于 1984 年，包括一座公路桥梁和一座铁路桥梁，大桥的两座桥梁平行支撑在同一桥墩上，桥面维修应用在公路桥上，为简支钢箱梁桥，其跨径布置为 14×64m，桥面采用正交异性钢桥面结构：钢面板厚 12mm，角钢开口加劲肋每 300～325mm 布置一道，横肋每 2m 布置一道，自竣工通车以来，其桥面铺装经历了两次大面积翻修和多次局部维修，1992 年第一次翻修时采用沥青混凝土铺装层，2001 年第二次翻修时改为双层多碎石沥青混凝土，因交通量大且重载车较多，在第二次翻修运营不到三年便出现了开裂、车辙等病害。

7.1.2 组合桥面结构设计

2011 年 11 月～12 月，完成了马房大桥第 11 跨正交异形钢桥面一薄层超韧性混凝土组合桥面结构施工，在实桥中，为便于监测靠近肇庆方向梁端的 10m 范围采用 70mm 厚 STC 层裸露段（图 7-1），其余两段为普通段采用 50mm 厚 STC 层+20mm 厚磨耗层（图 7-2），普通段 STC 层与磨耗层之间设置了黏结层，现浇的 STC 采用高温蒸汽养护，STC 裸露段是为了便于今后直接观察 STC 层的运营状态，铺装结构中剪力钉直径 13mm，高度 40mm，横向间距 325mm，纵向间距 250mm，采用螺柱焊机焊接。STC 层中布置 32mm×32mm 钢筋网，顺桥向和横桥向采用 HRB400 钢筋，直径均为 10mm，将薄层 STC 与钢桥面形成轻型组合结构，使得 STC 不仅充当主铺装层，还能与钢面板协同受力。

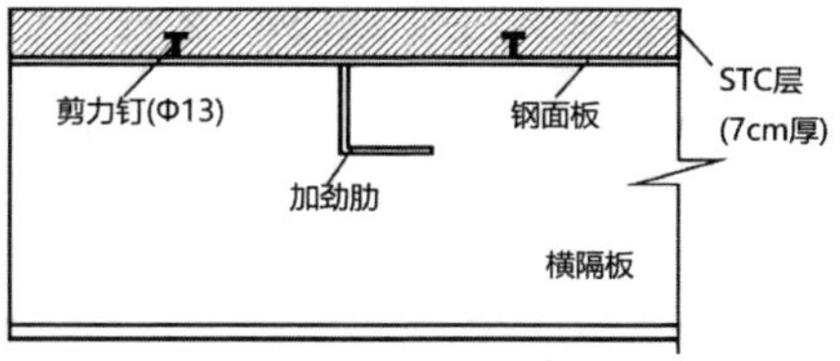

图 7-1　马房大桥 STC 裸露段[18]

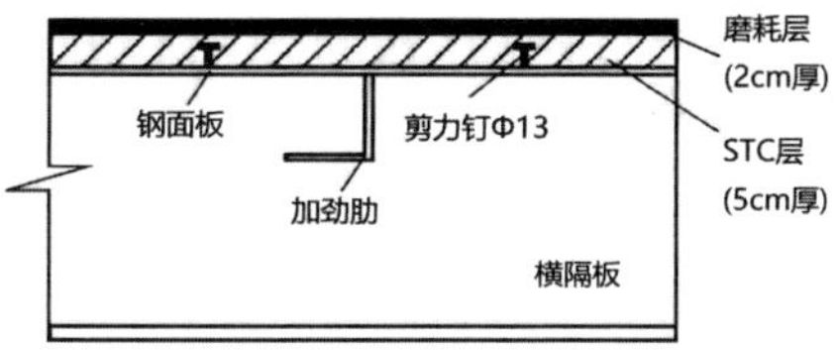

图 7-2　马房大桥 STC 常规段[18]

7.1.3 组合桥面结构加固效果

根据检测报告得知，与原沥青混凝土铺装状态相比，采用新型组合桥面结构后钢桥面纵肋、面板中的应力及局部挠度明显下降，其中：纵肋构件纵桥向应力平均降幅达 80%；面板横向应力平均降幅达 92%；纵肋及面板的局部挠度平均降幅为 81%。

湖南大学李嘉[18]对该桥 STC 新铺装状态下进行了有限元分析研究，有限元计算结果与第三方检测数据吻合性好，采用钢-STC 组合桥面结构后，对钢桥面结构受力有很大的改善，可消除钢桥面疲劳开裂的风险，有利于荷载扩散，削弱荷载的局部作用，可有效降低铺装层拉压应变及竖向变形，能够有效消除铺装层开裂、车辙等病害，从而获得良好的社会效益与经济效益。

7.2 杭瑞高速公路洞庭湖大桥

7.2.1 总体概况

杭瑞高速公路洞庭湖大桥[20]于 2013 年 10 月 25 日全面开工建设，2018 年 2 月 1 号已建成通车。主桥为（1480.0+453.6）m 的双塔钢桁梁悬索桥其立面布置图及钢桁梁横断面布置如图 7-3、7-4 所示。主桥加劲梁采用板桁结合型加劲梁，桥面采用 STC 轻型组合结构，钢桥面系采用板桁结合型正交异性板，钢桥面板厚 12 mm，车道区域采用 U 肋加劲，U 肋 300（上口宽）×280（高）×8（板厚）mm、间距 600mm，其他位置采用板式肋加劲，板肋尺寸为 180（高）×14（板厚）mm、间距 350mm。桥面设 3 道纵梁，桥面相邻横梁之间等间距设置 2 道横肋，桥面纵梁、横肋均采用倒 T 形截面，桥面横梁、横肋及纵梁高度设计相同，三者的下翼缘板均采用对接焊相互连接为一体。

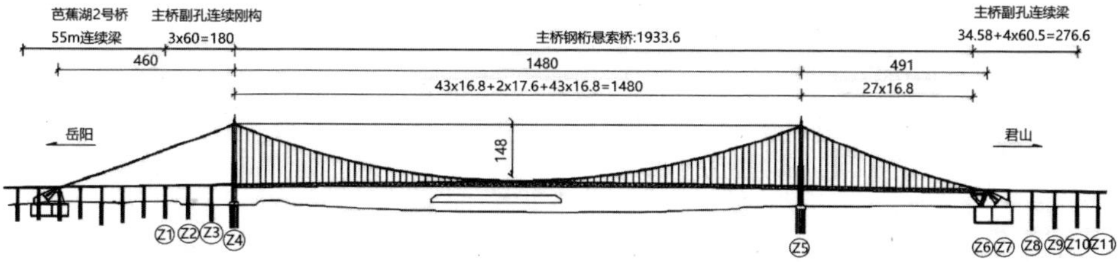

图 7-3　杭瑞高速公路洞庭湖大桥桥型立面布置图（单位：m）[20]

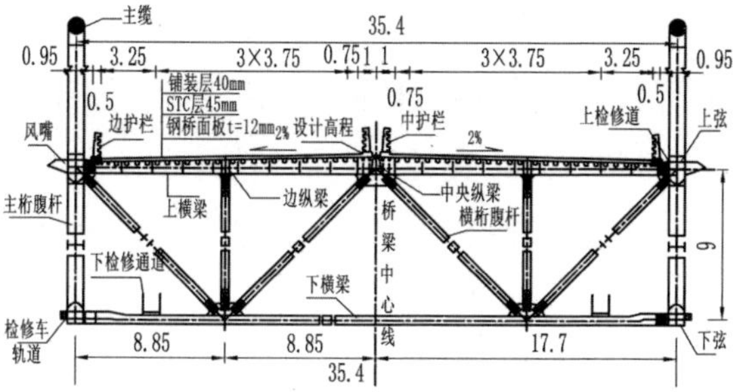

图 7-4　杭瑞高速公路洞庭湖大桥钢桁梁横断面布置图（单位：m）[20]

7.2.2 组合桥面结构设计

STC 层所用材料为改性活性粉末混凝土（Reactive Powder Concrete，RPC）。STC 层内密布钢筋网，浇筑后在钢桥面板上形成 STC 结合层。STC 水胶比为 0.16～0.22，弹性模量 40.7GPa，泊松比 0.2；采用高温蒸汽养护后收缩系数为 0，徐变系数为 0.2。配筋的 STC 现浇强度、接缝名义弯拉强度分别为 26.0，16.9 MPa。STC 现浇层施工过程：钢梁全桥刚接后，在钢桥面板上焊接直径为 13mm，高为 35mm 的焊钉，焊钉间距为 150mm，焊钉间布设直径为 10mm，间距为 37.5mm 带肋钢筋网；横向钢筋布置在上层，在桥面上浇筑厚度为 45mm 的 STC 层，养护方式采用高温蒸汽养护。

7.2.3 STC 层不同浇筑方案对比分析

沈锐利[25]等对 STC 铺装体系不同浇筑方案进行了有限元模拟，其研究表明采用不同浇筑顺序、分块方式和配重方案对钢桁梁成桥线形有一定影响，对 STC 成桥内力状态影响较大。采用无配重浇筑方案时，成本较省，但钢梁成桥时无法避免扭转，上、下游存在约 2cm 高差；部分配重方案分为全桥桥面预加载 STC 重量和仅在君山桥塔区域分幅浇筑前局部配重两种方案；两种方案对最终成桥状态的影响差别不大，但局部区域配重方案在成本上有明显优势，采用二期恒载全配重方案时，最终成桥线形逼近设计状态，不存在钢梁扭转现象，也不影响 STC 成桥内力，但配重重量过大，经济性较差；上述几种方案无配重浇筑方案及局部区域合理配重浇筑方案优势明显。

7.2.4 STC 层结构设计对疲劳性能的影响

曾满良[20]等基于 STC 轻型组合桥面结构特点建立有限元节段模型，经有限元分析计算可知，与常规的正交异性桥面结构相比，钢桥面板、U 肋母材的疲劳应力降幅均大于 50%，理论上这些部位将不再出现疲劳问题，U 肋弧形切口应力降幅最小为 20%，仍可能出现疲劳损坏。为验证本桥桥面结构的性能，在疲劳设计应力幅下对桥面结构足尺模型进行了 592 万次循环加载试验，发现 U 肋弧形切口等部位均没有损坏迹象，已超过试验预期的 500 万次。其研究表明该桥面结构在全寿命周期内视为难开裂构件。

7.2.5 不同结构形式加劲梁经济比较分析

该桥采用轻型组合桥面系板桁结合型加劲梁设计，曾满良等对板桁结合型加劲梁及板桁分离型加劲梁进行了定量经济分析，经过比选得知，板桁结合型加劲梁比板桁分离型加劲梁用钢量节省 12. 8%，同时由于恒载减少，主缆用钢量节省 5. 9%，吊索用钢量节省 5. 2%。因此板桁结合型加劲梁相对于板桁分离型加劲梁更加经济，节约约为 1.1 亿元。

7.3 宁波中兴大桥

7.3.1 总体概况

中兴大桥[21]~[23]及接线工程（江南路—青云路）南起江东区中兴路与江南路交叉口，北至江北区青云路，全长 2.62 km，新建中兴大桥主线按双向 6 车道考虑，跨江主桥设人行道和非机动车道。按城市主干路设计；主桥为矮塔斜拉桥，主桥采用主跨 400 m 一跨过江矮塔斜拉桥，跨径布置为（64+86）m+400 m+（86+64）m，主桥全宽 29m。

7.3.2 组合桥面结构设计

桥面板结构采用 50mmUHPC 结构层+粘结层+20mm 超薄磨耗层，UHPC 层中设置横纵向 HRB400 钢筋，直径为 14mm，主桥钢箱梁横断面见图 7-5。

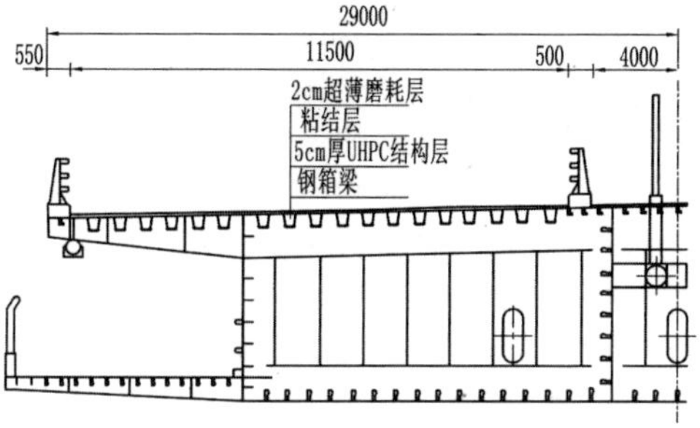

图 7-5　宁波中兴大桥横断面布置图（单位：mm）[21]

7.3.3 车轮荷载不同超载率对组合桥面结构应力的影响

谢波[21]等研究分析了车轮荷载作用于组合材料桥面板不同位置的层间剪应力和法向拉应力，车轮荷载选用《城市桥梁设计规范（2019 版）》（CJJ11—2011），顺桥向及横桥向布置方式见图 7-6～图 7-8。横桥向布置 3 种荷载工况，纵桥向布置 2 种荷载工况，在 6 种不同工况作用下，其层间最大法向拉应力为 0.3356MPa，最大层间剪应力 0.3911MPa，远小于实测强度值，在纵向加载-B、横向加载-2（S-B-2）工况下，车轮荷载分别超载 10%、30% 和 60%之后，其有限元分析结果见表 7-1：

表 7-1　车轮荷载不同超载率作用下层间应力值对比表

加载工况	荷载超载率	剪应力/Mpa	增长率/%	拉应力/Mpa	增长率/%
S-B-2	0%	0.2835	0	0.3356	0
	10%	0.3059	7.8	0.3568	6.3
	30%	0.358	26	0.4046	20.5
	60%	0.4328	52.6	0.4827	43.8

结合表 1 得知，车轮荷载不断增加会引起层间剪应力与法向拉应力不断

增加，但增长率与荷载超载率不成正比，均小于荷载超载率，其研究表明当荷载增长率小于 10%时，构件相对安全；当荷载增长大于 30%时，超薄磨耗层和 UHPC 之间会产生较大的滑移剥落现象。

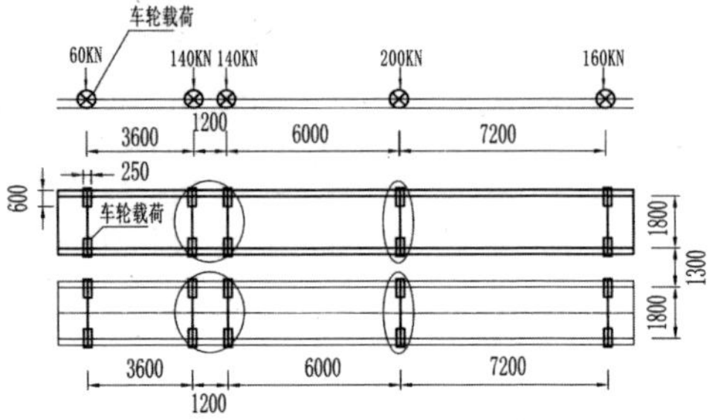

图 7-6　车辆轴承荷载示意图（单位：mm）[21]

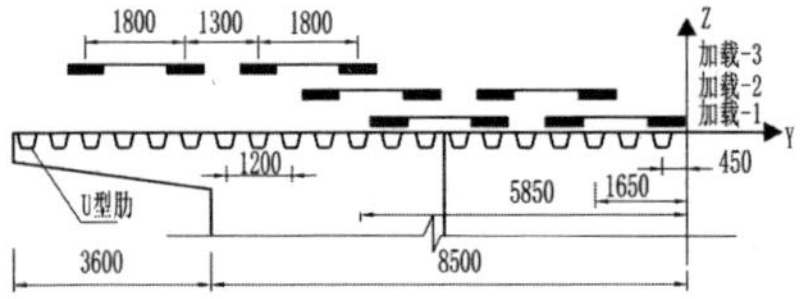

图 7-7　横向加载位置（单位：mm）[21]

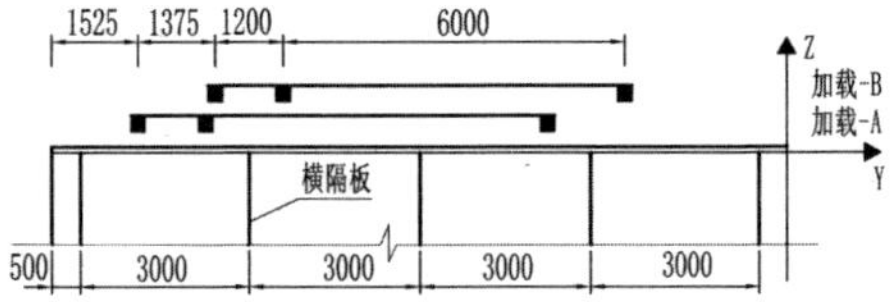

图 7-8　纵向加载位置（单位：mm）[21]

7.4 沪苏通长江大桥

7.4.1 总体概况

沪苏通长江大桥[24]主桥采用双塔 5 跨钢桁梁斜拉桥结构,桥跨布置为（142+462+1092+462+142） m，主桥总体布置图见图 7-9，主梁为三主桁结构，桁间距 17. 25 m，主桁采用“N”形桁架，跨中桁高 16 m，节点间距 14 m，桥塔为钻石形塔。该桥为公铁两用桥，上层为公路桥面，下层为铁路桥面，铁路桥面采用整体钢箱桥面结构。其中，钢箱顶、底板分 3 种厚度，分别为 16、20、24mm。顶板采用 U 形肋加劲，U 肋 300（上口宽）×280（高）×8（板厚）mm，横向间距 600mm。同时，在每道钢轨底部设置倒 T 形小纵梁加劲。钢箱设有横隔板，纵向间距为 2800mm。

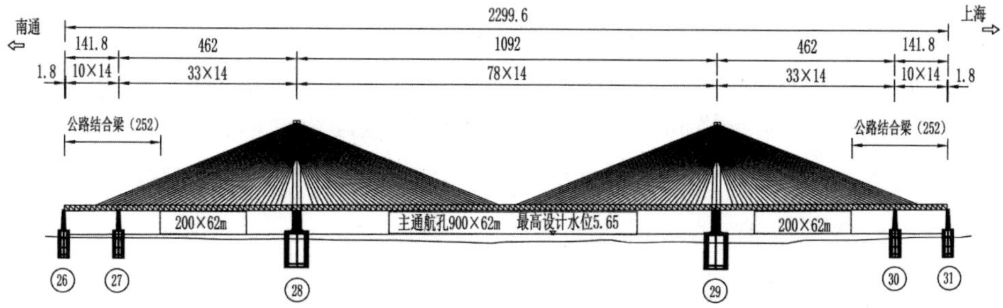

图 7-9　主桥总体立面布置图（单位：m）[24]

7.4.2 组合桥面结构方案

郭福宽[24]等为延长沪苏通长江大桥主桥铁路桥面铺装使用寿命，增强桥面防水效果，提出了在钢桥面板上铺设一层 UHPC 层，形成组合桥面结构，桥面铺装结构见图 7-10，其中 UHPC 现浇层与钢桥面板采用 Φ 19mm×35mm（高）栓钉连接，纵横向布置间距为 300mm，现浇层内部纵横向布置直径为 10mm 的 HRB400 钢筋，纵横向间距按 10cm 布置，钢桥面板表面洒布一层厚为 2～3mm 高黏高弹沥青。

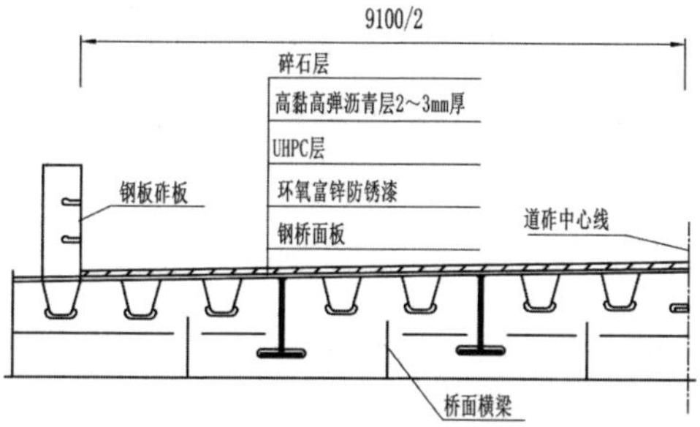

图 7-10　铁路桥面铺装结构（单位：mm）[24]

7.4.3 不同 UHPC 层对组合桥面结构应力和挠度的影响

郭福宽[24]等研究了 UHPC 层 50、60、70mm 三种厚度的顶面拉应力、钢桥面板疲劳细节应力、组合桥面抗渗性能及层厚对肋间挠度的影响，如下为郭福宽等在上述四个方面的研究成果：

（1）UHPC 层顶面拉应力

UHPC 抗压强度较高，发生受压破坏的可能性较低，主要关注 UHPC 层拉应力水平，计算拉应力时，须考虑第一、二、三体系应力叠加，在最不利工况下，50mm 厚 UHPC 层顶面最大拉应力横向为 4.32 MPa，纵向为 9.73 MPa，60、70mmUHPC 层纵横向拉应力均小于 50mm 层厚纵横向拉应力，研究表明随着厚度增加 UHPC 层顶面纵向及横向拉应力均减小，三种 UHPC 层厚度均可确保裂纹宽度小于 0.05mm。

（2）钢桥面板疲劳细节应力

针对小纵梁与顶板连接处、U 肋与横隔板连接处、横隔板弧形切口等正交异性桥面板容易疲劳开裂的部位，与无铺装钢桥面各疲劳细节受力相比，采用 UHPC 组合桥面铺装后钢结构各疲劳细节最大应力幅均有下降，降幅最大的部位为小纵梁与顶板连接处，无桥面铺装时疲劳应力幅为 22MPa，50、60、70mm 三种厚度分别降幅为 61%、68.2%、72.2%，U 肋与横隔板连接处最大应力幅降幅次之，无桥面铺装时疲劳应力幅为 45MPa，50、60、70mm 三种厚度分别降幅为 57.1%、62.2%、65.1%，横隔板弧形切口处最大应力幅降幅相对较小，无桥面铺装时疲劳应力幅为 86MPa，50、60、70mm 三种厚度分别降幅为 2.7%、8.1%、11.2%，结合上述三组数据看出，UHPC 层越厚降幅越明显，总体而言，桥面钢结构疲劳应力水平较低，均低于常幅疲劳极限且有一定的安全储备，其研究结果表明基本消除后期钢桥面板的疲劳开裂风险。

（3）组合桥面抗渗性能

因组合铺装体系中 UHPC 层运营阶段会产生一定量的裂纹，为保证桥面铺装的耐久性，郭福宽[24]等进行了模型试验，按最不利情况考虑，UHPC 层层厚取 50mm 进行试验，一共选用了 3 片试验梁，分别采用了 0.9MPa（基于轮压考虑）、2.0Mpa（即 P20 级）两个静水压力值，以 0.1MPa 为一级，逐级加压，加压稳定后，保持水压 8h，每隔 10min 观察一次测点附近的渗水情况，模型试验表明，UHPC 层在裂纹宽度≤0.05mm 时，微裂纹随着水压增加而逐渐闭合，在 2.0MPa 水压下无渗水现象，UHPC 层能够满足 P20 级抗渗要求，且具有一定的裂纹自修复能力。

（4）UHPC 结构层的合理厚度

结合图 7-11 可以看出，UHPC 板厚变化范围从 10～100mm，级差按 10mm 增加，随着 UHPC 层厚度增加肋间挠度逐渐减小，曲线趋势趋于平缓，当 UHPC

层厚小于 50mm 时，板厚的变化对肋间挠度影响较大，当层厚大于 60mm，肋间挠度变化不明显，分析得知，理论上 UHPC 层的合理厚度区间为 50～60mm。

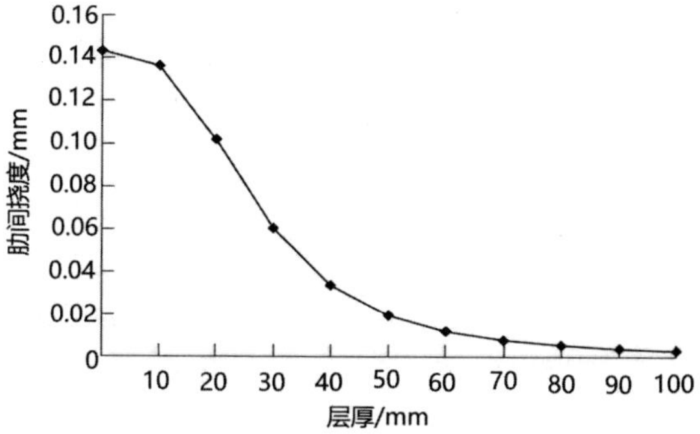

图 7-11　UHPC 层厚与肋间挠度关系曲线（单位：mm）[24]

结合郭福宽[24]等上述研究成果看出，50～70mmUHPC 层组合梁桥面结构均能抵抗荷载作用产生的拉应力，能够较大幅度降低钢桥面板细节疲劳应力幅，基本消除后期疲劳开裂风险，通过模型试验，组合桥面结构抗渗性能满足抗渗要求。

7.5 广西藤县西江二桥南桥

7.5.1 总体概况

广西藤县西江二桥南桥[26]为（150+450+150）m 组合一混合梁斜拉桥，边跨为 50m+100m 混凝土梁，主跨主梁采用钢-UHPC 轻型组合梁，桥型布置图如图 7-12 所示，钢混结合面设置在中跨距离桥塔中心线 8.75m 位置处。主跨组合梁采用分离式双边箱断面，桥面宽 32m，如图 7-13 所示。该桥主跨组合梁初步设计采用普通混凝土桥面板，板厚为 26cm，桥面板布置纵向预应力体系。

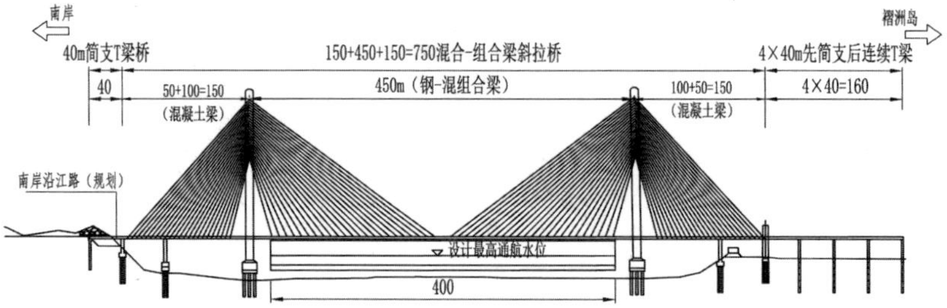

图 7-12　桥型立面布置图（单位：m）[26]

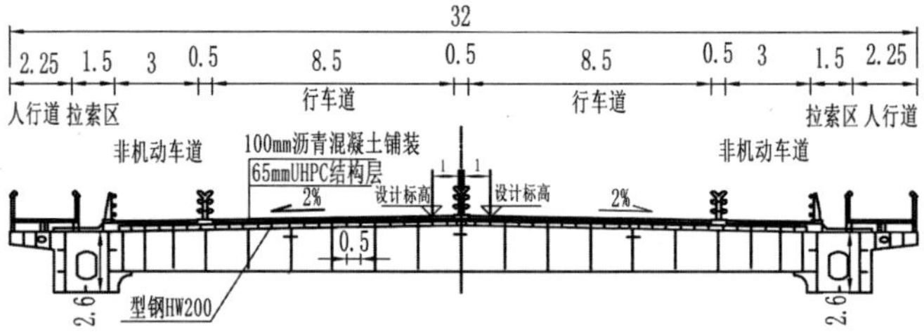

图 7-13　主桥组合梁标准横断面图（单位：m）[26]

7.5.2 组合桥面结构设计

桥面板采用型钢—UHPC 组合结构，图 7-14 为其组成示意图，由 UHPC 层、钢板条、型钢通过焊钉连接形成组合结构，分成预制板、工厂现浇缝及现场湿接缝 3 部分制作，预制板由 65mm 厚 UHPC 层、8mm 横向钢板条和型钢（HW200×200mm），通过焊钉连接形成组合桥面板，预制板总厚度为 265mm。单个梁段横向分为 4 块预制板，纵向由横梁划分成多块预制板，型钢标准间距为 500mm 如图 7-15 所示，型钢上翼缘布置两列Φ13mm×45mm（高）焊钉，焊钉横桥向布置间距为 120mm，顺桥向标准间距为 100mm，型钢端头局部采用Φ16mm×45mm（高）焊钉与现场横向现浇缝加强连接。横向钢板条尺寸为 50mm×8mm，间隔按 200mm 布置，横向钢板条顶板布置单排Φ13mm×45mm（高）焊钉，焊钉横桥向布置间距为 120～128mm，预制板制作完成后吊装搁置在钢主纵梁、横梁、小纵梁上，通过焊钉与钢梁连接，与钢梁支撑面设置宽度为 50～70mm、厚度为 10mm 的膨润土橡胶遇水膨胀止水条，在工厂内完成工厂现浇缝的浇筑，形成一个整体的叠合梁段，为避免在高应力区出现断缝及界面处出现收缩裂缝，现浇缝均采用 T 形接缝形式，图 7-16～图 7-19 为横梁及小纵梁处 T 型接缝示意图[26]。

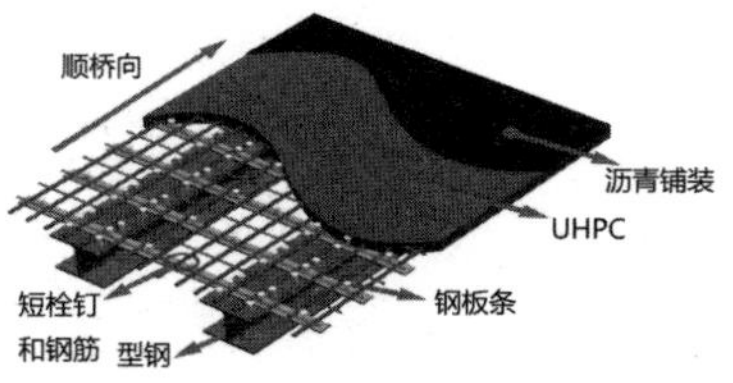

图 7-14　型钢—UHPC 轻型组合桥面板示意图[26]

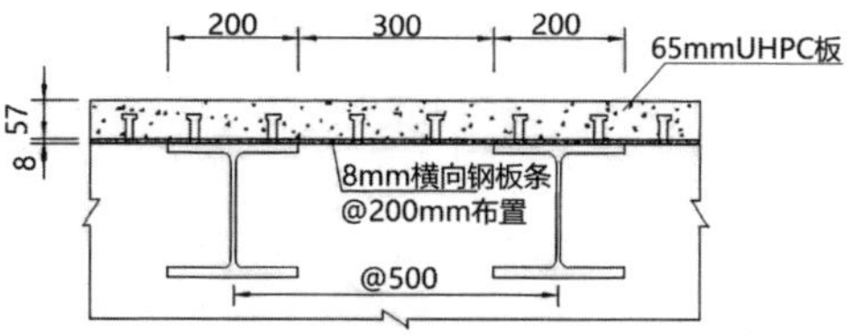

图 7-15　预制板条带横断面（单位：mm）[26]

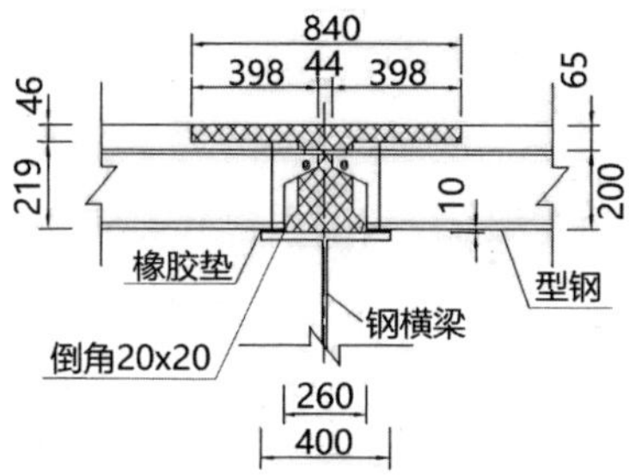

图 7-16　对应桥面板设置型钢的位置（单位：mm）[26]

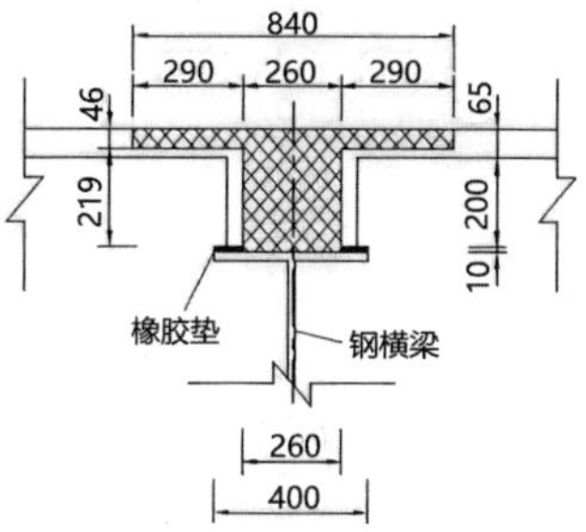

图 7-17　对应桥面板未设置型钢的位置（单位：mm）[26]

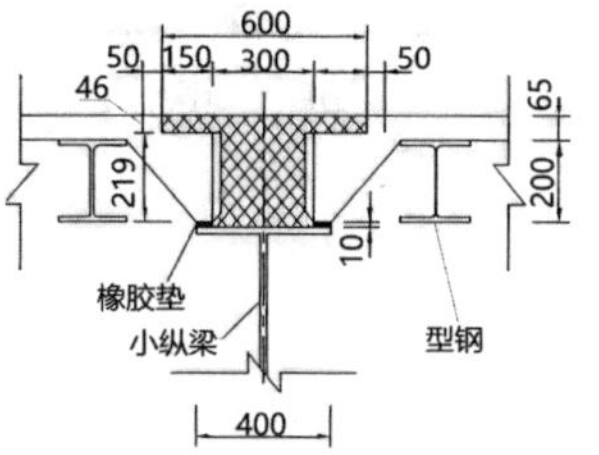

图 7-18　小纵梁位置（单位：mm）[26]

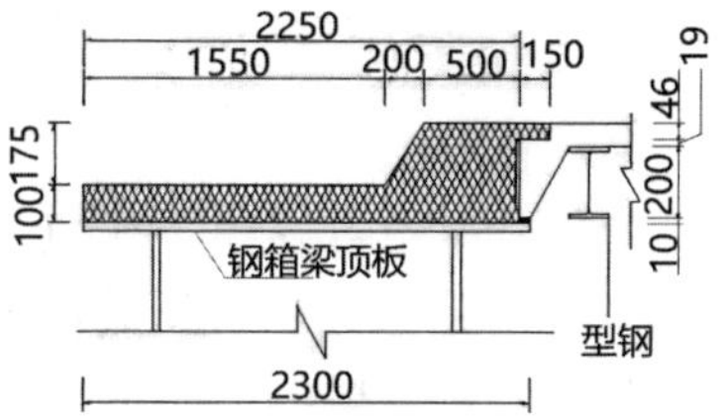

图 7-19　主纵梁位置（单位：mm）[26]

7.5.3 组合桥面结构与普通混凝土桥面结构对比分析

韦勇克[26]将施工图阶段采用钢-UHPC 组合桥面结构与初步设计普通混凝土桥面板进行了比较，采用组合桥面板主要具有如下优势：

（1）主跨采用组合桥面板能减重约 5000t，对于斜拉索、桥塔、主跨钢梁、边跨混凝土梁等相关构件可相应优化，大幅降低工程造价；

（2）无需在桥面板内设置预应力钢束，简化施工，加快了施工进度；

（3）UHPC 预制板蒸汽养护后无收缩，无需长期存放，节约预制场占地及存放费用；

（4）UHPC 长期徐变很小，减少了因徐变引起的组合梁应力重分布及桥塔偏位；

（5）UHPC 结构层耐久性能好，能作为钢梁顶板的有效防护层，提高结构的耐久性，降低了管养成本。

7.6 湖南株洲市枫溪大桥

7.6.1 总体概况

枫溪大桥是中国首座采用轻型组合桥面的大跨径新建自锚式悬索桥，其跨径为 3×45m+300m+3×45m，边跨和锚跨采用混凝土箱梁，主跨采用扁平流线形单箱三室正交异性钢箱梁，在两边主塔附近设有钢混结合段。双向六车道，桥面宽 32m。图 7-20、7-21 为枫溪大桥桥型立面布置图及主跨标准钢箱梁横断面图。

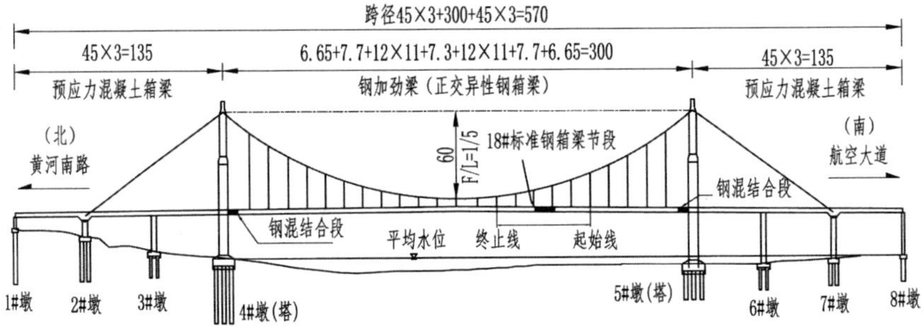

图 7-20　枫溪大桥桥型立面布置图（单位：m）[27]

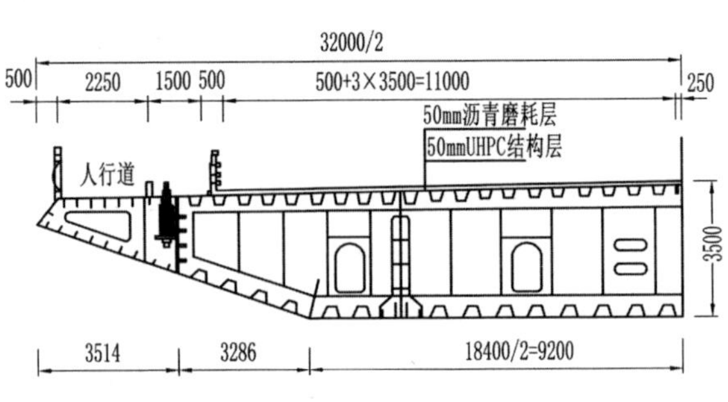

图 7-21　枫溪大桥主跨钢箱梁标准横断面图（单位：mm）[27]

7.6.2 组合桥面结构方案

桥面采用钢—UHPC 轻型组合结构，面板铺设厚度为 50mm 的 UHPC 永久性结构层，采用Φ13mm×35mm（焊后高）剪力钉连接，剪力钉纵横向布置间距为 150mm，UHPC 内配置 HRB400 直径为 10mm 的密集钢筋网，钢筋纵横向间距为 37.5mm，UHPC 上方铺装 50mm 的 SMA 沥青磨耗层[27]。

7.6.3 组合桥面结构疲劳试验研究

［文献 27］裴必达等对枫溪大桥桥面板铺设 UHPC 前和铺设 UHPC 形成组合桥面结构后的钢结构部分进行了实桥疲劳现场试验研究，钢结构部分的疲劳细节与传统的正交异性钢桥类似，表 7-2 为该桥疲劳细节研究的主要位置，共计 9 类细节，实桥试验选取在车辆荷载作用下钢箱梁顶部应力幅最大处，位置位于主跨约 2/3 处，钢箱梁标准节段为 18#，文献中试验选取顶板 U 形肋为测试加劲肋，编号为 7#，在 7#肋左右两侧对称细节及横隔板正反两面共布置有 44 个测点，为更精细地捕捉弧形切口处的应力响应，在相邻的 6#肋横隔板弧形切口处沿弧形切口切线方向，在横隔板正反两面共布置 22 个测点。

表 7-2　枫溪大桥实桥疲劳细节研究位置[27]

编号	疲劳细节位置
细节 1	纵肋-面板焊缝
细节 2	面板对接焊缝
细节 3	纵肋底部对接焊缝
细节 4	横隔板弧形切口
细节 5	纵肋-横隔板焊缝端部位置
细节 6	横隔板弧形切口起点位置
细节 7	面板-横隔板-纵肋交叉焊缝面板位置
细节 8	面板-横隔板-纵肋交叉焊缝横隔板位置
细节 9	面板-横隔板-纵肋交叉焊缝纵肋位置

结合正交异性钢桥面板的受力特性，根据国内外相关研究钢桥面疲劳细

节应力的主要影响因素为轴重大小，文献中结合中国实际情况，选用三轴卡车作为加载车辆，轴 1（前轴）轴重为 70KN，轮胎接触面积为 30cmx20cm，轴 2（后轴）轴重为 140KN，轴 3（后轴）轴重为 141KN，轴 2、轴 3 轮胎接触面积均为 60cmx20cm，轴 1 与轴 2 纵桥向中心距为 3.65m，轴 2、轴 3 纵桥向中心距为 1.35m，主梁纵向加载长度取 60m，车辆每次行驶的横向位置间隔 0.1m[27]。

7.6.4 UHPC 层铺设前后疲劳应力幅实测对比分析

挑选出在铺设 UHPC 层前后所有加载中每种疲劳细节的最大拉、压应力，文献中应力幅按照$\triangle\sigma=\sigma_{max}-\sigma_{min}$相对偏保守的方式进行计算，各个疲劳细节实桥应力幅实测结果及其降幅见表 7-3，从表 7-3 结果可以看出，面板上疲劳细节应力幅降幅比例最大，高达 75%～90%，纵肋上疲劳细节应力幅降幅约为 65%～80%，横隔板上疲劳细节应力幅降幅约为 20%～50%，说明 UHPC 层对钢桥面典型疲劳细节应力幅降幅最明显，UHPC 层大大提高了组合桥面的刚度， 随着疲劳细节与顶面距离的减小，UHPC 层对细节应力幅降幅的贡献明显增大，对于弧形切口起点位置（细节 6）是需要关注的部位，根据实测应力结果，该位置处的应力幅是焊接细节中最大的，而规范中该处细节的允许应力幅较低，因此该处细节为最危险的细节，弧形切口的切口形式、切口尺寸、切口起点深度等因素都对弧形切口附近的构造细节的应力幅产生影响，因此钢-UHPC 轻型组合桥面结构中弧形切口、弧形切口起点位置以及横隔板-纵肋焊缝焊缝端部这 3 类与弧形切口相关的细节须进行深入研究[27]。

表 7-3 枫溪大桥实桥实测结果与疲劳评估表[27]

构件名称	细节编号	$\triangle\sigma_{steel}$	$\triangle\sigma_{UHPC}$	应力幅降幅/%	$\triangle\sigma_p$	$\triangle\sigma_{E2}$	$K_s\triangle\sigma_c/\gamma_{Mf}$
面板	细节 1	25.8	6.4	75.4	5.5	10.5	74.1
	细节 2	107.1	7.9	92.7	6.8	13.0	66.7
	细节 7	79.6	16.3	79.5	14.0	21.2	66.7

续表

构件名称	细节编号	$\triangle\sigma_{steel}$	$\triangle\sigma_{UHPC}$	应力幅降幅/%	$\triangle\sigma_p$	$\triangle\sigma_{E2}$	$K_s\triangle\sigma_c/\gamma_{Mf}$
纵肋	细节 3	100.1	34.2	65.8	29.3	56.7	66.7
	细节 5	89.3	30.2	66.2	25.8	39.2	66.7
	细节 9	56.2	11.0	80.3	9.4	14.4	66.7
横隔板	细节 4	110.1	90.2	18.1	58.0	88.1	118.5
	细节 6	110.1	71.0	35.3	60.9	92.4	66.7
	细节 8	58.1	27.3	53.0	23.4	35.5	66.7

注：表中$\triangle\sigma_{steel}$为铺设 UHPC 层前的细节疲劳应力幅；$\triangle\sigma_{UHPC}$为铺设 UHPC 层后的细节疲劳应力幅，其余参数参照《公路钢结构桥梁设计规范》（JTG D64-2015）第 5.5 条规定[27]。

7.7 武汉军山大桥

7.7.1 总体概况

武汉军山大桥[28]主桥跨径为（48+204+460+204+48）m，桥面全宽 38.8m，桥型布置立面图如图 7-22 所示。钢箱梁行车区域正交异性桥面板采用 12～16mm。该桥原桥面铺装结构层为双层 SMA 设计，总厚度为 75mm，随着大桥交通量与超重车辆的增加，桥面先后进行了多次钢桥面沥青铺装层的大中修，桥面铺装破坏和钢桥面板疲劳开裂的问题仍然存在，常规的焊接修补措施无法达到良好的效果，在补焊处治短期内扔出现继续开裂的现象。

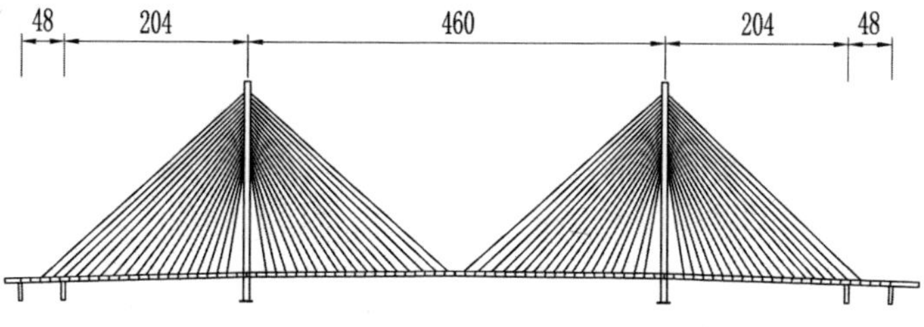

图 7-22　武汉军山大桥桥型布置立面示意图（单位：m）[28]

7.7.2 桥面改造设计

为解决开裂问题采用钢-UHPC 轻型组合桥面结构进行桥面改造，改造范围为珠京方向半幅区域，改造面积为 14000 ㎡，下游侧行车道改造实施过程中交通半封闭，上游京珠高速正常通行。改造组合桥面系采用 30mm 表面磨耗层+环氧粘结层+55mmUHPC 层，钢桥面板顶部铺设 8mm 厚的加固钢板条（通过粘钢胶与桥面板组合）及涂装 80μm 富锌底漆，示意图如图 7-23 所示。该桥桥面系 UHPC 材料性能指标设计为：抗压强度≥140Mpa，抗弯拉强度≥25Mpa，弹性模量≥49Gpa，为利于控制桥面铺装层厚度及坡度，实施过程中 UHPC 扩展度控制在 500～550mm。UHPC 层内密布 HRB400 钢筋网，横桥向间距为 37.5mm，纵桥向间距为 50mm，通过Φ13×35mm 栓钉与钢桥面板连接，间距为 150mm（横桥向）×200mm（纵桥向），在加固钢板条处采用Φ13×27mm 栓钉连接。

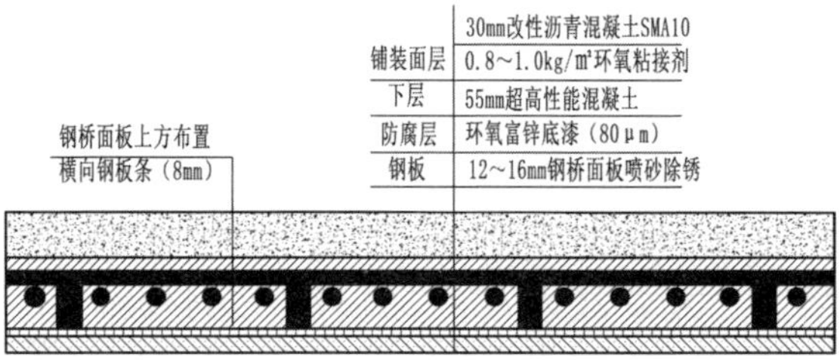

图 7-23　武汉军山大桥 UHPC 组合桥面结构示意图[28]

7.7.3 组合桥面结构改造效果

武汉军山大桥[28]主桥于 2018 年 11 月完成桥面改造，军山长江大桥上下游侧桥面分别采用冷拌环氧树脂（ERE）和 UHPC 桥面铺装体系，通过监测系统对改造后的铺装效果进行检测，发现统计时间段内，UHPC 下游侧车流量大且重车更多，下游改造后的 UHPC 桥面铺装体系钢顶板底部、U 肋底部、横隔板开口处的最大应力幅较上游冷拌环氧树脂（ERE）侧分别降低 58.9%、41.3%、24.9%，说明 UHPC 组合桥面能提高桥面系结构刚度，明显改善钢桥面构造细节应力水平。

7.8 贵州遵余高速飞龙湖乌江特大桥

7.8.1 总体概况

飞龙湖乌江特大桥[28]横跨乌江构皮滩水电站，桥梁主跨采用 680m 单跨钢桁加劲梁悬索桥，引桥为 40m 跨径预制梁，桥面宽度为 24.5m，主桁采用带竖杆的华伦式桁架结构，桁高 5.5m，节间长 3.5m，2 片主桁中心间距 27m，主横桁架采用单层桁架结构，间距为 7m，下平联采用 K 字形布置，正交异性桥面板采用纵横梁体系，主桥行车道钢桥面板厚度为 16mm，桥型布置立面示意图如图 7-24 所示。

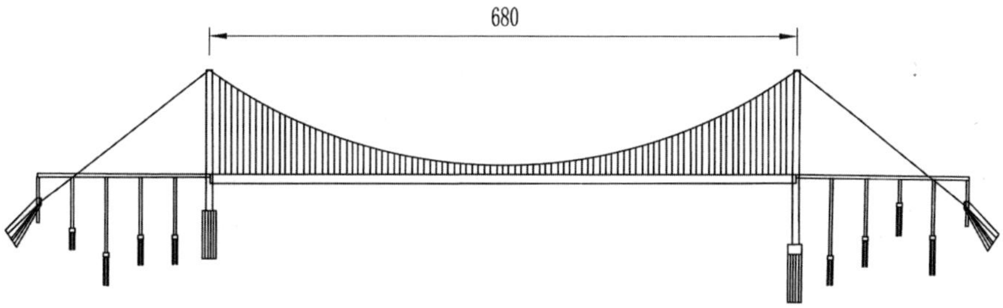

图 7-24　飞龙湖乌江特大桥桥型布置立面示意图（单位：m）[28]

7.8.2 组合桥面结构方案

为提高钢桥面板的抗疲劳性能、增加桥面铺装的使用寿命和减少桥面铺装层病害，主桥钢桥面行车道及中央分隔带区域采用超高性能混凝土组合桥面系，铺装面积为 16660 ㎡，组合桥面系由 30mmSMA-10、环氧粘结层、45mmUHPC 层构成，钢桥面顶板顶层涂装 80μm 环氧富锌底漆，示意图如图 7-25 所示。该桥桥面系 UHPC 材料性能指标设计为：抗压强度≥120Mpa，抗弯拉强度≥22Mpa，弹性模量≥40Gpa。UHPC 层内密布直径为Φ10mm 的 HRB400 钢筋网，钢筋网纵横向布置间距均为 50mm，通过Φ19×35mm 栓钉与钢桥面板连接，栓钉纵横向布置间距均为 300mm，于 2020 年 9 月完成组合桥面施工。

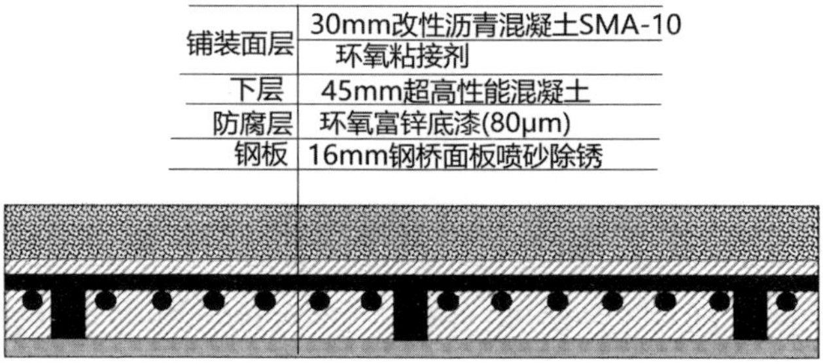

图 7-25　飞龙湖超高性能混凝土组合桥面体系示意图[28]

7.9 云南红河特大桥

7.9.1 总体概况

云南红河特大桥[31]-[32]是建水至元阳高速公路的控制性工程，跨越红河水库，库区水面距桥面高达 184m，水面宽约 360m，桥址区地形陡峻，主跨采用单跨 700m 的悬索桥，主缆跨径布置为（310+700+175）m，桥型总体布置立面示意如图 7-26 所示。主桥加劲梁为整体式流线型扁平钢箱梁结构，标准横断面示意如图 7-27 所示，是国内首座 UHPC 桥面铺装采用自然养护的超大跨径悬索桥。

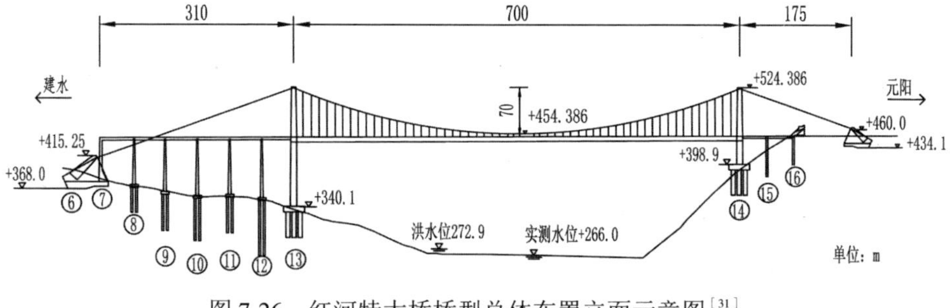

图 7-26　红河特大桥桥型总体布置立面示意图[31]

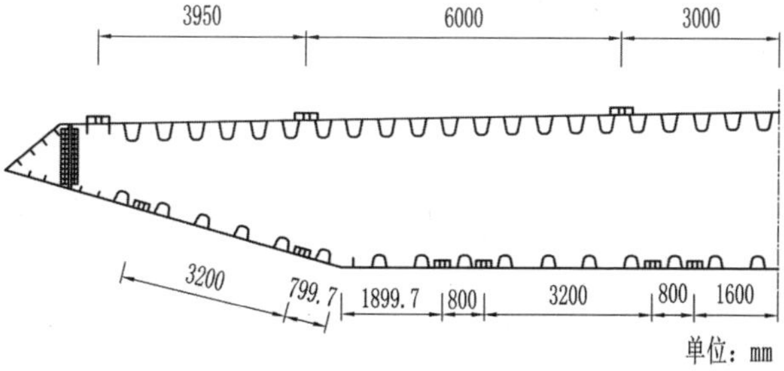

图 7-27　红河特大桥钢箱梁 1/2 标准横断面示意图[31]

7.9.2 桥面结构方案优化设计

云南红河特大桥原方案为 200mm 普通混凝土+80mm 沥青铺装层，后调整为 50mm 厚 UHPC 层+45mm 沥青铺装层，在钢箱梁顶板顶面布置剪力钉与 UHPC 层形成组合桥面结构体系，UHPC 层内铺设纵横向直径为 10mm 的钢筋，如图 7-28 所示。因桥面板减轻，桥梁其余构件也能相应进行优化，UHPC 桥面体系目前有望实现终身无须大修的技术，使用寿命可超过 100 年，经测算，使用 UHPC 作为桥面铺装方案节省了 25%的混凝土用量和 44%的沥青用量，全寿命成本比原方案投资节省 16000 元/m²[32]。

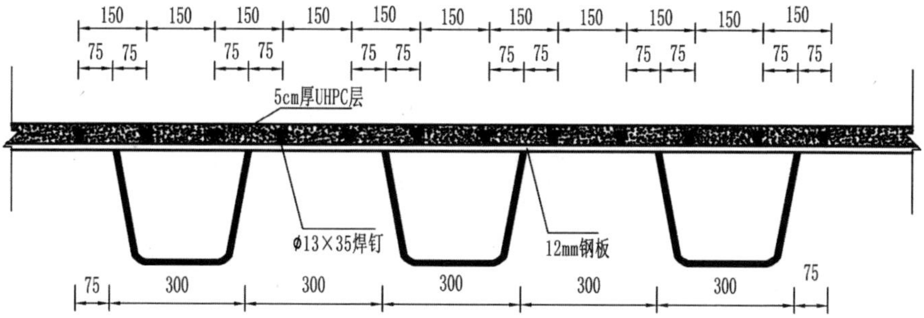

图 7-28　红河特大桥 UHPC 铺装截面图（单位：mm）[32]

7.9.3 桥面 UHPC 层施工方案

上下游摊铺 UHPC 层各分为 9 个仓区，以 S 型分仓钢板分开，上下游摊铺顺序均自中心端开始向两岸延伸，先摊铺下游，下游摊铺结束后再摊铺上游，如图 7-29、7-30 所示。全桥 UHPC 铺装共计 16060 m²，施工现场仅用 2

台搅拌机就能满足 700m 长的供给，大大节省了施工成本[32]。

元阳侧	上游	18	15	13	11	10	12	14	16	17	建水侧
	下游	9	6	4	2	1	3	5	7	8	

图 7-29　红河特大桥 UHPC 铺装浇筑分仓图[32]

图 7-30　红河特大桥 S 型分仓钢板照片[32]

7.10 吉林省大安市大安北公铁立交桥

7.10.1 总体概况

大安市大安北公铁立交桥[33]位于吉林省大安市 G302 线上，中心桩号为 K879+780，改造思路为拆除原有空心板新建桥梁，新建桥梁上部结构为 1 跨 31.2m 下承式钢桁梁桥，桥面净宽 11.5m，桥面采用正交异性钢桥面板，顶板厚 16mm，桥面板与下弦杆上翼缘板焊接，钢桥面板顶层铺设 STC 桥面层，两者通过Φ13×40（高）mm 栓钉焊接连接，纵横向间距为 150mm，STC 层内密布钢筋网，其桥面铺装结构如图 7-31 所示[33]。

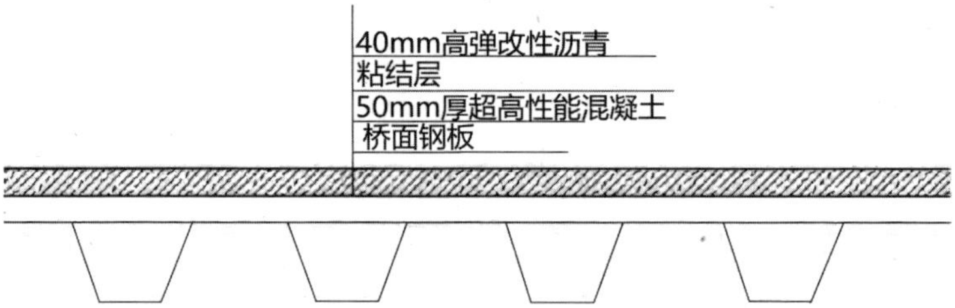

图 7-31　大安北公铁立交桥改造桥梁铺装结构示意图[33]

7.10.2 组合桥面结构与传统铺装层受力对比分析

该桥对 STC 开展了材料力学性能试验，得到了 STC 的抗压强度、弹性模量及抗弯拉强度等指标，在工况相同的条件下对采用 STC 组合桥面结构和仅采用沥青混凝土铺装层两种桥面铺装类型进行有限元分析对比分析发现，桥面板纵桥向应变平均降幅为 79%，横向应变平均降幅为 89%，顶板纵肋纵桥向应变平均降幅为 78%，可以看出 STC 组合结构大大提高了桥面板的刚度，降低了应力水平。

7.10.3 STC 层施工流程工序

为保证 STC 的施工质量，须做详细的施工计划，及时做好桥面清理、除锈、栓钉焊接、钢筋布设及模板安装等准备措施，控制好 STC 拌合物的坍落度和扩展度，保证 STC 运料和摊铺的衔接，做好湿养及蒸养措施，图 7-32 为施工流程工序图[33]。

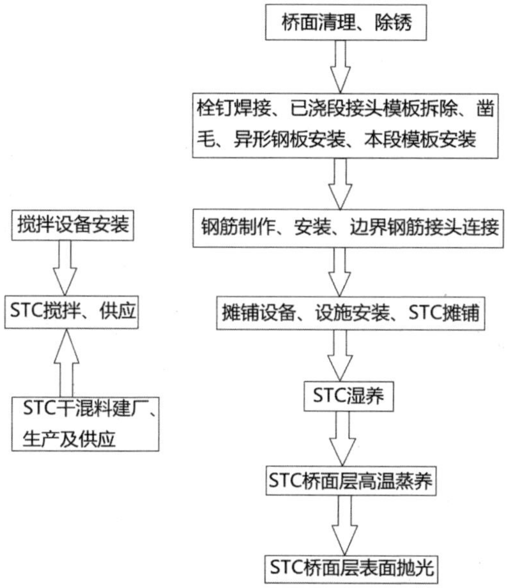

图 7-32　大安北公铁立交桥改造桥梁 STC 施工流程工序示意图[33]

7.11 成都创启路大桥

7.11.1 总体概况

成都创启路大桥[34]上部结构（35.5+60+35.5）m 变高连续钢箱梁，桥面宽 31m，桥面铺装体系采用 50mm 厚 STC 层+防水粘结应力吸收层+40mm 厚高黏高弹改性沥青 SMA-13 面层，如图 7-33 所示。

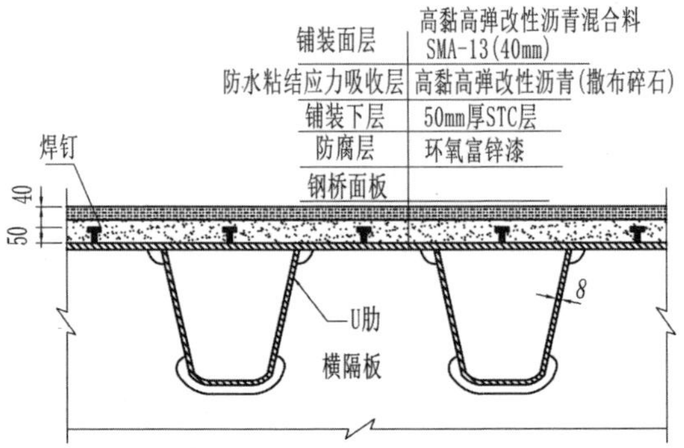

图 7-33　创启路大桥桥面铺装体系示意图（单位：mm）[34]

7.11.2　STC 层设计

钢箱梁顶面涂装环氧富锌底漆，STC 现浇层内设置 CRB500 冷轧带肋钢筋网，钢筋纵横向间距均为 70mm，先铺设纵向钢筋，再将横向钢筋置于纵向钢筋上，钢筋保护层厚度 15mm，钢筋网之间采用钢丝绑扎，钢桥面板与 STC 层通过栓钉焊接连接，栓钉纵向间距为 250mm，其间布置 3 根钢筋，横向栓钉间距为 300mm，其间布置 4～5 根钢筋，当钢筋与栓钉冲突时，适当移动钢筋位置。

STC 混凝土抗压强度≥110MPa，抗弯拉强度≥22MPa，高温蒸养后收缩应变为 0，徐变系数 0.2，因 STC 混凝土终凝后水化反应加快，大量释放出水化热，易产生干缩裂缝，养护时采用自动控制蒸养系统进行养护，养护升温阶段升温控制在 15℃/h，养护结束后，降温速度不得大于 10℃/h，养护温度控制在 80℃，养护时间不小于 3d，相对湿度不低于 95%，保证 STC 混凝土快速达到设计强度。

第 8 章　UHPC-NC 组合梁工程实例

8.1 新型装配式桥梁结构研究的意义

装配式结构是现代建筑工业化的主要特征，随着我国城市化进程快速发展，相比传统桥梁建设方式，可实现快速施工的装配式桥梁结构更加适合现代桥梁工程建设。传统装配式桥梁主要包括混凝土桥梁（空心板、T 梁、小箱梁等，常用跨径在 40m 以内）、装配式钢-混凝土组合梁、装配式钢箱梁等三大类型，在跨越既有构造物（如河道、水库、既有高速公路、城市快速路、铁路等）过程中，如采用传统的混凝土结构桥梁，结构构造尺寸过大，美观性及经济性相对较差；如采用钢混组合结构桥梁，虽然桥梁结构整体较为轻盈，但运营阶段期间需定期养护；为减少对下穿构造物的干扰，实现快速装配化的目标，在此基础上提出一种可现场整体预制的新型装配式桥梁结构具有重要的意义，该结构不仅能减少构件截面面积，实现结构的轻型化，便于快速预制运输、快速吊装架设，还能提高桥梁整体受力性能和耐久性，降低养护成本，符合全生命周期绿色发展理念。

8.2 项目工程应用背景

8.2.1 地方政策文件

2021 年 2 月，贵州省十三届人大第四次会议通过了《贵州省国民经济和社会发展第十四个五年规划和二〇三五年远景目标纲要》，特别强调了“加快发展现代化工、基础材料和新型建材产业。加快发展装配式建筑，推进预制混凝土结构、钢结构和木结构三大类装配式建筑产品开发利用。”

2021 年 12 月，贵州省交通运输厅印发了《贵州省“十四五”交通运输科技创新发展规划》，其中阐述了在基础设施领域，需“突出‘更耐久’‘更安全’‘更智能’‘更绿色’的要求”，并在公路工程建设技术重点研发方向中提到“高强、高韧、高耐久性机制砂混凝土研制及应用”。

8.2.2 项目工程概况

在沪昆国高贵阳至安顺段扩容工程项目中，因主线由 21.5m 拓宽至 41m，存在既有车行天桥 10 座，既有人行天桥 1 座，既有渡槽 1 座，其中 9 处车行天桥为 2×20m 跨径预应力预制空心板桥（图 8-1），采用中央分隔带设置桥墩的设计，另一处车行天桥为（20+32+20）m 预应力现浇箱梁桥（图 8-2），既有人行天桥跨径为 1～32m 钢箱梁（图 8-3），既有渡槽跨径为 1～40m 上承式混凝土板拱桥（图 8-4）。

图 8-1　2×20m 预制空心板桥

图 8-2　（20+32+20）m 现浇箱梁桥

图 8-3　1×32m 人行钢箱梁桥

图 8-4　1×40m 渡槽上承式混凝土板拱桥

因预制空心板，现浇箱梁、人行钢箱梁和渡槽等既有桥梁现行跨径不满足改扩建的条件，故对既有天桥进行拆除还建。在沪昆国高贵安改扩建段有 5 处采用了超高性能混凝土结构设计，其中 4 处为上部结构采用 UHPC-NC 组合梁方案，1 处采用 UHPC-NC 刚架拱方案，具体跨径及桥面宽如表 8-1 所示。

表 8-1　贵安扩容改扩建段 UHPC 桥梁一览表

孔径　（孔-m）	桥宽　（m）	结构类型	梁（拱肋）片数
1-52	8	UHPC-NC 组合梁	2 片梁
1-52	8	UHPC-NC 组合梁	2 片梁
1-58	9.5	UHPC-NC 刚架拱	5 片拱肋
1-52	8	UHPC-NC 组合梁	2 片梁
1-55	12	UHPC-NC 组合梁	3 片梁

8.2.3 UHPC-T 形梁与 UHPC-U 形梁造价对比分析

因现有沪昆高速交通流量大，施工时需对下穿道路一定时间段进行交通中断，车辆需要改道行驶，为减少交通中断时间，设计时整孔吊装方案，以 55m 跨径为例，桥面宽度为 12m，梁式桥上部结构在 T 形梁、U 形梁、箱形梁之间进行比选，采用 T 形梁时，横向采用 5 片主梁，采用 U 形梁及闭口箱形梁时，横向采用 3 片主梁。因简支梁跨径较大，采用单片闭口箱形梁吊装重量达 220t，对吊装设备要求较高，不满足现场施工条件。上部结构在 U 形梁与 T 梁进行选择，经过比选研究，单片 T 形梁吊装重量约为 185t，单片 U 形梁吊装重量约为 180t，同跨径 T 形梁总造价约为 410 万，U 形梁约为 310 万，T 形梁总造价比 U 形梁（含 NC 桥面板）总造价高约 32%，且 T 形梁整体性较 U 形梁差，钢束张拉时易产生侧弯。

经过上述对比分析，梁式桥上部结构选型时采用 U 形梁，其不仅具有良好的经济优势，而且具有明显施工优势，因此梁式桥上部结构设计时采用 U 形梁（UHPC）+桥面板（NC）结构形式。

8.3 UHPC-NC 组合梁上部结构设计

8.3.1 上部结构构造设计

结合表 8-1 得知，本项目 UHPC-NC 组合梁跨径为 52m 和 55m，52m 跨径横断面布置 2 片 U 形梁（UHPC）+22cm 厚普通钢筋混凝土桥面板（NC）（见图 8-5），55m 跨径横向布置 3 片 U 形梁（UHPC）+22cm 厚普通钢筋混凝土桥面板（NC）（见图 8-6），U 形梁（UHPC）采用整体预制吊装施工，桥面板采用现浇施工，总梁高为 2.72m，桥面板顶部设置 10cm 沥青混凝土铺装层。

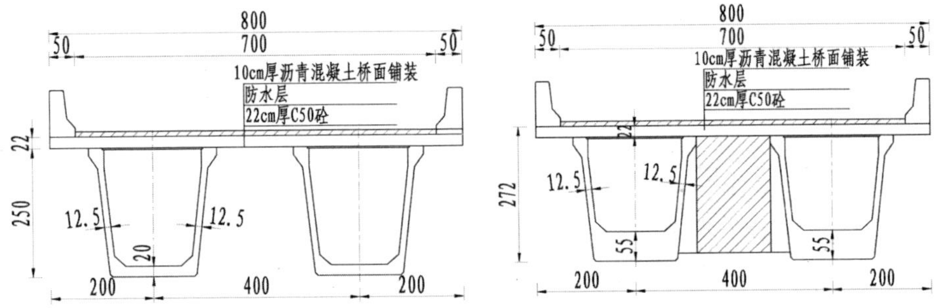

图 8-5　52mUHPC-NC 组合梁跨中（左）和支点标准横断面（右）示意图（单位：cm）

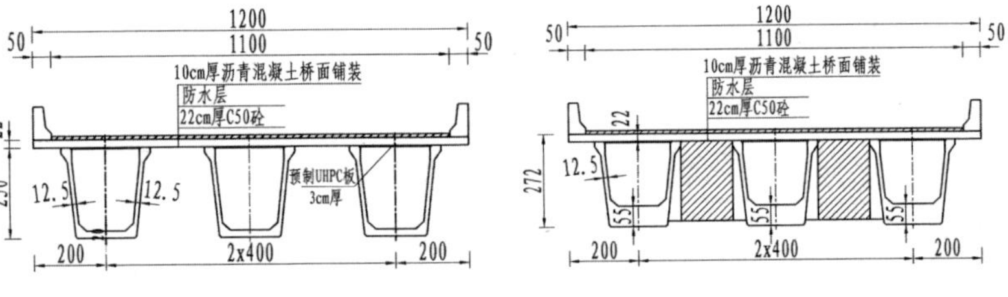

图 8-6　55mUHPC-NC 组合梁跨中（左）和支点标准横断面（右）示意图（单位：cm）

通过计算分析，52m 跨径边梁汽车荷载横向分布系数为 1.01，55m 跨径边梁汽车荷载横向分布系数为 0.853，为简化施工，两类跨径单片预制 U 形梁采用同一构造形式，U 形梁梁高 2.5m，顶宽 2.5m，底宽 1.7m，标准段腹板厚 12.5cm，底板厚 20cm，顶部设置承托，承托宽 30cm，承托高 40cm=15cm 等厚段+25cm 渐变段（竖向），在承托顶边缘设置 3cm×3cm 槽口，作为现浇桥面板模板的支承点，UHPC 模板厚 3cm，在梁端处设置伸缩缝预留槽，槽口尺寸为 500mm×150mm，采用 C50 钢纤维混凝土后浇。纵桥向设置 2 道端横隔板和 1 道跨中横隔板，端横隔板和中横隔板构造尺寸一致，高度和厚度分别为 235cm 和 30cm，横隔板预制部分采用 UHPC，现浇部分采用 C50 普通钢筋砼。纵桥向支点至梁端距离为 60cm，支点处沿纵桥向设置 1.0m 等厚段和 2.5m 底板过渡段，主梁纵向立面布置和横断面布置分别如图 8-7、8-8 所示。

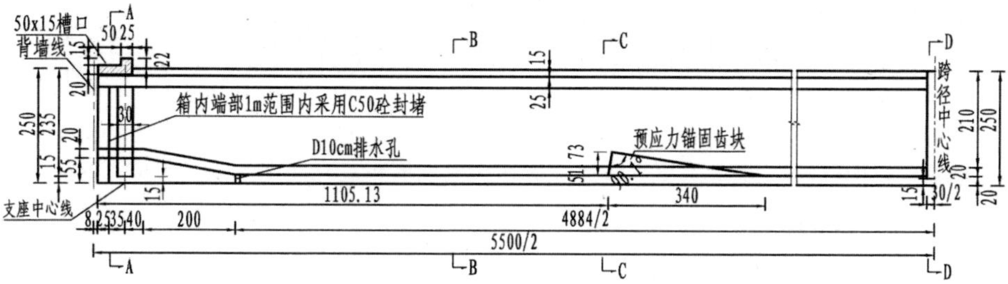

图 8-7　UHPC-NC 组合梁单片梁半跨立面示意图（单位：cm）

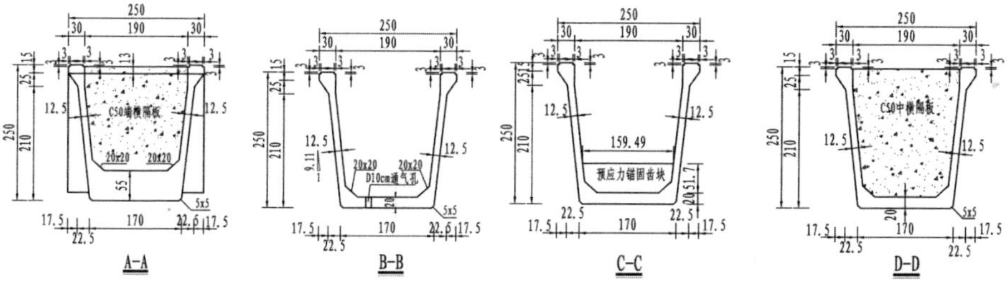

图 8-8　UHPC-NC 组合梁单片梁横断面示意图（单位：cm）

8.3.2 上部主梁剪力键和腹板钢筋设计

本桥在腹板内设置分布钢筋网 N1、N2 钢筋，直径为 12mm，在顶部承托处设置直径 20mm 剪力键钢筋 N3，N3 钢筋自支点往跨中 3.5m 范围内按 10cm 间距加密布置，标准段钢筋间距为 15cm，腹板竖向 N1 钢筋间距同剪力键 N3 钢筋，腹板水平钢筋 N2 沿竖向按 15cm 布置，单侧腹板布置 12 根，钢筋最小保护层厚度为 15mm，在计算时，不考虑腹板竖向钢筋抗剪作用，钢筋布置立面、横断面和钢筋大样如图 8-9、图 8-10 所示。

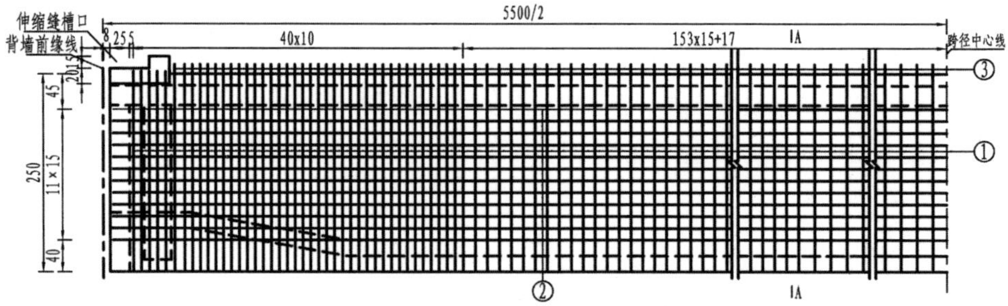

图 8-9　UHPC-NC 组合梁单片梁剪力键和腹板钢筋布置立面示意图（单位：cm）

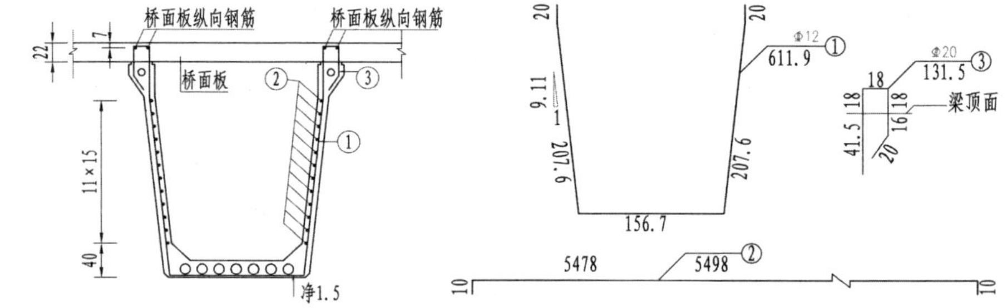

图 8-10　UHPC-NC 组合梁单片梁跨中钢筋布置横断面示意和钢筋大样图（单位：cm）

8.3.3 上部主梁钢束设计

为方便施工，55mUHPC-NC 简支梁边梁和中梁钢束布置一致，钢束布置采用底板通长束和底板短束布置形式，如图 8-11～图 8-13 所示，单片主梁共设置 9 束钢束，其中底板通长束 4 束，底板短束 3 束，底板通长束和短束单束钢绞线根数均为 19 根，顶板通长束 2 束，钢绞线根数均为 4 根，钢绞线采用φ^{s}15.24mm（1×7）钢绞线，抗拉强度标准值f_{pk}=1860MPa，钢束均采用竖弯设计，不设置平弯，钢束采用两端对称分批张拉，张拉顺序为 N1→N2→N3 钢束，锚下张拉控制应力为 0.67f_{pk}=1246.2MPa，底板钢束波纹管采用Φ100mm 圆形金属波纹管，顶板钢束波纹管采用Φ55mm 圆形金属波纹管。

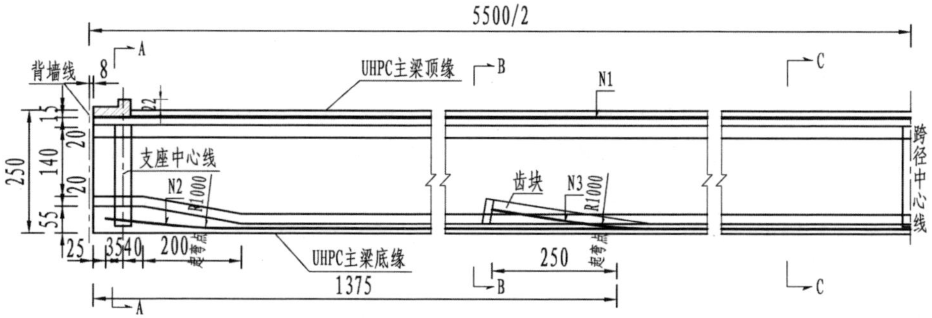

图 8-11　UHPC-NC 组合梁单片梁半跨钢束立面示意图（单位：cm）

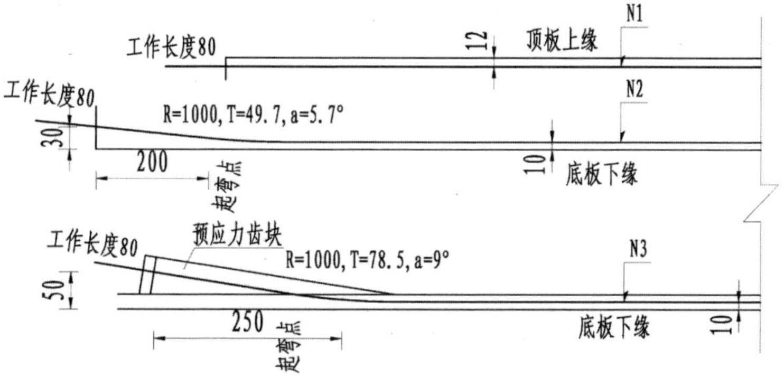

图 8-12　UHPC-NC 组合梁单片梁 N1、N2 钢束竖弯大样示意图（单位：cm）

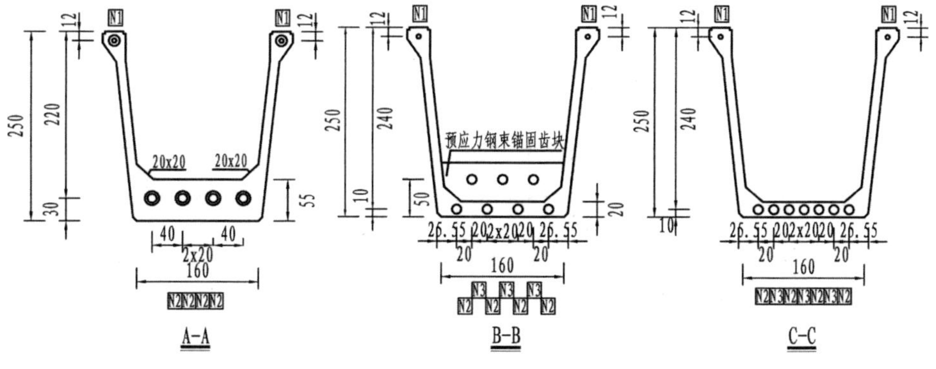

图 8-13　UHPC-NC 组合梁单片梁钢束横断面示意图（单位：cm）

8.4 UHPC-NC 组合梁上部结构验算

依托 55m 跨径简支梁对 UHPC-NC 组合梁桥进行整体受力分析，参考《公路桥涵超高性能混凝土应用规范》（总校稿）中的相关参数及规定进行验算。

8.4.1 材料参数

（1）超高性能混凝土（UHPC）：设计参数取值如表 8-2 所示。

表 8-2　UHPC120 主要设计参数值

强度等级	抗压强度/MPa			轴心抗拉强度/MPa		弹性模量 E_u/GPa
	立方体抗压强度标准值 $f_{cu,k}$	轴心抗压强度标准值 f_{ck}	轴心抗压强度设计值 f_{cd}	轴心抗拉强度标准值 f_{tk}	轴心抗拉强度设计值 f_{td}	
UHPC120	120	84	58	6.0	f_{tk}/（$K\gamma_{cf}$）	43.4
	泊松比：0.2；线膨胀系数：1.1×10^{-5} /℃；容重：配筋后 27kN/m³；K 为纤维取向系数，整体纤维取向系数取 1.25，局部纤维取向系数取 1.75；γ_{cf} 为 UHPC 材料分项系数，取 1.45。					

（2）混凝土（C50）：设计参数取值如表 8-3 所示。

表 8-3　C50 主要设计参数值

强度等级	抗压强度/MPa			轴心抗拉强度/MPa		弹性模量 E_c/GPa
	立方体抗压强度标准值 $f_{cu,k}$	轴心抗压强度标准值 f_{ck}	轴心抗压强度设计值 f_{cd}	轴心抗拉强度标准值 f_{tk}	轴心抗拉强度设计值 f_{td}	
C50	50	32.4	22.4	2.65	1.83	34.5
	泊松比：0.2；线膨胀系数：1.0×10^{-5} /℃；容重：25kN/m³。					

（3）钢绞线采用 1×7 的 Φ^s15.2，设计参数取值如表 8-4 所示。

表 8-4　钢绞线主要设计参数值

强度等级	抗拉强度/MPa		抗压强度设计值 f'_{pd}	弹性模量 E_p/GPa	张拉控制应力/MPa	钢筋松驰率	孔道摩阻系数	孔道偏差系数/m^{-1}	锚具变形及钢束回缩值/mm
	抗拉强度标准值 f_{pk}	抗拉强度设计值 f_{pd}							
1860级	1860	1260	390	195	1246	≤0.025	0.25	0.0015	6
	泊松比：0.3；线膨胀系数：1.2×10^{-5}/℃；容重：78.5kN/m^3。								

8.4.2 荷载取值

（1）恒载：UHPC 容重取 27kN/m^3，C50 混凝土容重 26kN/m^3，护栏单侧为 10kN/m，混凝土铺装 25kN/m^3。

（2）汽车荷载：公路Ⅰ级，按三车道计算，车道荷载布置示意图如图 8-14 所示。

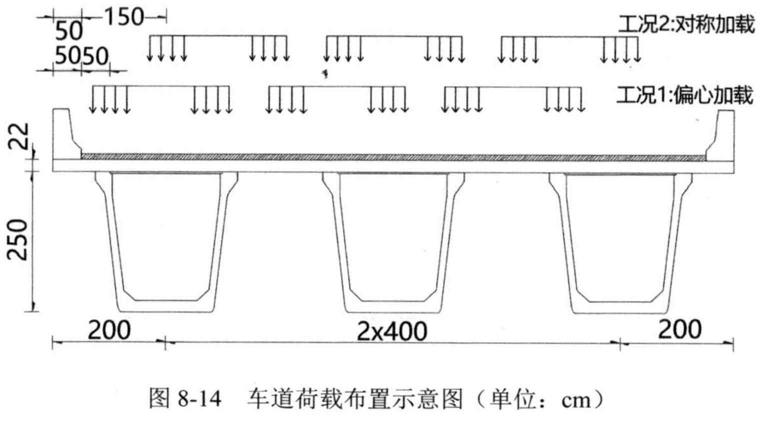

图 8-14　车道荷载布置示意图（单位：cm）

（3）整体温度：整体升温 25℃，整体降温 25℃。

（4）温度梯度：梯度升温时 T1=14℃，T2=5.5℃，梯度降温时 T1=-7℃，T2=-2.75℃。

（5）收缩徐变：本桥 UHPC 主梁采用标准热养护方式；按照《公路桥涵

超高性能混凝土应用规范》（总校稿）附录 B 计算。

①收缩应变

根据总校稿附录 B 规定：采用标准热养护的超高性能混凝土，养护结束后的超高性能混凝土收缩应变可取零，故本桥计算时不考虑收缩。

②徐变系数

UHPC120的徐变系数按照《公路桥涵超高性能混凝土应用规范》（总校稿）附录B计算如下：

超高性能混凝土的徐变系数宜通过试验确定。若无实测数据，且超高性能混凝土压应力不大于$0.4f_{cu,k}$时，超高性能混凝土的徐变系数可按下式计算：

$$\phi(t,t_0)=\phi_0(t_\infty,t_0)\cdot\frac{(t-t_0)^{a}}{(t-t_0)^{a}+b}$$

式中：$\phi(t,t_0)$——加载龄期为t_0，计算考虑龄期为t时的超高性能混凝土徐变系数；

$\phi_0(t_\infty,t_0)$——加载龄期为t_0时的超高性能混凝土徐变系数终极值，可按表8-5取值；

t——计算考虑时刻的超高性能混凝土龄期（d）；

t_0——加载时超高性能混凝土龄期（d）；

a, b——拟合系数，可按表8-5取值。

表 8-5 超高性能混凝土徐变系数终极值和系数 a、b 取值表（参考：总校稿 表 B.0.2）

加载龄期 t_0（d）	养护制度	徐变系数终极值 $\phi(t_\infty,t_0)$	系数 a	系数 b
4	标准养护	1.2	0.6	3.2
7	标准养护	1.0	0.6	4.5
28	标准养护	0.8	0.6	10
-	标准热养护结束后	0.2	0.6	10

图 8-15 根据附录 B 中徐变系数公式计算绘制得到的徐变系数发展曲线图，在计算软件中自定义输入。

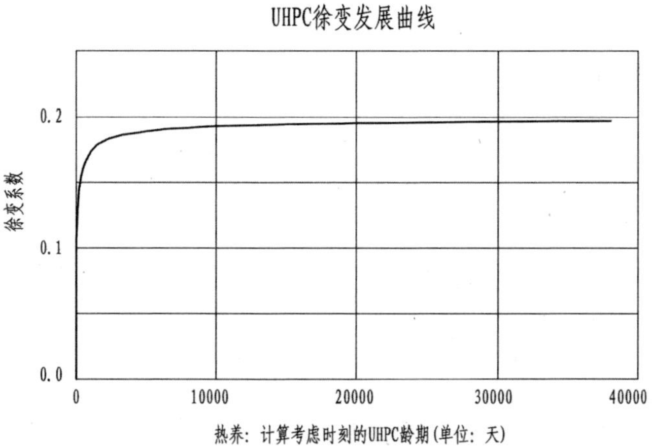

图 8-15　UHPC120 徐变系数发展曲线

8.4.3 计算方法

（1）模型建立

本桥为 55m 简支 UHPC-NC 组合梁桥，根据施工图设计文件的结构布置和施工方法，采用有限元软件 Midas Civil 建立全桥梁板模型，采用双单元方法模拟，UHPC 主梁与桥面板用弹簧连接模拟，连接件刚度按照《公路组合梁规范》式 9.3.2-1 计算，$k_{ss}=13d_{ss}\sqrt{E_c f_{ck}}=13\times 20\times\sqrt{34500\times 32.4}=274887.8N/mm$，桥面铺装仅作为恒载考虑。有限元模型如图 8-16 所示。

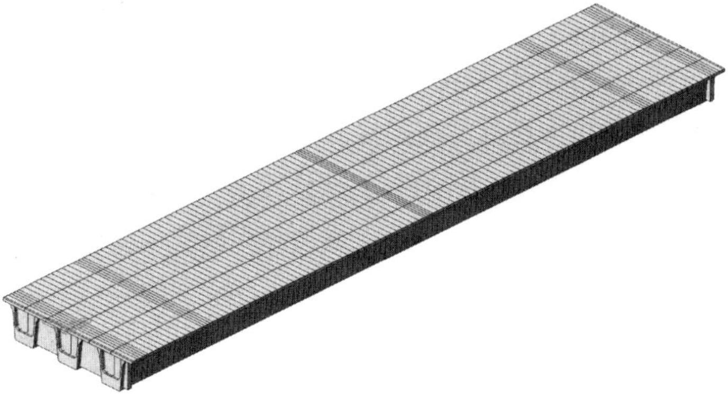

图 8-16　有限元模型示意图

为简化计算，采用如下假定：

①材料均视为理想线弹性材料，符合平截面假定；

②忽略 UHPC 主梁和 C50 桥面板内的钢筋；

③未考虑桥梁纵坡及横坡影响。

（2）施工方案工序

主梁施工工序为标准热养护预制UHPC-U型梁→张拉主梁预应力N1钢束→张拉主梁预应力 N2 钢束→张拉主梁预应力 N3 钢束→吊装 UHPC 主梁→现浇桥面板和横隔板→施工防撞护栏、桥面铺装和伸缩缝等→成桥。

在计算模型分析时，在现浇桥面板和弹性模量达到 90%之前，现浇桥面板作为湿重由 UHPC 预制梁承受，此时桥面板参与受力。

（3）荷载组合

根据《公路桥涵设计通用规范》（JTG D60-2015）的规定进行荷载组合，组合结果如表 8-6 所示。

表 8-6　荷载组合表

组合名称	结构恒载	预应力一次	预应力二次	汽车（含冲击）	汽车（不含冲击）	温度梯度	整体温度
基本组合	1.2	-	1.2	1.4	-	0.75×1.4	0.75×1.4
频遇组合	1.0	1.0	1.0	-	0.7	0.8	0.8
准永久组合	1.0	1.0	1.0	-	0.4	0.8	0.8
标准组合	1.0	-	1.0	-	1.0	1.0	1.0

（4）组合梁混凝土板有效宽度验算

《公路钢混组合桥梁设计与施工规范》（JTG/T D64-01-2015）（简称：公路组合梁规范）5.3.2 对桥面板有效宽度计算进行了规定，按照其规定对本桥桥面板有效宽度进行计算，本桥边中梁为对称截面，故计算时，仅须考虑单侧腹板，跨中处桥面板单侧腹板有效宽度 b_{eff} 为

$b_{eff}=b_0+\sum b_{ef,i}$

$b_{ef,i}=\dfrac{L_{e,i}}{6}=\dfrac{5378.4}{6}=896.4\text{cm}>\text{b}_\text{i}$，故$b_{ef,i}$=$\text{b}_i$，（参考：式 5.3.2-1、2）

故$b_{eff}=b_0+b_1+b_2$=18+81+101=200cm

支点处桥面板单侧腹板有效宽度 b_eff 为

$b_{eff}=b_0+\sum \beta_\text{i} b_{ef,i}$

$\beta_\text{i}=0.55+0.025\dfrac{L_{e,i}}{b_i}=0.55+0.025\times\dfrac{5378.4}{101}$=1.88>1，

（参考：式 5.3.2-3、4）

取β_i=1

$b_{ef,i}=\dfrac{L_{e,i}}{6}=\dfrac{5378.4}{6}=896.4\text{cm}>\text{b}_\text{i}$，故$b_{ef,i}$=$\text{b}_i$，

故$b_{eff}=b_0+b_1+b_2$=18+81+101=200cm

式 5.3.2-1～5.3.2-4 中，$\text{L}_\text{e,i}$为简支梁计算跨径，b_0、b_1、b_2参数值如图 8-17 所示。

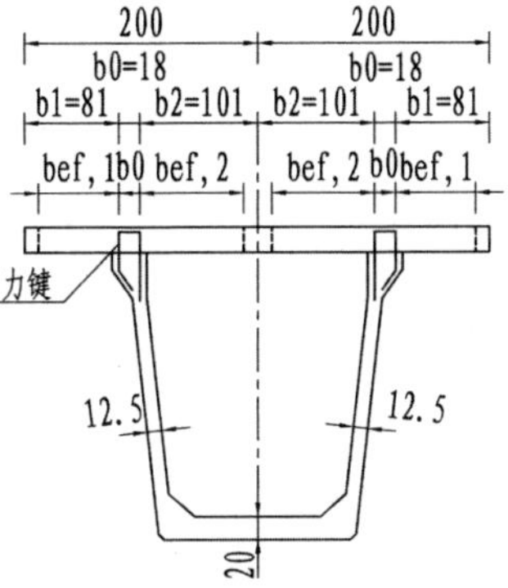

图 8-17　组合梁桥面板截面尺寸示意图（单位：cm）

根据上述分析，对于简支梁支点和跨中处，混凝土桥面板不考虑有效宽度的影响，桥面板按全截面计算。

（5）结构验算

① 持久状况承载能力极限状态计算

1）正截面抗弯承载力验算

总校稿 6.2.7 条规定：$\text{r}_0\text{M}_\text{d}\leq\Phi_\text{f}\text{M}_\text{u}$，$\Phi_\text{f}$为抗弯折减系数，根据总校稿表 6.2.5 条得知，对于非接缝截面Φ_f取 1。

总校稿 6.2.9 条有如下规定：翼缘位于受压区的 T 形或 I 形截面超高性能混凝土受弯构件，其正截面抗弯承载力应按下列规定进行计算：

i.当符合下列条件时

$$f_{sd}A_s + f_{pd,i}A_{p,i} + f_{pd,e}A_{p,e} + f_{tud}b(h-\frac{h_f'}{\beta}) + f_{tud}k_f(b_f-b)h_f \\ \le f_{cd}b_f'h_f' + f_{sd}'A_s' + (f_{pd,i}' - \sigma_{p,i0}')A_{p,i}' \quad \text{（总校稿 6.2.9-1）}$$

受压区应取宽度为 b_f' 的矩形截面图 8-18（a），同时应考虑受拉区翼缘和腹板超高性能混凝土的抗拉作用，其正截面抗弯承载力应按下列规定计算：

$$M_u = f_{cd}b_f'x(h_0-\frac{x}{2}) + f_{sd}'A_s'(h_0-a_s') + (f_{pd,i}' - \sigma_{p,i0}')A_{p,i}'(h_0-a_{p,i}') \\ - f_{tud}bx_t(\frac{x_t}{2}-a) - f_{tud}\,k_f(b_f-b)h_f(\frac{h_f}{2}-a) \quad \text{（总校稿 6.2.9-2）}$$

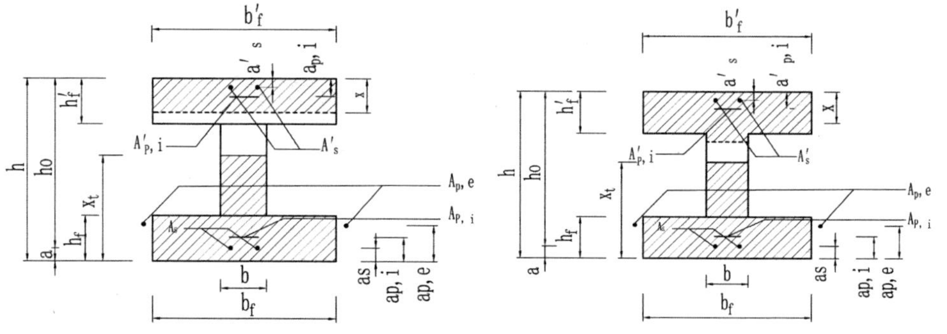

（a）x ≤ hf　　　　（b）x > hf

图 8-18　I 形截面超高性能混凝土受弯构件正截面承载力计算（参考：总校稿图 6.2.9）

ii.当不符合式（总校稿 6.2.9-1）的条件时，计算中应考虑截面腹板受压的作用和受拉区翼缘、腹板超高性能混凝土的抗拉作用，其正截面抗弯承载力应按下列规定计算（图 8-18）：

$$M_u = f_{cd}[bx(h_0 - \frac{x}{2}) + (b'_f - b)h'_f(h_0 - \frac{h'_f}{2})] + f'_{sd}A'_s(h_0 - d_s)$$
$$+(f'_{pd,i} - \sigma'_{p,i0})A'_{p,i}(h_0 - a'_{p,i}) - 0.5f_{td}bx_t(\frac{x_t}{2} - a) - f_{tud}k_f(b_f - b)h_f(\frac{h_f}{2} - a)$$
（总校稿 6.2.9-3）

$x_t = h - \frac{x}{\beta}$，本桥采用UC120，$\beta$按照总校稿表6.2.3取值0.84　（总校稿 6.2.4-1）

此时，受压区高度 x 应按下列公式计算，并符合本规范式（总校稿 6.2.8-3）、式（总校稿 6.2.8-4）或式（总校稿 6.2.8-5）的要求。

$$f_{sd}A_s + f_{pd,i}A_{p,i} + f_{pd,e}A_{p,e} + f_{tud}bx_t + f_{tud}k_f(b_f - b)h_f$$
$$= f_{cd}[bx + (b'_f - b)h'_f] + f'_{sd}A'_s + (f'_{pd,i} - \sigma'_{p,i0})A'_{p,i}$$
（总校稿 6.2.9-4）

$$k_f = \begin{cases} 1 & h \le 20l_f \\ \dfrac{35l_f - h}{15l_f} & 20l_f \le h \le 35l_f \\ 0 & h > 35l_f \end{cases}$$
（总校稿 6.2.9-5）

式中：h'_f——T 形或 I 形截面受压翼缘厚度；

b'_f——T 形或 I 形截面受压翼缘有效宽度，可按现行行业标准《公路钢筋混凝土及预应力混凝土桥涵设计规范》（JTG 3362）规定取值；

k_f——T 形或 I 形截面受拉区翼缘面积折减系数；

A_s、A'_s——受拉区、受压区纵向普通钢筋的截面面积。

本桥将 U 形开口截面等效为 I 形截面计算，结合计算得知 UHPC 主梁不满足总校稿式 6.2.9-1 要求，故按照总校稿式 6.2.9-3～6.2.9-5 计算，计算得知，抗力 M_u=42962.4KN.m，从图 8-19 得知，弯矩内力设计值 M_d=35542KN.m，则 r_0M_d=1.1×35542=39096KN.m，满足 $r_0M_d \le \Phi_f M_u$ 的要求，上述计算结果表明，UHPC 主梁正截面抗弯承载力满足要求。

图 8-19 基本组合作用下 UHPC 主梁 M_y 弯矩包络图（kN·m）

2）斜截面抗剪承载力验算

总校稿 6.2.13 条规定：$r_0V_d \le \Phi_v V_u$，Φ_v 为抗剪折减系数，根据总校稿表 6.2.5 条得知，对于非接缝截面Φ_v取 1。

总校稿 6.2.14 条规定：矩形、T 形和 I 形截面的超高性能混凝土受弯构件，其斜截面抗剪承载力应按下列公式计算：$V_u = \alpha_1\alpha_2(V_c + V_f) + V_s + V_p$（总校稿 6.2.14-1）

式中：V_u——构件斜截面抗剪承载力（N）；

α_1——异号弯矩影响系数，计算简支梁和连续梁近边支点梁段的抗剪承载力时，$\alpha_1 = 1.0$；计算连续梁和悬臂梁近中间支点梁段的抗剪承载力时，$\alpha_1 = 0.9$；**对于本项目取 1.0**；

α_2——箍筋影响系数，钢筋超高性能混凝土受弯构件未设置箍筋时，$\alpha_2 = 0.8$；钢筋超高性能混凝土受弯构件设置箍筋及预应力超高性能混凝土受弯构件，取$\alpha_2 = 0.95$；**本项目取 0.95**；

V_c——构件斜截面上超高性能混凝土基体受剪承载力设计值（N）；

V_s——构件斜截面上抗剪钢筋受剪承载力设计值（N）；

V_f——构件斜截面上纤维受剪承载力设计值（N）；

V_p——构件斜截面上预应力弯起钢筋受剪承载力设计值（N）。

本桥为整梁预制，未设置接缝，UHPC-NC 组合梁截面的剪力全部由 UHPC 主梁承担，不考虑桥面板的抗剪作用，本桥设计未布置箍筋，在剪力抗力计算时，不考虑抗剪钢筋的抗剪值和体外预应力抗剪设计值，故仅需计算 V_c、

V_f、V_p 设计值。超高性能混凝土基体受剪承载力设计值 V_c 按如下公式计算：

$$V_{\mathrm{c}}=\alpha_{\mathrm{cv}}\alpha_{\mathrm{p}}\sqrt{f_{\mathrm{ck}}}bh_0 \qquad \text{（总校稿 6.2.14-2）}$$

$$\alpha_{\mathrm{p}}=1+\frac{3N_{\mathrm{p0}}}{f_{\mathrm{ck}}A_{\mathrm{c}}} \qquad \text{（总校稿 6.2.14-3）}$$

式中：α_{cv}——斜截面超高性能混凝土受剪承载力系数，对一般受弯构件取 0.25；对集中荷载作用下的独立梁，取 $\alpha_{cv}=0.5/(\lambda+0.5)$，$\lambda$ 为计算截面的剪跨比，当 λ 小于 1.5 时，取 1.5，当 λ 大于 3 时，取 3；**本项目取 0.25**；

α_p——预应力提高系数；

N_{p0}——预应力钢筋合力点处超高性能混凝土法向应力等于零时的预加力，应按现行行业标准《公路钢筋混凝土及预应力混凝土桥涵设计规范》（JTG 3362）规定计算；当 N_{p0} 大于 $0.3f_{ck}A_c$ 时，取 $0.3f_{ck}A_c$；当预加力 N_{p0} 引起的截面弯矩与外弯矩方向相同时以及预应力超高性能混凝土连续梁的情况，N_{p0} 均取 0；

f_{ck}——超高性能混凝土轴心抗压强度标准值（MPa）；

b——矩形截面宽度或 T 形截面腹板宽度（mm）；

h_0——截面受压边缘到纵向受拉钢筋的距离（mm）。

从总校稿 6.2.14-2 式得知，为简化计算 $\alpha_p\geq1$，为安全考虑可 α_p 取 1，则

$$V_{\mathrm{c}}=\alpha_{\mathrm{cv}}\alpha_{\mathrm{p}}\sqrt{f_{\mathrm{ck}}}bh_0=0.25\times\sqrt{84}\times250\times2400=1374.8KN$$

纤维受剪承载力设计值 V_f 按如下公式计算：

$$V_{\mathrm{f}}=0.9f_{\mathrm{td}}bh_0 \qquad \text{（总校稿 6.2.14-4）}$$

式中：f_{td}—超高性能混凝土轴心抗拉强度设计值，其中纤维取向系数 K 取 1.25，其等于 $f_{tk}/K=4.1/1.25=3.28\text{MPa}$。

$$V_f=0.9f_{td}bh_0=0.9\times3.28\times250\times2400=1771.2\text{KN}$$

预应力弯起钢筋抗剪承载力设计值 V_p，对于体内预应力弯起钢筋

$$V_{\mathrm{p}}=0.75f_{\mathrm{pd,i}}\sum A_{\mathrm{p,i}}\sin\theta_{\mathrm{p,i}} \qquad \text{（总校稿 6.2.14-6）}$$

式中：$f_{pd,i}$——体内预应力钢筋抗拉强度设计值；

$A_{p,i}$——斜截面内弯起体内预应力钢筋的截面面积；

$\theta_{p,i}$——体内预应力钢筋弯起钢筋（在斜截面受压端正截面处）的切线与水平线夹角。

$$V_p = 0.75 f_{pd,i} \sum A_{p,i} \sin\theta_{p,i} = 0.75\times1260\times7\times19\times139\times\sin(5.7^{\circ}) = 1735.0KN$$

结合上述两分项计算结果，代入总校稿 6.2.14-1 中，则

剪力抗力$V_u = \alpha_1\alpha_2\left(V_c + V_f\right) + V_s + V_p = 1\times0.95\times\left(1374.8+1771.2+1735.0\right) = 4637.0\text{KN}$

结合图 8-20、8-21 可知，支点处 UHPC 主梁剪力内力设计值 V_{d1}=2762KN，C50 桥面板剪力内力设计值 V_{d2}=1066KN，则 r_0V_d=1.1×（2762+1066）=4210.8KN，满足 $r_0V_d \le \Phi_v V_u$ 的要求，上述计算结果表明，UHPC-NC 组合梁斜截面抗剪承载力满足要求。

图 8-20　基本组合作用下 UHPC 主梁 V_d 剪力包络图（kN）

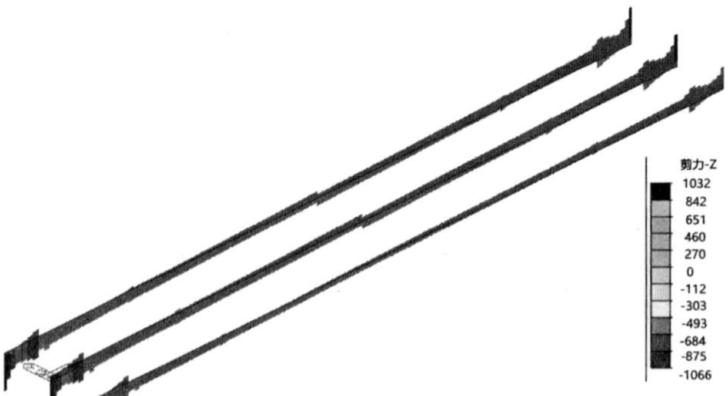

图 8-21　基本组合作用下 C50 桥面板 V_d 剪力包络图（kN）

②持久状况正常使用极限状态计算

1）UHPC 主梁抗裂验算

i.正截面超高性能混凝土拉应力

在频遇组合梁作用下，UHPC 主梁的顶底缘应力包络图如图 8-22、图 8-23 所示。按照《公路桥涵超高性能混凝土应用规范》（总校稿）（后文简称总校稿）6.3.9 条规定：正截面超高性能混凝土拉应力全预应力混凝土构件的非接缝截面，在作用效应频遇组合下，$\sigma_{st}-0.85\sigma_{pc}\leq 0$，结合图 8-19、图 8-20 得知，UHPC 主梁在频遇组合作用下，顶缘最大应力为$\sigma_{st}-0.85\sigma_{pc}$=-7.11MPa，底缘最大应力为$\sigma_{st}-0.85\sigma_{pc}$=-2.04MPa，均为压应力，结合上述计算结果得知，UHPC 主梁满足全预应力构件的设计要求。

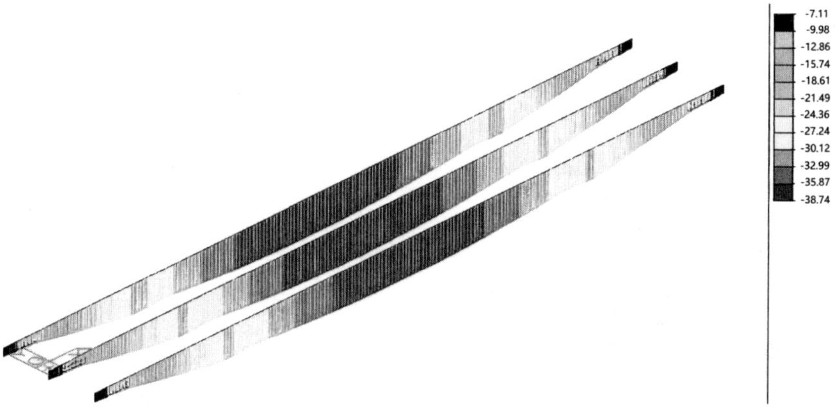

图 8-22　频遇组合（$=\sigma_{st}-0.85\sigma_{pc}$）作用下 UHPC 主梁顶缘应力包络图（MPa）

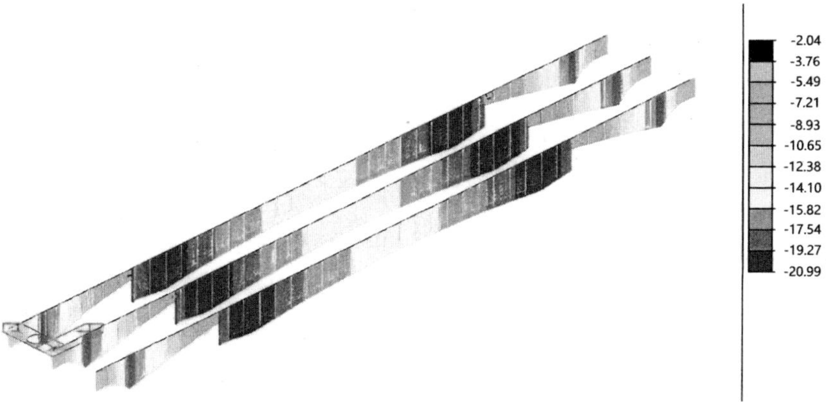

图 8-23　频遇组合（$=\sigma_{st}-0.85\sigma_{pc}$）作用下 UHPC 主梁底缘应力包络图（MPa） ii.斜截面超高性能混凝土主拉应力

频遇组合 UHPC 主梁的主应力如图 8-24 所示。按照总校稿 6.3.9 条规定：斜截面超高性能混凝土主拉应力全预应力混凝土构件的非接缝截面，在作用效应频遇组合下，$\sigma_{tp} \leq 0.6f_{tk}/K_{global}$，结合图 8-24 得知，UHPC 主梁在频遇组合作用下，非接缝截面的最大主拉应力为 0.97MPa，小于规范规定的 2.88MPa（$=0.6f_{tk}/K_{global}=0.6\times6.0/1.25$），结合上述计算结果得知，UHPC 主梁主拉应力满足全预应力构件的设计要求；根据总校稿 6.4.1 条规定得知，UHPC 主梁箍筋的配置与主拉应力σ_{tp}相关，本桥上述主拉应力计算结果得知，其值小于 $0.4f_{tk}/K_{global}=0.4\times6/1.25=1.92$MPa，可不设置箍筋。

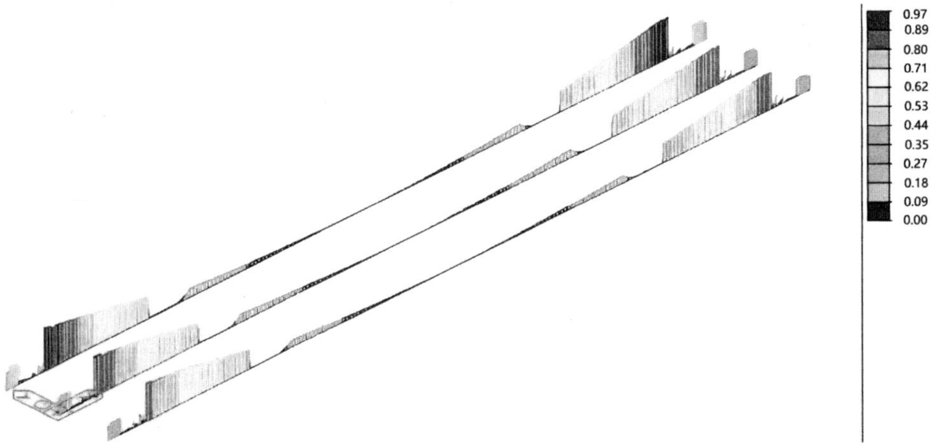

图 8-24　UHPC 主梁在频遇组合作用下主拉应力（MPa）

2）挠度计算

总校稿 6.3.14 条规定：挠度验算应考虑长期效应的影响，其挠度长期增长系数取 $\eta_\theta=1+\phi(t,t_0)$，式中 $\phi(t,t_0)$ 为加载龄期 t_0，计算考虑龄期 t 时的超高性能混凝土徐变系数，在计算时，偏保守地取 UHPC 的徐变系数终极值 0.2（见表 5）来计算挠度长期增长系数，此时挠度长期增长系数为 1.2。如图 8-25 所示，在汽车荷载频遇值作用下，频遇值系数取 1.0，UHPC-NC 组合梁的最大挠度为 21.1mm 考虑挠度长期增长系数后，最大挠度为 25.32mm，小于《公预规》6.5.3 条的限值 89.4mm=L/600=53640/600 的要求。

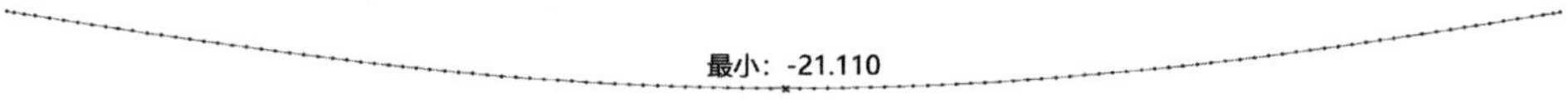

图 8-25　UHPC-NC 组合简支梁桥在汽车荷载频遇值作用下的挠度（mm）

3）计算小结

本节对 UHPC 主梁的正截面和斜截面抗裂进行了验算，同时验算了主梁的挠度，结合上述分析得知，UHPC 主梁正截面和斜截面抗裂满足全预应力构件设计要求；在汽车荷载频遇值作用下，考虑挠度长期增长系数后的最大挠度满足规范要求。

③持久状况和短暂状况构件的应力计算

1）持久状况应力计算

在标准组合作用下，UHPC 主梁的顶底缘应力包络图如图 8-26、图 8-27 所示。按照总校稿 6.4.1 条规定：超高性能混凝土的主压应力应满足$\sigma_{cp} \leq 0.6f_{ck}$。结合图 8-19、图 8-20 得知，对于 UHPC 主梁在标准组合下，持久状况上边缘最大压应力为 39.7MPa，下边缘最大压应力为 21.08MPa，小于总校稿限值 $0.6f_{ck}=0.6\times84=50.4$MPa=50.4MPa 的要求。

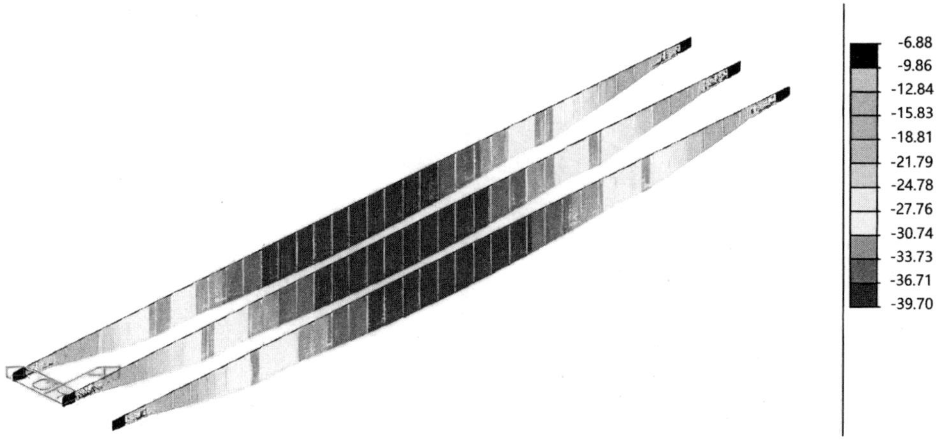

图 8-26　标准组合作用下 UHPC 主梁顶缘应力包络图（MPa）

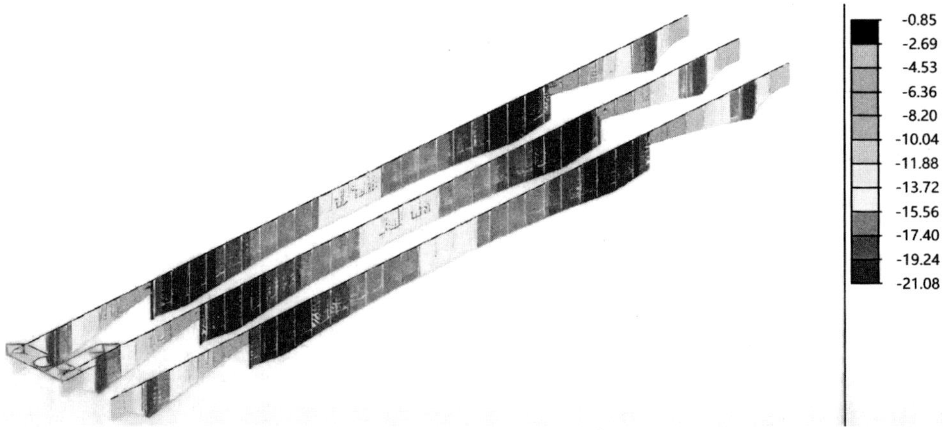

图 8-27　标准组合作用下 UHPC 主梁底缘应力包络图（MPa）

2）短暂状况应力计算

在计算模拟时，施工阶段分为主梁预制、预应力张拉阶段、主梁吊装阶段、桥面板现浇和桥面板强度形成阶段、防撞护栏和沥青铺装浇筑阶段、十年收缩徐变阶段，主要施工阶段UHPC主梁应力计算结果如下图8-28～图8-32所示。

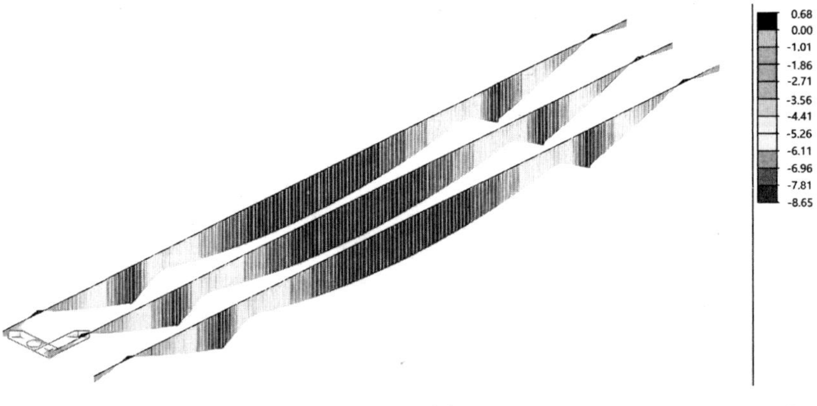

（a）顶缘

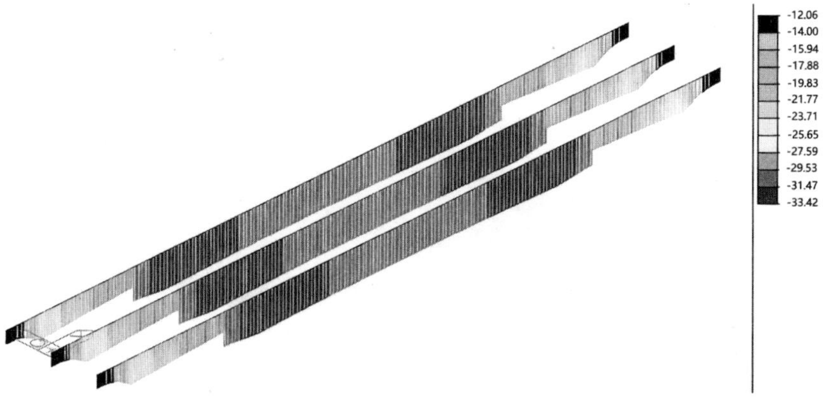

（b）底缘

图 8-28　预应力张拉阶段 UHPC 主梁应力图（MPa）

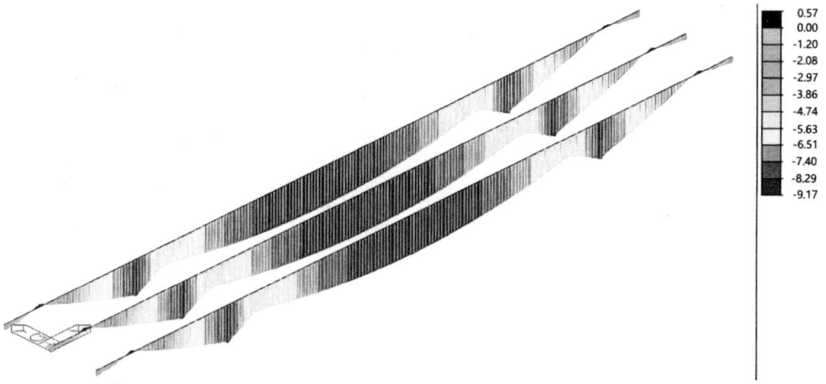

（a）顶缘

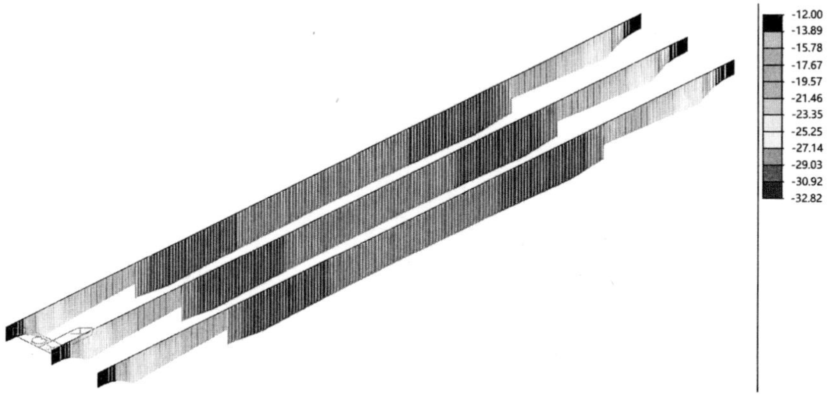

（b）底缘

图 8-29　UHPC 主梁吊装节段应力图（MPa）

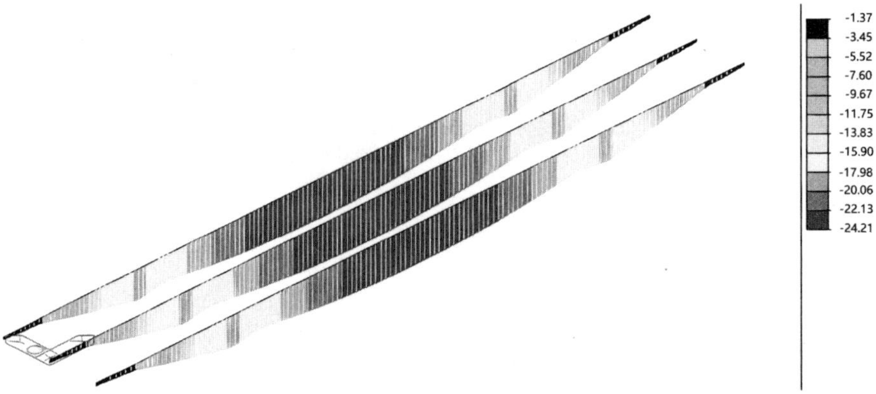

（a）顶缘

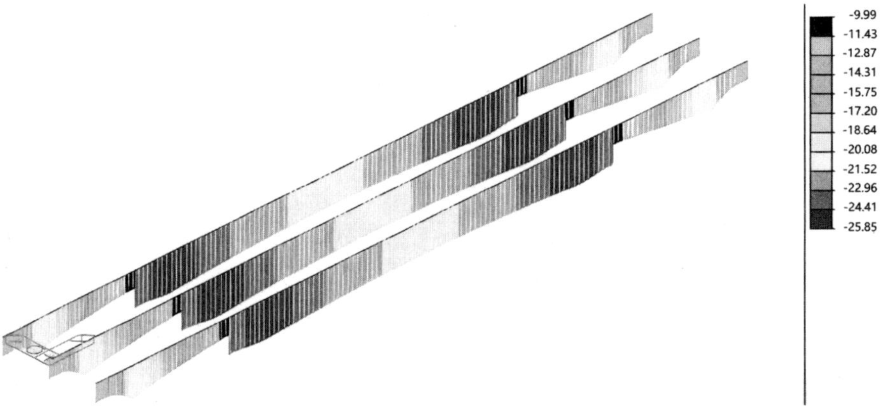

（b）底缘

图 8-30　桥面板浇筑和其强度形成阶段应力图（MPa）

（a）顶缘

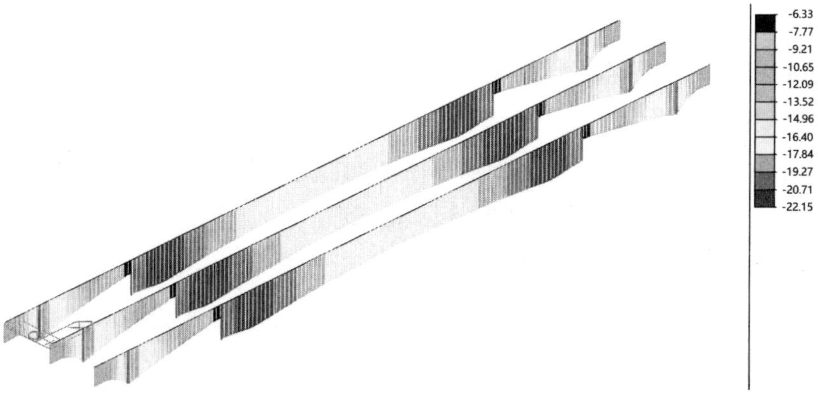

（b）底缘

图 8-31　防撞护栏和沥青铺装浇筑阶段应力图（MPa）

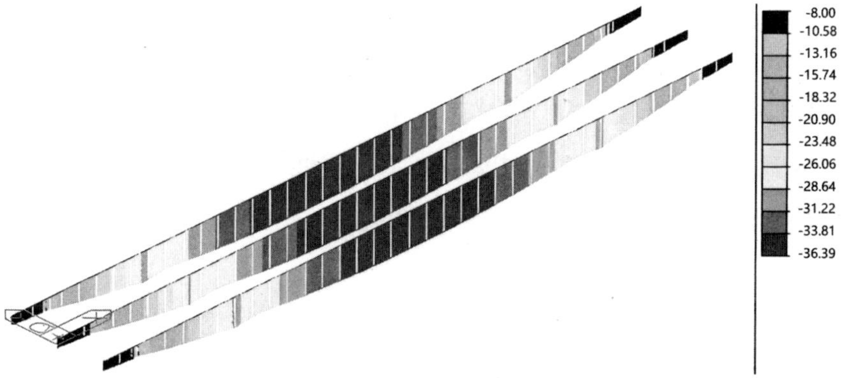

（a）顶缘

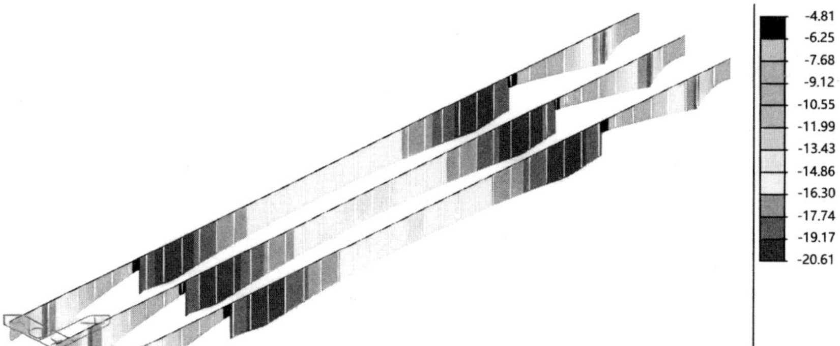

（b）底缘

图 8-32　十年收缩徐变阶段应力图（MPa）

i.压应力

按照《公路钢筋混凝土及预应力混凝土桥涵设计规范》（JTG 3362-2018）7.2.8 条规定：预应力混凝土受弯构件，在预应力和构件自重等施工荷载作用下截面边缘混凝土的法向压应力应小于 $0.70f'_{ck}$，由于施工时 UHPC 已达到设计强度，故取 f'_{ck} 为 84MPa。由图 28～图 32 可知，短暂状况下 UHPC 主梁顶缘最大压应力 σ'_{cc} 为 36.39MPa，底缘最大压应力 σ'_{cc} 为 33.42MPa，小于 $0.70f'_{ck}=0.7\times84=58.8$MPa，综合上述结算结果得知，施工阶段压应力满足要求。

ii.拉应力

根据总校稿 6.4.3 条规定得知，在预应力和构件自重等施工荷载作用下预拉区是否配制纵向钢筋与截面边缘超高性能混凝土的法向拉应力 σ'_{ct} 大小相关，由图 28～图 32 可知，短暂状况下 UHPC 主梁的最大法向拉应力 $\sigma'_{ct}=0.68$MPa，其值小于 $\sigma'_{ct}\leq0.35f'_{tk}/K_{global}=0.35\times6/1.25=1.68$MPa，可不配制预拉区纵向钢筋。总校稿第 6.4.3 条同时规定最大法向拉应力 σ'_{ct} 应小于 $1.15f'_{tk}/K_{global}=1.15\times6/1.25=5.52$MPa,根据上述分析结果得知，最大法向拉应力满足要求，且有较大的安全富余。

3）计算小结

本节对 UHPC 主梁在持久状况和短暂状况下的构件应力进行了验算，结果表明 UHPC 主梁在持久状况和短暂状况下的应力均满足总校稿条文相关要求。

8.5 桥面板验算

8.5.1 桥面板配筋率验算

《公路组合梁规范》6.2.3 中对组合梁桥面板配筋率有相应规定，桥面板顶底层布置单层直径 20 钢筋，纵向间距按 10cm 布置，单位长度桥面板内横向钢筋 a-a 断面（见图 8-33）总面积

$$A_{ea}=\frac{2\times9\times314.2}{1000}=5.66\left(\mathrm{mm}^2/\mathrm{mm}\right)$$

$$A_{ea} \geqslant \frac{\eta b_f}{f_{sd}} = \frac{0.8\times 220}{330} = 0.53\left(mm^2/mm\right)$$（参考：式 6.2.3）

单位长度桥面板内横向钢筋 b-b 断面（见图 8-33）总面积

$$A_{eb} = \frac{2\times 9\times 314.2}{1000} = 5.66\left(mm^2/mm\right)$$

$$A_{eb} \geqslant \frac{\eta b_f}{f_{sd}} = \frac{0.8\times(300+2\times 160)}{330} = 1.51\left(mm^2/mm\right)$$（参考：式 6.2.3）

上述计算表明：组合梁桥面板配筋率满足规范要求。

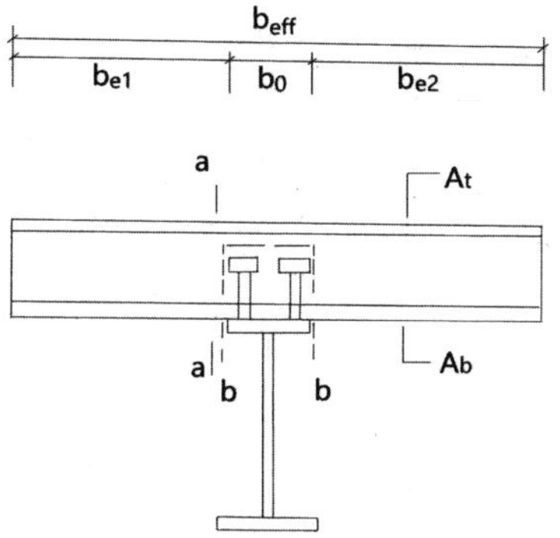

图 8-33　混凝土板纵向抗剪界面示意图（参考：《公路组合梁规范》图 6.3.1）

8.5.2 桥面板纵向抗剪验算

通过计算得，跨中组合截面特性值 $I_0=2.06\times10^{12}mm^4$，中性轴距上边缘距离 y=993.2mm，则混凝土板对组合截面中性轴的面积矩 S=（y-h/2）A=4000×220×（993.2-220/2）=777216000（mm^3），《公路组合梁规范》6.3 中对组合梁纵向抗剪验算有相应规定，本桥参考该规范中 6.3.2 验算，组合梁竖向剪力 V 在斜截面抗剪承载力中已计算得知，V=3828KN，为安全考虑，V 在分段范围内取大值，组合梁未开裂截面惯性矩 $I_{un}=I_0$，则单片 UHPC 主梁与桥面板之间单位长度上的纵桥向水平剪力 $V_1=\frac{V\times S}{I_{un}}=\frac{3828000\times 777216000}{2.06\times 10^{12}}=1444.2(N/mm)$（参考：式 7.2.3-1），则单

侧腹板纵桥向水平剪力 V_1'=V1/2=722.1KN，单位长度上 a-a 纵向抗剪界面的纵向剪力

$$V_{1d}=\max\left\{\frac{V_1 b_{e1}}{b_{eff}},\frac{V_2 b_{e2}}{b_{eff}}\right\}$$

$$=\max\left\{\frac{722.1\times 810}{2000},\frac{722.1\times 1010}{2000}\right\}$$（参考：式 6.3.2-2）

$$=292.5N/mm$$

单位长度上 b-b 纵向抗剪界面的纵向剪力 V_{1d}= V_1'=722.1N/mm（参考：式 6.3.2-1）。

单位长度内混凝土板纵向抗剪承载力按《公路组合梁规范》式 6.3.4 计算，

$$V_{1Rd(a-a)}=\min\left\{0.7f_{td}b_f+0.8A_e f_{sd},0.25b_f f_{cd}\right\}$$

$$=\left\{0.7\times 1.83\times 220+0.8\times\frac{9\times 314.2}{1000}\times 330,0.25\times 220\times 22.4\right\}$$（参考：式 6.3.4）

$$=1028N/mm$$

$$V_{1Rd(b-b)}=\min\left\{0.7f_{td}b_f+0.8A_e f_{sd},0.25b_f f_{cd}\right\}$$

$$=\left\{0.7\times 1.83\times 620+0.8\times\frac{9\times 314.2}{1000}\times 330,0.25\times 620\times 22.4\right\}$$

$$=1541N/mm$$

结合上述结算结果可知，单位长度 a-a、b-b 界面纵向剪力 V_{1d} 均小于 V_{1Rd}，满足规范要求。

8.5.3 连接件验算

在上部主梁剪力键和腹板钢筋设计章节中提到，剪力键布置自支点往纵桥向 3.5m 范围内按 10cm 间距布置，标准段剪力键间距按 15cm 布置，钢筋大小为直径 20mm，在支点往跨中 3.5m 范围内剪力取支点处剪力最大值，考虑 1.1 的分项系数，V=1.1×3828=4210.8KN，单片梁双腹板 3.5m 加密区内剪力钉个数 140，单个剪力钉承受最大剪力设计值为 30.1KN，根据《公路钢结构桥梁设计规范》（JTG D64-2015）11.4.4 单个圆柱头连接件的抗剪承载力

$$V_{su}=\min\left\{0.43A_{su}\sqrt{E_c f_{cd}},0.7A_{su}f_{su}\right\}$$

$$=\left\{0.43\times314.2\times\sqrt{34500\times22.4},0.7\times314.2\times330\right\}$$（参考：式 11.4.4）

$$=72.6KN$$

单个连接件抗剪承载力 Vsu＞30.1KN，故承载能力极限状态下连接件抗剪满足规范要求。

8.5.4 桥面板纵向裂缝验算

组合梁桥面板受力性能接近于混凝土轴心受拉构件，可计算混凝土板纵向钢筋平均应力代替混凝土轴心受拉构件钢筋应力值，按钢筋混凝土轴心受拉构件计算组合梁桥面板的最大裂缝宽度，混凝土桥面板纵向钢筋平均应力近似按 N_s/A_s 计算，从图 8-34 得知，频遇组合作用下最大拉力为 1729.45KN/m，桥面板宽度内顶底层各配置 39 根直径 16mm，则 $\sigma_{ss}=N_s/A_s=1729450/15674=110.3$MPa。根据《公路钢筋混凝土及预应力混凝土桥涵设计规范》（JTG 3362-2018）第 6.4.3 条规定，其最大裂缝宽度为：

$$W_{cr}=C_1C_2C_3\frac{\sigma_{ss}}{E_s}\left(\frac{c+d}{0.36+0.17\rho_{te}}\right)$$

验算结果如下：

C1=1，C2=1.4，C3=1.2，σ_{ss}=110.3MPa，c=30mm,d=16mm，ρ_{te}=0.018。计算得到纵桥向最大裂缝宽度为 0.12mm＜0.2mm，满足规范要求。

图 8-34　频遇组合作用下混凝土桥面板轴力包络图（单位：KN）

参考文献

[1]GRAYBEAL B，BRÜHWILER E，KIM B，etal.International Perspective on UHPC in Bridge Engineering［J］. Journal of Bridge Engineering，2020，25（11）：1-16.

[2]邵旭东，邱明红，晏班夫等.超高性能混凝土在国内外桥梁工程中的研究与应用进展［J］.材料导报，2017，31（23）：33-43.

[3]蒋欣，汤大洋，胡所亭等，超高性能混凝土在国内外桥梁工程中的应用［J］.铁道建筑，2021，61（12）：1-7.

[4]黄卿维，沈秀将，陈宝春等.韩国超高性能混凝土桥梁研究与应用［J］.中外公路，2016，36（2）：222-225.

[5]邵旭东，樊伟，黄政宇.超高性能混凝土在结构中的应用［J］.中外公路，2021，54（1）：1-13.

[6]Tan J S , Hafezolghorani M , Voo Y L . Manufacturing and construction of ≥300-meter long Manong Bridge using standard 70-meter long UHPC precast post- tensioned U-girder［C］// Proceedings of HiPerMat 2020 5th International Symposium on Ultra-High Performance Concrete and High Performance Construction Materials Kassel, March 11–13, 2020.

[7]Hafezolghorani M , Voo Y L . Design of 38m Span Post-tensioned Ultra High Performance Fiber-Reinforced Concrete （UHPFRC） Composite Bridge［C］// IOP Conf. Series： Materials Science and Engineering 431 （2018） 042007 on 14th International Conference on Concrete Engineering and Technology.

[8]Hajar Z, Simon A, Lecointre D and Petitjean J 2003 Construction of the first road bridges made of Ultra-High-Performance Concrete Proc. Int. Symp. on

High Performance Concrete p 18.
[9]中国混凝土与水泥制品协会 UHPC 分会.2019 年中国超高性能混凝土（UHPC）技术与应用发展报告［J］.中国混凝土，2020（2）：30-43.
[10]中国混凝土与水泥制品协会 UHPC 分会.2020 年中国超高性能混凝土（UHPC）技术与应用发展报告［J］.中国混凝土，2021（4）：20-29.
[11]中国混凝土与水泥制品协会 UHPC 分会.2021 年中国超高性能混凝土（UHPC）技术与应用发展报告［J］.中国混凝土，2022（2）：24-33.
[12]陈宝春，黄卿维，王远洋，等.中国第一座超高性能混凝土（UHPC）拱桥的设计与施工［J］. 中外公路，2016，36（1）：67-71.
[13]陈宝春，黄卿维，苏家战，等.中国第一座超高性能混凝土（UHPC）公路箱梁桥的设计与施工［J］. 中外公路，2021，41（5）：74-77.
[14]覃维祖，曹峰.一种超高性能混凝土—活性粉末混凝土［J］. 工业建筑，1999，29（4）：16-18.
[15]邵旭东，胡建华著.钢-超高性能混凝土轻型组合桥梁结构［M］.北京：人民交通出版社.2015.
[16]邵旭东，黄政宇，肖礼经.超韧性混凝土在钢桥面中的应用研究［C］.第三届全国特种混凝土技术及首届全国沥青混凝土技术学术交流会暨中国土木工程学会混凝土质量专业委员会 2012 年年会论文集：211-215.
[17]肖礼经，谢学钦，周志敏.新型正交异性钢板-STC 组合桥面结构研究与应用［C］. 第六届中国公路科技创新高层论坛论文集：657-661.
[18]李嘉，冯啸天，邵旭东等.STC 钢桥面铺装新体系的力学计算与实桥试验对比分析［J]，中国公路学报，2014，27（3）：39-44.
[19]史佳晨，朱天同，丛林.大跨径钢桥桥面铺装材料应用现状与新进展［J]，上海公路，2018（3）：76-80.
[20]曾满良，王甜，孙秀贵等.杭瑞高速公路洞庭湖大桥主桥设计及关键技术研究［J］.铁道建筑，2020,60（2）：40-44.
[21]谢波，史贤豪，陆晓宏.中兴大桥桥面板 UHPC-超薄磨耗层（SMA）层间性能分析［J］.城市道桥与防洪，2021（7）：125-129.
[22]袁胜强，顾民杰，刘 辉等.宁波中兴大桥及接线工程 BIM 设计与应用［J].

土木建筑工程信息技术，2018,10（2）：17-22.
[23]何武超.宁波中兴大桥 V 形主塔设计关键技术［J］.中国市政工程，2022（4）：12-16.
[24]郭福宽，周尚猛.沪苏通长江大桥铁路 UHPC 组合桥面铺装层厚研究［J］.铁路标准设计，2022,66（6）：73-77.
[25]沈锐利，蒋雨骎，张晋瑞.现浇 STC 铺装体系施工方案对悬索桥成桥状态影响研究［J］.中外公路，2019,39（1）：73-77.
[26]韦勇克. 西江二桥钢-超高性能混凝土轻型组合梁设计研究［J］.中外公路，2020,40（5）：158-164.
[27]裴必达，李立峰，邵旭东等.钢-UHPC 轻型组合桥面板实桥试验研究［J］.湖南大学学报（自然科学版），2019,46（1）：76-84.
[28]张志豪，陈露一，伍贤智等.大跨度桥梁超高性能混凝土-钢组合桥面铺装应用技术研究［J］.新型建筑材料，2022（6）：91-96.
[29]江雄.赤石特大桥主梁合龙方案研究［J］.桥梁建设，2016,46（1）：117-121.
[30]吴纯奇，徐安东.超高韧性混凝土在赤石大桥的施工应用研究［J］.福建建筑，2017（11）：71-75.
[31]李卫，侯圣均，陈全胜.云南红河特大桥加劲梁施工方案研究［J］.世界桥梁，2020,48（2）：40-44.
[32]张鹏飞，徐强.超高性能混凝土在云南红河大桥桥面铺装中的应用［J］.绿色建筑，2021（6）：111-113.
[33]赵学民，超高韧性混凝土（STC）组合桥面施工关键技术研究［J］.北方交通，2020（2）：24-26.
[34]陈彪，罗李陶，胡雄等.创启路大桥超高性能组合钢桥面铺装体系施工技术［J］.公路交通技术，2022,38（3）：59-64.
[35]陈宝春，黄卿维，苏家战等.中国第一座超高性能混凝土（UHPC）公路箱梁桥的设计与施工［J］.中外公路，2021,41（5）：74-77.
[36]陈宝春，黄卿维，王远洋等.中国第一座超高性能混凝土（UHPC）拱桥的设计与施工［J］.中外公路，2016,36（1）：67-71.
[37]郭泽棉.北环高速沙贝立交 F 匝道桥 UHPC 梁施工关键技术研究［J］.广东

土木与建筑，2019,26（12）：79-81.

[38]网址：https：//www.ccpa.com.cn/site/content/5480.html

[39]网址：https：//www.ccpa.com.cn/site/content/9345.html

[40]张光迎.UHPC 拱肋翻转吊装合龙施工技术在八丘田车行天桥的应用［J］.桥隧工程，2022（3）：109-111.

[41]韩玉，翁贻令，解威威.超高性能混凝土（UHPC）箱形拱桥关键技术［J].公路，2022（3）：170-174.

[42]赵明，何湘峰，邱明红等.全预制钢-UHPC 轻型组合梁在中小跨径桥梁中设计与应用研究［J］.公路工程，2019,44（5）：63-66.

[43]李志峰，何湘峰，赵旭东等.装配式钢-UHPC 轻型组合梁设计和整体受力分析［J］.公路工程，2021,46（1）：98-102.

[44]曹万会，高淑平.RPC 混凝土在铁路预应力 T 形梁中的应用试验［J］.铁道建筑技术，2009（7）：104-108.

[45]胡云耀，白玉堂，张阳.实现整孔架设的 48mUHPC 简支箱梁设计［J］.铁路科学与工程学报，2016,13（12）：2441-2446.

[46]胡红波，彭鑫，刘高.高速铁路桥 RPC 箱梁优化设计研究［J］.世界桥梁，2018,46（6）：6-10.

[47]刘琛.高速铁路 48m 跨度超高性能混凝土简支梁设计及抗弯性能试验研究［J］.铁道建筑，2019,59（8）：19-23.

[48]刘琛，陈应陶，杨少军等.兰张铁路十八里堡特大桥 56mUHPC 组合简支梁设计研究［J］.铁道标准设计，2020,64（11）：57-61.

[49]王鹏，范向东.超高性能混凝土 UHPC 在铁路节段梁施工中的应用［J］.建筑设备与建筑材料，2021,42（2）：297-299.

[50]康俊涛，陈家豪，孙浩.64m 节段预制 UHPC 高速铁路简支箱梁设计及拼装架设过程受力分析［J］.武汉理工大学学报（交通科学与工程版），2022（7）：xxx-xxx.（网络首发文章）

[51]李志刚，阳 霞，彭元城等.102m 跨径 UHPC 简支梁结构设计［J］.世界桥梁，2022,50（2）：26-30.

[52]曾田胜，罗吉庆，邹赵勇等.透空式超高性能混凝土刚架拱桥设计与施工[J].

公路，2020（10）：170-175.
[53]周志敏，房金钱.预制拼装 UHPC 刚架拱桥设计施工概述［J］.工程与建设，2021,35（5）：957-959.
[54]胡俊德.钢板-UHPC-NC 组合梁桥抗弯性能试验研究［D］.长沙：湖南大学，2020.
[55]薛锦春. UHPC-NC 开孔钢板连接件抗剪性能试验研究［D］.南京：南京林业大学，2021.
[56]万超杰. 活性粉末混凝土（RPC）在人行天桥中的应用研究［D］.北京：北京建筑大学，2015.
[57]厦门市公路事业发展中心.人行天桥造型与应用实践［M］.厦门大学出版社.2019.
[58]赵晶石，张明波.活性粉末混凝土在人行天桥方面的研究与应用［J］.山西建筑，2006,32（19）：151-152.
[59]Blais P Y, Couture M. Precast, Prestressed Pedestrian Bridge - World's First Reactive Powder Concrete Structure［J］. Pci Journal, 1999, 44（5）：60-71.
[60]周一桥，杜亚凡.世界上第一座预制预应力活性粉混凝土结构—舍布鲁克人行桥［J］.国外桥梁,2000（3）：18-23.
[61]马熙伦，陈宝春，黄卿维等.世界上第一座预制预应力活性粉混凝土结构—舍布鲁克人行桥［J］.中外公路, 2017,37（2）：77-81.
[62]张晖，施栋豪.西班牙首座超高性能纤维混凝土人行桥的设计与施工［J］.世界桥梁, 2014,42（6）：12-15.
[63]安蕊梅，段树金.韩国首尔仙游人行拱桥［J］.世界桥梁, 2006（3）：8-10.
[64]邓舒文.全预制钢-UHPC 轻型组合桥梁设计方法研究［D］.长沙：湖南大学，2020.
[65]方志,郑辉,黄政宇等. 预应力活性粉末混凝土连续箱梁桥的设计与施工［C］. //第二十二届全国桥梁学术会议论文集. 2016：543-551.
[66]湖南大学主持研发的我国首座超高性能混凝土桥梁通过验收（sohu.com）.
[67]王卫锋，马泽志，郑小红等.30mUHPC 预应力简支π形梁人行天桥荷载试验分析［J］.甘肃科学学报, 2022,34（4）：55-64.

[68]王巍，马骉，黄少文等.基于 UHPC 预制π梁的 UHPC-RC 组合梁设计方案及工程应用［J］.城市道桥与防洪, 2019（9）：101-105.

[69]林上顺，陈柯丹，吴琛等.UHPC 在混凝土梁的加固应用研究进展［J］.福建工程学院学报, 2021,19（3）：255-260.

[70]党祺.UHPC 加固损伤板受弯性能的研究［D］.长沙：湖南大学，2016.

[71]黄潮伟.中小桥梁加固技术探讨［J］.交通世界, 2022（24）：98-100.

[72]孙航行，周建庭，徐安祺等.UHPC 加固技术在桥梁工程中的研究进展［J].混凝土, 2020（1）：136-143.

[73]王春晖. 采用超高性能混凝土加固槽型梁预制桥面板技术探讨［J］.上海公路, 2018（1）：58-61.

[74]上海罗洋新材料科技有限公司（www.royang.cn）

[75]刘超，马汝杰，王俊颜等. 超高性能混凝土薄层加固法在槽形梁桥中的应用［J］.桥梁建设, 2017,47（5）：112-116.

[76]朱敏. 超高性能水泥基复合材料（UHPC）在槽型梁桥面板加固工程中的应用［J］.中国市政工程, 2018（2）：21-24.

[77]高庆，付旭锋. 梁桥施工中超高性能混凝土薄层加固技术的应用［J］.交通世界, 2022（9）：29-30.

[78]陈子豪.UHPC 在装配式梁桥加固中的应用研究［J］.广东土木与建筑, 2022（6）：68-72.

[79]王宗山，周建庭，杨俊等.UHPC 在圬工拱桥加固中的应用［J］.世界桥梁, 2022，50（2）：105-111.

[80]杨俊，周建庭，张中亚等.UHPC-NC 键槽界面抗剪性能研究［J］.中国公路学报, 2021，34（8）：132-144.

[81]张培君，刘大山.采用 UHPC 对钢结构人行桥加固分析与应用［J］.城市道桥与防洪, 2020（12）：84-86,115.

[82]刘经熠.基于 NC-UHPC 的空心板梁铰缝快速加固修复技术的应用与实践［J］.城市道桥与防洪, 2019（11）：164-167,188.

[83]郭强.南浦大桥 W3 匝道大修工程设计［J］.城市道桥与防洪, 2017（7）：158-162.

[84]章烽锋.超高性能混凝土（UHPC）在桥梁改建工程中的应用［J］.广东公路交通, 2019（5）：31-34.

[85]田月强，杜 钊，罗宏伟.超高性能混凝土预制桥梁在广东农村公路旧桥改造工程中的应用［J］.广东公路交通, 2020（5）：28-32.

[86]陈宝春，韦建刚，苏家战等.超高性能混凝土应用发展［J］.建筑科学与工程学报, 2019,36（2）：10-20.

[87]赵筠，廉慧珍，金建昌.钢-混凝土复合的新模式-超高性能混凝土（UHPC/UHPFRC）之三：收缩与裂缝，耐高温性能，渗透性与耐久性，设计指南［J］.中国混凝土, 2013（12）：60-71.

[88]赵筠，廉慧珍，金建昌.钢-混凝土复合的新模式-超高性能混凝土（UHPC/UHPFRC）之四：工程与产品应用，价值、潜力与可持续发展［J］.中国混凝土, 2014（1）：48-64.

[89]赵筠，师海霞，路新瀛.超高性能混凝土基本性能与试验方法［M］.北京：中国建材工业出版社，2020.

[90]吴亮，陈洪伟.超高性能混凝土（UHPC）π型梁人行天桥设计与施工［J］.城市道桥与防洪, 2023（2）：83-86.

[91]海航.UHPC-RC 箱型组合梁结构抗弯性能研究［D］.合肥：合肥工业大学，2021.

[92]洪辉.超高性能混凝土的应用与经济性分析［J］.建筑科技, 2021（3）：32-35.

[93]孙莉，戴伟.超高性能混凝土在桥梁工程中的应用案例分析［J］.北方交通，2017（11）：16-19.

[94]褚洪岩,蒋金洋,李 荷等. 环保型细集料对超高性能混凝土力学性能的影响［J］. 材料导报, 2020, 34（24）：24029-24033.

[95]刘慈军,王全超,周玉娟等. 机制砂的级配对超高性能混凝土性能的影响［J］.混凝土, 2022（01）：131-134.

[96]石方楠. 马来西亚 Batu6 桥设计与施工简介［J］. 市政工程, 2019（02）：26-27,33.